EUにおける
コーポレート・ガバナンス

欧州株式会社制度の体系化と企業の実践

明山 健師 著

EUにおける
コーポレート・ガバナンス
―欧州株式会社制度の体系化と企業の実践―

明山　健師　著

序
研究の概説

1 本書の研究動機と目的

　ヨーロッパは，1920年頃にクーデンホーフ・カレルギーによって提唱された汎ヨーロッパ運動が契機となり，地域統合へと歩みはじめた。まず，1953年に石炭と鉄鋼をめぐってアルザス＝ロレーヌ地方の領土を争ってきたドイツとフランスの問題を解決することを目的として，欧州石炭鉄鋼共同体（ECSC）が発足した[1]。つぎに，1958年に共同市場の創設を視野に入れた経済統合を目的として欧州経済協力共同体（EEC）が発足し，石炭と鉄鋼だけではなく高度な科学的知識を要する原子力開発の協力を目的として欧州原子力共同体（Euratom）が発足した[2]。そして，1967年にECSCとEuratom，EECを統合して，欧州共同体（EC）と総称した[3]。その後，1973年および1981年のEC拡大[4]を経て，1993年に，経済だけでなく外交および安全保障の統合と完全な国境の撤廃を目的とした欧州連合（EU）が誕生したのである[5]。
　EUは，域内に，ヒト，モノ，カネ，サービスが自由に移動することができる単一の市場を有している[6]。だが，EUにおいて会社は，加盟国の国内法に基づいて設立されており，国境を越えた本店の移転や合併をする際に新設会社を再設立しなければならなかった。これは，EUの「国境のない自由[7]」という基本原理を阻害していた。そこで，2001年に，EUは，単一市場を効率化するために，国内法から独立したEU共通の会社形態として，欧州株式会社（Societas Europaea, SE）[8]を創設したのである。
　そのようななか，世界的に企業の相次ぐ不祥事と収益力の低下が社会問題

として影を落としていた。それは、EUも例外ではなかった。そこで、EU型のコーポレート・ガバナンスを確立しようとする重要な動きが活発になったのである[9]。そして、EUにおいても、コーポレート・ガバナンスをSE制度の中心において、制度を改革していこうという機運が広がるのである。具体的にみると、まず、2001年にEUは、『ヨーロッパの会社法のための近代的な規制枠組み（以下「ウインター報告書」という）[10]』を策定し、域内のコーポレート・ガバナンスの有効性に寄与するためにイニシアティブをとって、コーポレート・ガバナンスの改革を進めることを明言した[11]。つづいてEUは、2003年に「EUにおける会社法の現代化およびコーポレート・ガバナンスの改善（以下「アクションプラン」という）[12]」を策定し、加盟候補国や潜在的加盟候補国にEU型のコーポレート・ガバナンスを提示することを目的として、会社法およびコーポレート・ガバナンスの改革計画を公表した[13]。そして、2004年に、EUは、ECGF（European Corporate Governance Forum）を設立し、加盟各国内のコーポレート・ガバナンスを調和するために、アクションプランに準じて、加盟各国のコーポレート・ガバナンスを改革することにした。21世紀に入り、EUにおける会社制度改革の中心は、常にコーポレート・ガバナンスであったのである。

　このように、EU型コーポレート・ガバナンスの構築を模索する動向の検討を重ねると、EUのコーポレート・ガバナンスは、EUだけではなく加盟各国の改革をも要することが判明した。そこで、本書を通して、EUが主導して実施したコーポレート・ガバナンス改革の全体像と加盟各国がコーポレート・ガバナンスを統合することを可能にした枠組みを明らかにするとともに、企業の実践からEUのコーポレート・ガバナンスを評価する必要があると考えた。そして、このようなEUにおけるコーポレート・ガバナンスの体系的な研究の成果は、EU以外の地域にも応用することが可能なのではないかとの考えに至ったのである。このような想いが、本研究に取り組む動機を形成したのである。

　さて、本書を執筆するにあたって、EUのコーポレート・ガバナンスについての先行研究のレビューを綿密に行った。そうすると、おおむね、市場経済先進国のみの国内制度を分析する研究やSEの根拠法であるSE法[14]を紹介しただ

けのものなどにすぎず,世界的にもEUと加盟27ヵ国のコーポレート・ガバナンスの全体像をとらえた研究はなく,まして,企業の実践を踏まえて体系化する研究は,ほとんどないことが判明した。そこで本書は,(1)EUはどのようにしてコーポレート・ガバナンスを構築したのか,(2)EU加盟27ヵ国のコーポレート・ガバナンスを統合するためにはどのような方法が有効であるのか,(3)企業はEUのコーポレート・ガバナンスをどのように実践しているのか,を解決することを目的とする。そして,これら3つを明らかにすることで,EUおよびEU以外の地域の企業経営を,健全で効率的な経営へと導くという経営学分野における学問的発展に寄与するものと考える。ここに本研究を実施する意義があると考えた[15]。

2 本書の構成

(1) 本書の分析方法と特徴

本書は,EUから加盟各国へ,そして企業へと深化する縦の研究領域と,コーポレート・ガバナンスの概念が形成され,新たな制度やEUの加盟候補国や潜在的加盟候補国へと拡大する横の研究領域との2つを軸として構成する。

まず,深化の研究領域は,EUのコーポレート・ガバナンスが,EUから加盟各国へ,そして企業へと移行するにつれて実践的な構造へと具体化していく発展方法を考察する。また,拡大の研究領域は,EUにおける統合地域としての概念が定着し,各深化の過程でその概念に合わせてEU型のコーポレート・ガバナンスへと移行し,それがさらに加盟候補国や潜在的加盟候補国,EU以外の地域にも拡大するとともに新たなコーポレート・ガバナンスの在り方へと拡大する発展方法を考察する。

具体的に述べると,本書は,EUからEU加盟各国へ,そしてEU企業へと深化する研究領域に主軸を置き,第Ⅰ部「EU統合とコーポレート・ガバナンス」,第Ⅱ部「EU加盟27ヵ国のコーポレート・ガバナンス」,第Ⅲ部「EUコーポレート・ガバナンスと企業の実践」の3部で構成する。そして,各部において,概

表序-1　本書の研究領域

	第1段階 a 1 概念	第2段階 a 2 移行	第3段階 a 3 拡大
第1段階 A 1 EU	第1章 調和から統合へ	第2章 EU主導の改革	第3章 多様性と画一性
第2段階 A 2 EU加盟各国	第4章 普遍的制度の追求	第5章 マネジメント・システム	第6章 加盟国の均衡
第3段階 A 3 EU企業	第7章 経営者原則	第8章 企業の実践	第9章 SEの実態

（出所）　筆者作成。

念と移行，拡大という3段階の考察を実施する。

　まず，第Ⅰ部「EU統合とコーポレート・ガバナンス」では，EUやEC（European Community）[16]，EECが公表したコーポレート・ガバナンスに関する指令や指令案，改革計画などの文書および法学や経済学，社会学などの文献研究を実施し，SEが誕生するまでの改革を時系列にそってレビューする。つぎに，第Ⅱ部「EU加盟27ヵ国のコーポレート・ガバナンス」では，EUやEC，ECGFが公表したコーポレート・ガバナンスに関する指令や改革計画，議事録の文献研究を実施し，加盟各国で策定されたコーポレート・ガバナンス原則（以下「原則」という）を分析し，原則がEU加盟各国のコーポレート・ガバナンスに与える影響を導き出す。そして，第Ⅲ部「EUコーポレート・ガバナンスと企業の実践」では，企業が開示した有価証券報告書やアニュアル・レポートなどを分析し，SE全1,231社のコーポレート・ガバナンス構造を調査することで，EUにおけるコーポレート・ガバナンスの企業実践から得られる課題を抽出する。

　以上の分析により構成される本書は，以下の3つの特徴を有している。第1の特徴は，EUが27ヵ国もの加盟国のコーポレート・ガバナンスに関する制度を地域統合へと導く過程で，直面した課題とその課題を解決した具体的な方法を明らかにすることである。第Ⅰ部「EU統合とコーポレート・ガバナンス」

では，SEが誕生するまでの系譜とEU主導のコーポレート・ガバナンス改革，SEのコーポレート・ガバナンス構造を考察することにより，第1の特徴を浮き彫りにする。

つぎに，第2の特徴は，加盟各国のコーポレート・ガバナンスを強制的にではなく，自律的に統合へと導くためにソフト・ローを用いたアプローチが有効であることを明らかにすることである。第Ⅱ部「EU加盟27ヵ国とコーポレート・ガバナンス」では，SE誕生以降のコーポレート・ガバナンスに関する議論やコーポレート・ガバナンス原則の役割，コーポレート・ガバナンス統合による加盟各国への影響を考察することにより，第2の特徴を浮き彫りにする。

そして，EUにおいて経営実践からのフィーバックを基にコーポレート・ガバナンスを改革する兆候があるものの，SEを加盟国法から独立させ，EU独自の会社形態として詳細にコーポレート・ガバナンスを規定する必要があることを明らかにすることに特徴がある。第Ⅲ部「EUコーポレート・ガバナンスと企業の実践」では，企業が積極的にEUの制度改革に参加することで実践的な制度へと導いていることと，企業活動が多様化しているため企業の種類や規模別にコーポレート・ガバナンスを構築する必要があること，現行のSEに関する制度をさらに詳細に規定する必要があることを明らかにすることにより，第3の特徴を浮き彫りにする。

(2) 第Ⅰ部の構成と内容

第Ⅰ部「EU統合とコーポレート・ガバナンス」では，以下の3つの章により構成する。

第1章「EUにおける合意可能な会社制度の形成―選択肢を与えたEU型コーポレート・ガバナンスの構築への基盤―[17]」では，1960年代から2000年代までのSE誕生に至る長い議論の系譜を明らかにする。ここでは，ヨーロッパにおける会社法統合の系譜を統一期と調和期，統合期に分類し，統合地域としてのヨーロッパの使命と加盟国の権利保護の主導権争いを体系的に論じる。

第2章「EUコーポレート・ガバナンスの歴史的経緯と現代的課題―東ヨー

ロッパ諸国への拡大——[18]」では，EU域内の多様な制度を統合することができた背景に，ヨーロッパ諸国特有のローマ法を基盤とした法体系が存在していたことを明らかにする。ここでは，旧社会主義国である東ヨーロッパ諸国が，資本主義を基本とするEUへと加盟するための改革の例として，チェコが市場経済先進国としての地位を築く過程でコーポレート・ガバナンスの構築が求められたことを論じる。

第3章「EUコーポレート・ガバナンスにおける欧州株式会社の意味と役割——多様性と画一性を保持した経営システムの創出——[19]」では，2001年に誕生したSEが，本来の役割を超えてEUのコーポレート・ガバナンスを統合へと導いていることを明らかにする。ここでは，SEのコーポレート・ガバナンスが選択可能性を有する柔軟な制度であるという特徴を有することと，SEが誕生したことで加盟国の制度がEUにおける経営システムの統合化を促進していることを論じる。

(3) 第Ⅱ部の構成と内容

つぎに，第Ⅱ部「EU加盟27ヵ国のコーポレート・ガバナンス」では，以下の3章により構成する。

第4章「EUにおけるコーポレート・ガバナンスの体系と拡大——EU・加盟国・企業の三者協働——[20]」では，ECGFが，コーポレート・ガバナンス・コードを用いたアプローチによって，加盟各国の制度を統合していることを明らかにする。ここでは，統合を強化し画一的な制度を確立する領域と，多様な制度を緩やかに統合する領域を明確に分離させる必要があることを事例を挙げて論じる。

第5章「EUにおけるM&A戦略とコーポレート・ガバナンス——アルセロールミタルの事例をとおして——[21]」では，EUにおいて原則が企業経営に与える影響を明らかにする。ここでは，世界の原則をレビューし，世界的にも地域型コーポレート・ガバナンスの構築を進める潮流にあることと，原則を利用した加盟各国のコーポレート・ガバナンス改革が企業に浸透していることを事例を

基に論じる。

　第6章「EUコーポレート・ガバナンスの拡大と創造―企業競争力の強化と企業不祥事への対処―[22]」では，EUにおいて国境を越えた経営が促進されたことで加盟国に与えた影響を明らかにする。ここでは，EUにおける経営システム統合の課題が，制度として利害関係者を保護しつつ，企業の経営システムを統合する方策を論じる。

(4) 第Ⅲ部の構成と内容

　そして，第Ⅲ部「EUコーポレート・ガバナンスと企業の実践」では，以下の3章により構成する。

　第7章「EUにおけるコーポレート・ガバナンス原則―経済統合地域における企業制度改革の羅針盤―[23]」では，企業外部で策定される原則と企業内部（独自）で策定される原則にそれぞれ限界があり，両者が協同した制度改革を進める必要があることを明らかにする。ここでは，世界標準コーポレート・ガバナンス原則から重層的に策定される原則の限界を打破する方策として，政治領域と経営領域の連携が必要であることを論じる。

　第8章「コーポレート・ガバナンスとEU企業の実践―欧州株式会社の成功事例3社の比較研究―[24]」では，企業の業種や規模別にコーポレート・ガバナンスを構築することで，現代的なコーポレート・ガバナンスの問題に対処できることを明らかにする。ここでは，欧州委員会（European Commission）[25]が2010年に策定したグリーン・ペーパーが求めるコーポレート・ガバナンス像と，それを実現するための最良の手段であるSEの実態を論じる。

　第9章「欧州株式会社のコーポレート・ガバナンス―EU加盟国27ヵ国における企業経営機構の実態と将来像―」では，全てのSEの実態を分析し，SEの制度を加盟各国の会社制度から独立させる必要があることを明らかにする。ここでは，EU共通の会社形態として誕生したSEが本来の目的を果たせていないという欠陥を浮き彫りにし，新たな課題を解明する。

3　本書の研究領域

(1) EUの範囲と概念

　ヨーロッパでは，EU以外にも，EEA（European Economic Area），ユーロ圏，EFTA（European Free Trade Association）など多くの地域協定が結ばれている。さらに，EUは，各地域協定と深い関係がある。たとえば，EU共通の会社形態として誕生したSEは，EU加盟国にアイスランドとリヒテンシュタイン，ノルウェーを加えたEEA加盟国で設立することができる。また，EUの共通通貨として誕生したユーロは，EU加盟国からブルガリアやチェコ，デンマーク，ハンガリー，ラトビア，リトアニア，ポーランド，ルーマニア，スウェーデン，イギリスを除く17加盟国に，アンドラ，コソボ，モナコ，モンテネグロ，サンマリノ，バチカンを加えた23ヵ国のユーロ圏で使用されている。そのため，EUの範囲について誤解を招く可能性があるため，本研究の範囲を画定させておく必要がある。

　そもそも，ヨーロッパの概念は，歴史や宗教，法などの視点から定義されるが，本書では，「ローマ帝国とローマ・カトリック教会が実効的影響を及ぼし，カノン法が適用され，世俗法としてのローマ法が継受され，あるいは教育を通じてローマ法文化が認識された領域[26]」をヨーロッパの範囲と設定する（第2章を参照のこと）。つまり，本書でヨーロッパという場合は，非常に広範な範囲を指す。だが，ヨーロッパの概念は，非ヨーロッパと国境によって明確に境界が区分されているものではない。

　そこで，本書では，研究対象を明確にするため，各地域協定やヨーロッパの概念の重要性を踏まえつつも，EU27ヵ国を主な研究対象に設定する。したがって，SEおよびユーロなどEUの主要な政策が，EUの範囲と必ずしも一致するわけではないが，EUの主要な政策であることを重視してEUの制度として論述する。

(2) EUの基本構造

　EUとは，27ヵ国で構成されるヨーロッパの連合である[27]。EUは，1993年に，EC，ECSC，Euratomの3つの共同体を統合して誕生した。EUは，2009年に「EUおよびEC設立条約を修正するリスボン条約（以下「リスボン条約」という）」が発効するまで，法人格を有するECに地域統合の中核的な役割を与えていた。そのため，厳密には，2009年までの法律等を制定した共同体は，ECであった。だが，本書以外のEUに関する文献でも，ECが制定した法律等を総称して，EU法と称することが一般的である。そこで，本書では，EU発足以降の連合単位で実施された立法などの行為は，EUの行為として論じることにする。

　また本書は，欧州委員会や理事会（Council）などEUの機関の名称を多用するため，この2つの機関の特徴を明確にする必要がある。欧州委員会とは，「超国家的な観点からEUの全般的利益を追求する主要機関であり，国家にたとえれば「内閣」または「政府」の役割[28]」を果たすとともに，唯一法案を発議できる機関である[29]。また，理事会とは，EUの立法の役割を有しており，欧州議会と共同して規則，指令，決定などのEU法を制定する機関である[30]。このほかにもEUの機関は欧州議会や欧州理事会，欧州裁判所などがあるが，本書では，おもに欧州委員会と理事会を取り上げている。

　なお，EUが制定する規則や指令は，本書の重要なキーワードである。これらのEU法が有する特徴は，EU設立条約に規定されており，現在ではリスボン条約がEU設立条約の役割を担っている。まず，規則とは，一般的な適用性を有し，その全体が拘束力を有し，全ての加盟国に対して直接に適用するものである[31]。また，指令は，達成するべき目的に対して拘束力を有するが，その形式および方法に対して拘束力を有さず，加盟国の国家機関に委ねられるものである[32]。

(3) 調和と統合，統一の概念とその関係

　本書では，地域統合の過程でコーポレート・ガバナンスが収斂する様子を，「統一」や「調和」，「統合」という概念を用いて論じている。各用語の概念は，

論を抽象的にする可能性がある。そこで，本書では，以下の意味において各概念を使用する[33]。

まずは，「統一（Unification）」は，各国の制度を一本化し，単一の制度を構築することを意味する。EUのコーポレート・ガバナンスに関する議論においては，1960年代から1990年代にかけて統一化を目指した議論が展開された。地域の制度を統一しようとする場合，EU政府などの上位機関に権限が集中し，加盟国などの下位機関の主権が阻害される恐れがあるという特徴がある。

つぎに，「調和（Harmonization）」は，各国間の制度的な違いや格差を平準化することを意味する。EUのコーポレート・ガバナンスに関する議論においては，1990年代から2000年代にかけて調和化を目指した議論が展開された。ヨーロッパ統合の系譜のなかで，地域の制度を収斂させる過程で，最も効果を発揮した手段である。

そして，「統合（Integration）」は，各国の制度がそれぞれ自律的であろうとしながら，単一の枠組みを構築することを意味する。EUにおけるコーポレート・ガバナンスに関する議論においては，2000年代以降，統合化を目指した議論が展開されている。今日のEUにおけるコーポレート・ガバナンスは，徐々に制度を明確に収斂させる傾向にあり，詳細な規定の統合化が進められている。

（注）
1） ECSCは，1953年に，パリ条約が発効したことにより，ベルギーとドイツ，フランス，イタリア，ルクセンブルク，オランダの6加盟国により誕生した。
2） EuratomとEECは，1958年にローマ条約が発効したことにより，ECSC加盟6ヵ国により誕生した。
3） EC（European Communities）は，ECSCとEEC，Euratomの総称であって，3共同体体制のことを意味する。EC（European Community）という独立した共同体ができるのは，1993年にEUの発足ともに，EECCの経済に限定した統合から全体的な統合へと転換したときである。
4） EC加盟6ヵ国に加え，イギリスとデンマーク，アイルランドが加盟し，9ヵ国に拡大した。
5） EUは，EC（European Community）とECSC，Euratomを3本の柱として規定し，なかでもECをヨーロッパ全般の統合を担う中心的組織に規定した。そして，2009年のリスボン条約により，EUがECの役割を受け継ぎ，完全にヨーロッパ統合

の担い手になった。
6) 単一市場は，EU発足より早く，1992年に始動した。
7) リスボン条約3条2項には，「連合は，市民に国境のない自由，安全保障および正義を与える。国境がないということは，対外国境，コントロール，政治亡命，移民および犯罪の防止ならびにそれとの闘いに関する適切な手段により人の自由移動が確保されることを意味する」と規定されている。(岡崎堯訳)
8) SEとは，「SEに関する規則」と「従業員の経営参加に関するSE規則を補完する理事会指令」の2つによって構成されるSE法によって規定されるEU共通の会社形態である。
9) 欧州委員会は，コーポレート・ガバナンスを，「会社を監視・監督する仕組みおよび会社の経営者と取締役会，株主とその他の利害関係者との関係である」と定義しており，企業経営機構および従業員の経営参加に関する制度がまさにコーポレート・ガバナンスの問題として捉えられていたことが分かる。(COM (2011) 164 final)
10) The High Level Group of Company Law Experts [2002]
11) ウインター報告書では，内部コーポレート・ガバナンスに焦点を当てるとし，情報開示・透明性，株主，取締役，監査，コーポレート・ガバナンスの規則，に関する調査および分析の報告がなされている。
12) European Commission [2003]
13) 上田廣美 [2004] によると，アクションプランは，「2004年に旧東欧諸国を受け入れるEUが，会社法の分野でEUスタンダードを早期に構築しようとするプランを示したもの」である。
14) SE法とは，「SEに関する規則」と「SEに関する規則を補完する従業員に関する指令」の2つをいう。
15) 本書は，博士（経営学）論文『EUにおけるコーポレート・ガバナンスに関する研究―欧州株式会社制度の体系化と企業の実践―』(2013年3月に神奈川大学から博士（経営学）号を授与される) をもとに，大幅に加筆と修正をしたものである。
16) EUの前身となったヨーロッパの共同体である。リスボン条約が発効する2009年までEUの中核をなす共同体であった。
17) 明山健師 [2013a]「EUにおける合意可能な会社制度の形成」『日本EU学会年報』第33号，有斐閣，277-297頁。
18) 明山健師 [2012c]「EU経営システムの歴史的経緯と現代的課題―東ヨーロッパ諸国のコーポレート・ガバナンス改革―」『経営哲学』第9巻1号，経営哲学学会，32-44頁。
19) 明山健師 [2011c]「EUコーポレート・ガバナンスの壮大な挑戦―多様性と統一性を保持した経営システムの創出―」『経営教育研究』第14巻第1号，学文社，29-38頁。
20) 明山健師 [2013]「EUにおけるコーポレート・ガバナンスの体系と拡大－EU・加盟国・企業の3者協働」『経営教育研究』第16巻第1号，学文社，65-75頁。

21) 明山健師［2011b］「EU型マネジメント・システム―戦略的M＆A戦略とコーポレート・ガバナンス―」『マネジメント・ジャーナル』第3号, 神奈川大学国際経営研究所, 51-66頁.
22) 明山健師［2011a］「コーポレート・ガバナンスを核とした戦略的統合政策」『国際ビジネス研究』第3巻第2号, 国際ビジネス研究学会, 99-113頁.
23) 明山健師［2012b］「EU型コーポレート・ガバナンス原則―経済統合地域における企業制度改革の羅針盤―」『研究年報』第16号, 神奈川大学大学院経営学研究科, 1-11頁.
24) 明山健師［2012a］「コーポレート・ガバナンスとEU企業の実践―欧州株式会社の成功事例3社の比較研究―」『国際総合研究学会報』第8号, 国際総合研究学会, 23-32頁.
25) 欧州委員会とは, EUの行政機関である.
26) 鈴木輝二［2004］3-4頁.
27) EUは2013年にクロアチアを迎え入れ, 28ヵ国に拡大する予定である.
28) 辰巳浅嗣編著［2012］68頁.
29) 欧州委員会は, 加盟各国から1人選出され27人で構成されるが, 約25,000人の国際公務員で構成される事務局を有しており, これら国際公務員を含めて広義の欧州委員会と捉えられている.
30) EUには, 理事会の他に欧州理事会が存在する. 理事会が立法機関であるのに対し, 欧州理事会は, 各国首脳によって構成される最高意思決定機関である.
31) EU機能条約288条.
32) EU機能条約288条.
33) 「統一」や「調和」,「統合」の各展開は, 第1章を参照のこと.

目　　次

序　研究の概説

第Ⅰ部　EU統合とコーポレート・ガバナンス

第1章　EUにおける合意可能な会社制度の形成
　　　　―選択肢を与えたEU型コーポレート・ガバナンス
　　　　構築への基盤― ……………………………………………… 3
1　はじめに ……………………………………………………………… 3
2　EUコーポレート・ガバナンスの統一化への期待と失敗 ……… 4
　(1)　ヨーロッパにおける会社制度の統合の系譜 …………………… 4
　(2)　ヨーロッパにおける会社法指令の制定 ………………………… 6
　(3)　企業経営機構と従業員の経営参加の統一制度を目指して …… 8
3　EUコーポレート・ガバナンスの調和化の展開 ………………… 9
　(1)　加盟各国間における主張の対立 ………………………………… 9
　(2)　選択肢を与えたコーポレート・ガバナンスの構築へ …………11
　(3)　選択型経営システムへの議論の収束 ……………………………12
4　EUコーポレート・ガバナンス統合化の展開 ……………………13
　(1)　選択型を基礎としたEUコーポレート・ガバナンス誕生の背景 …13
　(2)　コーポレート・ガバナンス改革の急速な進展 …………………14
　(3)　金融危機対策としてのコーポレート・ガバナンスの収斂化へ
　　　の動き ………………………………………………………………16
5　おわりに ……………………………………………………………19

第2章　EUコーポレート・ガバナンスの歴史的経緯と現代的課題―東ヨーロッパ諸国への拡大― ……23

- 1　はじめに……23
- 2　EUにおけるコーポレート・ガバナンス構築の歴史的意義 ……24
  - (1) コーポレート・ガバナンスと地域調和……24
  - (2) コーポレート・ガバナンスの目的と意義……26
  - (3) 東ヨーロッパ諸国におけるコーポレート・ガバナンスの必要性……27
- 3　EUにおける東方拡大とコーポレート・ガバナンス ……28
  - (1) ヨーロッパの概念と東ヨーロッパの特殊性……28
  - (2) ヨーロッパにおける近代法の形成プロセス……30
  - (3) 東ヨーロッパにおけるコーポレート・ガバナンスの調和……32
- 4　EU加盟に向けた急速な改革 ……33
  - (1) 株式所有構造の健全化に向けた取り組み……33
  - (2) EU加盟交渉期における市場健全化構想……35
  - (3) EU加盟条件と加盟申請国のコーポレート・ガバナンス改革 ……36
- 5　おわりに……38

第3章　EUコーポレート・ガバナンスにおける欧州株式会社の意味と役割―多様性と画一性を保持した経営システムの創出― ……43

- 1　はじめに……43
- 2　EUにおける共通株式会社制度の導入……44
  - (1) EUにおけるコーポレート・ガバナンスの多様性 ……44
  - (2) 欧州株式会社（SE）の誕生 ……46
- 3　欧州株式会社（SE）におけるコーポレート・ガバナンスの体系……47
  - (1) 欧州株式会社（SE）における企業経営機構 ……47
  - (2) 欧州株式会社（SE）における従業員の経営参加 ……48

(3)　欧州株式会社（SE）における情報開示・透明性 ………………50
　4　EU加盟国による欧州株式会社（SE）法への対応 ……………51
　(1)　欧州株式会社（SE）法に合わせた各国内会社法改革 ……………51
　(2)　欧州株式会社（SE）法が有する隠れたる役割 ……………………53
　(3)　欧州株式会社（SE）法による経営システムの調和とその段階 ……54
　5　おわりに ……………………………………………………………55

第Ⅱ部　EU加盟27ヵ国のコーポレート・ガバナンス

第4章　EUにおけるコーポレート・ガバナンスの体系と拡大―EU・加盟国・企業の三者協働― ………59

　1　はじめに ……………………………………………………………59
　2　企業経営の効率化に向けた改革体制の整備 ……………………60
　(1)　コーポレート・ガバナンス原則策定の潮流と専門家機関の設立 ……60
　(2)　ECGFにおける議論とコーポレート・ガバナンス原則の策定 ………61
　(3)　ECGFが策定するコーポレート・ガバナンス原則の3分類 …………63
　3　専門家機関による最適なコーポレート・ガバナンスの模索 …64
　(1)　EUに適したコーポレート・ガバナンス・コードの在り方 …………64
　(2)　企業における株主と取締役の役割 …………………………………66
　(3)　利害関係者と企業の関係に関するステートメント ………………67
　4　EUにおけるコーポレート・ガバナンス統合の方向性 ………69
　(1)　コーポレート・ガバナンス・コードの活用 ………………………69
　(2)　EUにおける新規設立企業のコーポレート・ガバナンス構造 ………70
　(3)　今後のEUにおけるコーポレート・ガバナンスの収斂の可能性 ……72
　5　おわりに ……………………………………………………………73

第5章　EUにおけるM＆A戦略とコーポレート・ガバナンス―アルセロールミタルの事例をとおして― ……77

1. はじめに……………………………………………………………77
2. 地域統合化とコーポレート・ガバナンスの調和………………78
   (1) EUにおけるコーポレート・ガバナンスの展開 …………78
   (2) EUにおけるコーポレート・ガバナンス原則 ……………79
   (3) EUにおけるアクションプランの役割 ……………………82
3. EU 27ヵ国のコーポレート・ガバナンス改革 …………………83
   (1) 欧州株式会社（SE）法制定以前のコーポレート・ガバナンス……83
   (2) 欧州株式会社（SE）法制定後のコーポレート・ガバナンス………85
   (3) 欧州株式会社（SE）法がコーポレート・ガバナンスに果たす役割……………………………………………………………88
4. 企業のコーポレート・ガバナンス統合作業……………………89
   (1) 経営統合によるコーポレート・ガバナンス問題の発生…89
   (2) アルセロールミタルの企業経営機構改革…………………89
   (3) EUにおけるコーポレート・ガバナンスの統合プロセス……92
5. おわりに……………………………………………………………94

第6章　EUコーポレート・ガバナンスの拡大と創造―企業競争力の強化と企業不祥事への対処― ……97

1. はじめに……………………………………………………………97
2. 経営システムの調和から統合へという道………………………98
   (1) EUにおける地域的な会社法の調和 ………………………98
   (2) 経営システム統合に向けた政策…………………………101
   (3) 企業の経営システム統合を促進する制度………………102
3. 企業の経営システム統合と原則の利用 ………………………103
   (1) コーポレート・ガバナンスの構築プロセス……………103
   (2) 企業経営統合におけるコーポレート・ガバナンス体制の変化……106

(3)　コーポレート・ガバナンス原則の３段階の役割……………… 108
　4　企業競争力を基盤とした経営システムの形成 …………… 110
　　(1)　企業競争力の強化という絶対的価値観………………………… 110
　　(2)　EU型経営システム統合が加盟各国へ与える影響 …………… 112
　　(3)　新たな会社制度創造の可能性…………………………………… 113
　5　おわりに………………………………………………………… 115

第Ⅲ部　EUコーポレート・ガバナンスと企業の実践

第7章　EUにおけるコーポレート・ガバナンス原則
　　　　　―経済統合地域における企業制度改革の羅針盤― ……… 121
　1　はじめに……………………………………………………… 121
　2　政治領域におけるコーポレート・ガバナンス原則…………… 122
　　(1)　EUにおけるコーポレート・ガバナンス原則策定の系譜 ……… 122
　　(2)　EU機関のコーポレート・ガバナンス原則 …………………… 123
　　(3)　国際機関のコーポレート・ガバナンス原則…………………… 124
　3　経営領域におけるコーポレート・ガバナンス原則…………… 125
　　(1)　欧州株式会社（SE）のコーポレート・ガバナンス構造 ……… 125
　　(2)　企業独自コーポレート・ガバナンス原則の役割……………… 126
　　(3)　企業独自コーポレート・ガバナンス原則の限界……………… 128
　4　EU機関と経営者機関の協同型企業制度改革 ……………… 129
　　(1)　企業法制度とコーポレート・ガバナンス原則………………… 129
　　(2)　経営者機関とEU機関の協力・提携 …………………………… 131
　　(3)　会社制度生成への経営者および専門家の参加………………… 132
　5　おわりに……………………………………………………… 133

第8章　コーポレート・ガバナンスとEU企業の実践
―欧州株式会社の成功事例3社の比較研究― ………… 135
1　はじめに ……………………………………………………… 135
2　EUにおける各国モデルから全域モデルへの進化 ………… 135
　(1)　EU加盟各国におけるコーポレート・ガバナンスの構築 ………… 135
　(2)　EUにおけるコーポレート・ガバナンス改革 ……………… 137
　(3)　EUコーポレート・ガバナンスの枠組みと改革案 ………… 139
3　企業独自のコーポレート・ガバナンス構築と説明責任 …… 143
　(1)　企業によるコーポレート・ガバナンス報告書の策定 …………… 143
　(2)　企業が遵守しないコーポレート・ガバナンス・コード ………… 144
　(3)　企業の自由を確保するためのコーポレート・ガバナンス ……… 147
4　コーポレート・ガバナンスの段階的アプローチを目指して … 148
　(1)　コーポレート・ガバナンスの分野別アプローチ ………………… 148
　(2)　企業の規模および種類別アプローチ ……………………… 149
　(3)　コーポレート・ガバナンスの段階的アプローチのマトリックス … 151
5　おわりに ……………………………………………………… 152

第9章　欧州株式会社のコーポレート・ガバナンス
―EU加盟国27ヵ国における企業経営機構の実態と将来像― …………………………………………………… 157
1　はじめに ……………………………………………………… 157
2　EUにおけるコーポレート・ガバナンスの分類 …………… 158
　(1)　歴史や制度，文化や慣習に基づくコーポレート・ガバナンス …… 158
　(2)　EUにおけるコーポレート・ガバナンスの6分類 ……………… 160
　(3)　コーポレート・ガバナンスの6分類と地理的な勢力の伝播 …… 162
3　欧州株式会社（SE）の現状とその問題点 ………………… 164
　(1)　EUにおける欧州株式会社（SE）の設立状況 …………………… 164

(2) チェコにおける欧州株式会社（SE）の転売 …………………… 166
　　(3) 欧州株式会社（SE）の課題とコーポレート・ガバナンスの
　　　　関係性………………………………………………………………… 167
　4　欧州株式会社（SE）のコーポレート・ガバナンスと
　　　新たな統合段階…………………………………………………………… 168
　　(1) 加盟各国における欧州株式会社（SE）の企業経営機構 ………… 168
　　(2) 欧州株式会社（SE）の従業員の経営参加の現状 ………………… 170
　　(3) 欧州株式会社（SE）の本来の目的と今後の課題 ………………… 171
　5　お わ り に……………………………………………………………… 172

結　研究の結論と今後の課題 ……………………………………… 175
　1　本書における各部の知見 ……………………………………………… 175
　　(1) 第Ⅰ部で得られた知見……………………………………………… 175
　　(2) 第Ⅱ部で得られた知見……………………………………………… 176
　　(3) 第Ⅲ部で得られた知見……………………………………………… 177
　2　本書の結論……………………………………………………………… 178
　　(1) EUのコーポレート・ガバナンスを応用するために ……………… 178
　　(2) EUにおけるコーポレート・ガバナンスの構築プロセス ………… 180
　　(3) EUコーポレート・ガバナンスの枠組み …………………………… 180
　　(4) EU型コーポレート・ガバナンスの体系 …………………………… 182
　3　今後の課題……………………………………………………………… 183
　　(1) EUにおけるコーポレート・ガバナンス研究の各領域の課題 …… 183
　　(2) EUにおけるコーポレート・ガバナンス研究の全体的な課題 …… 188

参 考 文 献……………………………………………………………………… 191
索　　　引……………………………………………………………………… 213

図表目次

序　研究の概説

表序-1　本書の研究領域……………………………………………序6

第1章　EUにおける合意可能な会社制度の形成

図1-1　ヨーロッパにおけるコーポレート・ガバナンス統合への系譜……5
図1-2　欧州会社法指令から欧州株式会社法へ……………………7
表1-1　アドバイザリーグループとECGFの概要……………………15
表1-2　金融機関におけるコーポレート・ガバナンスの問題点と
　　　　解決策……………………………………………………17

第2章　EUコーポレート・ガバナンスの歴史的経緯と現代的課題

図2-1　EUコーポレート・ガバナンスの加盟候補国への伝播………25
図2-2　ヨーロッパ概念の定着と各国間の交流………………………29
図2-3　東ヨーロッパ諸国における社会主義政策とヨーロッパ概念の
　　　　再展開…………………………………………………31
表2-1　東ヨーロッパ諸国の企業経営機構と従業員の経営参加……33
図2-4　チェコにおけるバウチャーと株式所有構造……………………34
表2-2　チェコにおけるコーポレート・ガバナンスの発展とその方法……37

第3章 EUコーポレート・ガバナンスにおける欧州株式会社の意味と役割

表3-1 2000年における主要加盟国のコーポレート・ガバナンス………44
図3-1 欧州株式会社（SE）の一層型企業経営機構と二層型企業
　　　　経営機構………………………………………………………………47
図3-2 EUにおける従業員の経営参加に関する制度の分類 …………49
表3-2 EUにおける情報開示・透明性に関する指令の整備状況 ………51
表3-3 欧州株式会社（SE）法に対する加盟国の対応の類型 …………52
図3-3 欧州株式会社（SE）法による経営システムの緩やかな統合 ……54

第4章 EUにおけるコーポレート・ガバナンスの体系と拡大

図4-1 ECGFのコーポレート・ガバナンスに関するステートメント……62
図4-2 制度に関するステートメントの概要………………………………65
図4-3 組織に関するステートメントの概要………………………………67
図4-4 コーポレート・ガバナンス・コードの活用………………………70
図4-5 IAGが遵守するコーポレート・ガバナンス規程…………………71

第5章 EUにおけるM＆A戦略とコーポレート・ガバナンス

図5-1 EUにおけるコーポレート・ガバナンスの展開 ………………78
図5-2 EUと世界のコーポレート・ガバナンス原則策定の系譜 ………80
図5-3 EUにおけるコーポレート・ガバナンスの議論の推移 …………82
表5-1 2000年における主要加盟国のコーポレート・ガバナンス………84
表5-2 欧州株式会社（SE）法制定後の加盟国の対応 …………………85

図 5 - 4　欧州株式会社（SE）法によるコーポレート・ガバナンスの
　　　　　調和 ………………………………………………………………88
表 5 - 3　アルセロールミタルのコーポレート・ガバナンス ……………90
図 5 - 5　企業・加盟国・EUのコーポレート・ガバナンス統合化 ………93

第 6 章　EUコーポレート・ガバナンスの拡大と創造

図 6 - 1　地域統合型経営システムの調和・統合・創造……………………98
図 6 - 2　EUにおける企業の合併に関する制度的基盤 …………………102
図 6 - 3　企業の合併におけるコーポレート・ガバナンスの構築プロ
　　　　　セス……………………………………………………………… 104
図 6 - 4　企業のMOUに規定されたコーポレート・ガバナンス規程 …… 105
図 6 - 5　企業統合による新企業経営機構の分類………………………… 106
図 6 - 6　EUコーポレート・ガバナンス原則と経営システムの進化 …… 108
図 6 - 7　EUにおける経営システムの統合サイクルと社会 …………… 114

第 7 章　EUにおけるコーポレート・ガバナンス原則

表 7 - 1　ノーマルSEのコーポレート・ガバナンス体制 ……………… 126
図 7 - 1　企業独自コーポレート・ガバナンス原則の分類と役割………… 127
図 7 - 2　世界標準コーポレート・ガバナンス原則から企業独自原則へ… 130
図 7 - 3　欧州取締協会連盟のコーポレート・ガバナンス改革への
　　　　　アプローチ……………………………………………………… 131
図 7 - 4　利害関係者の企業法制度改革への参加………………………… 133

第 8 章　コーポレート・ガバナンスとEU企業の実践

表 8 - 1　コーポレート・ガバナンスの国際比較………………………… 136

図8-1	EUにおけるコーポレート・ガバナンスの議論 ………………	138
表8-2	グリーン・ペーパー：コーポレート・ガバナンスの枠組みの概要……………………………………………………	140
図8-2	コーポレート・ガバナンス報告書をチェックする仕組み………	144
表8-3	企業によるコーポレート・ガバナンス・コードの遵守状況……	145
図8-3	コーポレート・ガバナンスの分野別アプローチ………………	148
表8-4	コーポレート・ガバナンスの規模別・種類別の分類…………	150
図8-4	コーポレート・ガバナンスの規模と種類のマトリックス………	152

第9章　欧州株式会社のコーポレート・ガバナンス

表9-1	EU各国における国内企業の経営システム …………………	159
表9-2	EU加盟27ヵ国におけるコーポレート・ガバナンス体制の6分類…………………………………………………………	161
図9-1	EUにおけるコーポレート・ガバナンスの分類地図 …………	163
表9-3	欧州株式会社（SE）の国別設立数と種類 …………………	165
表9-4	EU加盟各国の企業経営機構と欧州株式会社（SE）の企業経営機構…………………………………………………………	169

結　研究の結論と今後の課題

表結-1	今後の課題…………………………………………………	185

第Ⅰ部
EU統合とコーポレート・ガバナンス

第1章

EUにおける合意可能な会社制度の形成
―選択肢を与えたEU型コーポレート・ガバナンス構築への基盤―

1　はじめに

　ヨーロッパでは，会社法制度を統合する取り組みが1960年代から開始された。その進行は，急速なものではなく，長時間かけて各国の合意を得ることができる制度を模索する緩やかなものであった。ときには，会社法制度を統合する作業を中断しつつも，何度も法案を修正しながら，なんとか試行錯誤のなかで前進してきたのであった。近年では，情報技術の発達や金融危機など環境の変化に対応するために，コーポレート・ガバナンスに焦点をあて，会社法改革を実施している。とくに，2010年に策定された『グリーン・ペーパー：金融機関におけるコーポレート・ガバナンスと報酬方針（以下「金融機関に関するグリーン・ペーパー」という）[1)]』と『グリーン・ペーパー：コーポレート・ガバナンスの枠組み[2)]』は，新たなEUにおけるコーポレート・ガバナンス像を描いている。
　さて，コーポレート・ガバナンスに関する議論は，「会社とは何か」という会社の概念を論じるものから，「会社は誰のものか」という会社の所有者を追求するもの，「会社を誰が監視・監督するべきか」という会社の基本構造を論じるものなど，様々な視点から非常に広範な議論が展開されている。そして，それらの議論を集約すると，コーポレート・ガバナンスには，企業を監視・監督する主体を明らかにすることと，企業と利害関係者の利害調整を達成しようとする企業構造を構築することの2つに問題が集約される。そして，世界中で展開されたコーポレート・ガバナンスの議論は，最善なコーポレート・ガバナ

ンス構造とはなにかを追求してきたものである。だが，ヨーロッパが経験した試行錯誤の日々は，1つの優れたコーポレート・ガバナンス構造を追求したのではなく，複数国間で障壁をなくし円滑な経営をすることができる企業構造を構築するために，全ての加盟国に受け入れられる制度を追求するものなのであった。

2　EUコーポレート・ガバナンスの統一化への期待と失敗

(1)　ヨーロッパにおける会社制度の統合の系譜

　EU単一市場誕生の象徴として夢見た共通会社法制度の完成に至る系譜は，図1-1に示したように，3つに分類することができよう。まず，1960年から1990年は，会社法指令の制定が開始され，統一的な制度の構築を目指していた会社法制度の統一期である。つぎに，1990年から2000年は，会社法指令の制定が終了し，加盟各国が合意可能な制度の構築を目指していた会社法制度の調和期である。そして，2000年以降は，SE法が制定され，合意可能な制度の先により収斂した制度を見据えている会社法制度の統合期である。このような，統一期から調和期，そして統合期へと移り変わる方針は，会社法を統合するまでの壁の大きさと，その壁を乗り越えようとするヨーロッパ諸国の対応を整理するうえで，重要な概念なのである。

　会社法制度の統一期は，画一的な制度としてドイツ型だけを当てはめようとした1975年までの前期と，ドイツ型だけでなくイギリス型やオランダ型などからの選択可能性を適用することを考慮し始めた1975年以降の後期に分けることができる。この統一期は，加盟各国の利害衝突と自国の制度をヨーロッパの制度に適用しようとする綱引きのような交渉により，最も議論が難航した時期であった。ちょうどこの頃は，ヨーロッパ統合自体が，実験的に進められ試行錯誤していた時期でもあった。

　会社法制度の調和期は，世界中でコーポレート・ガバナンスに注目が集まっ

た時期である。この時期に，国内のコーポレート・ガバナンスに関する制度を整備するために，各国で公的機関がコーポレート・ガバナンス原則を相次いで策定した。さらに，機関投資家や経営者機関などの私的機関もコーポレート・

図1－1　ヨーロッパにおけるコーポレート・ガバナンス統合への系譜

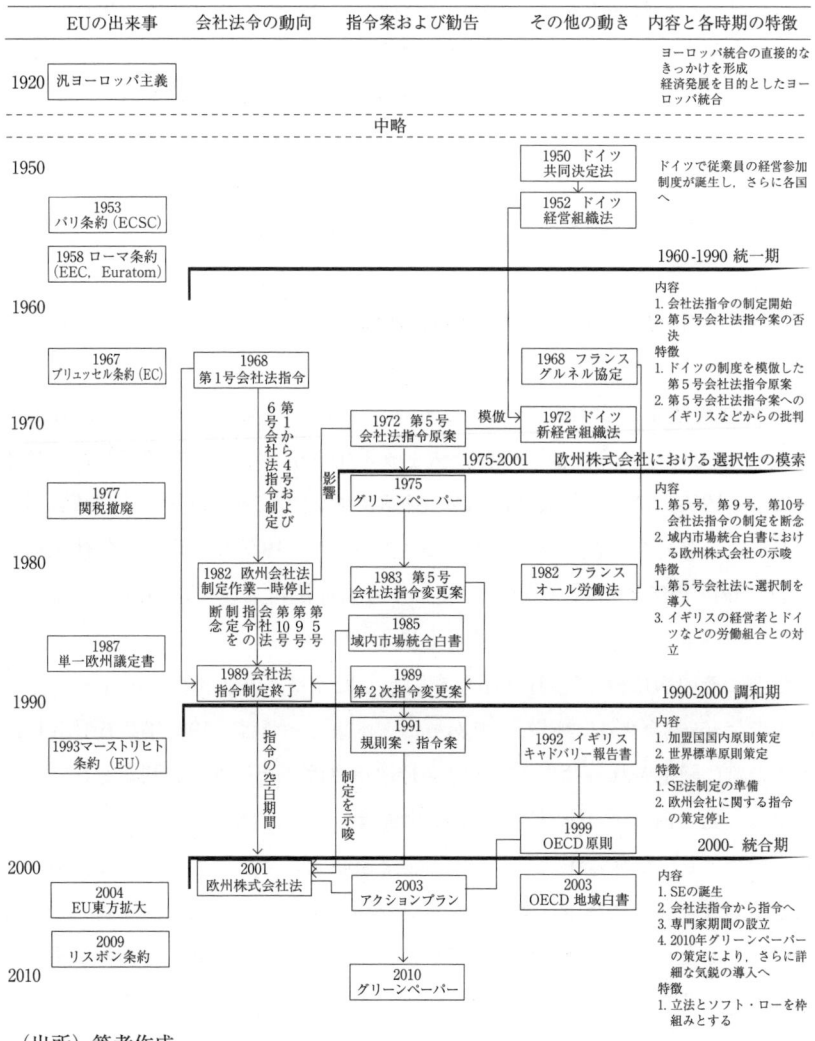

（出所）筆者作成。

ガバナンス原則を策定し，企業に直接的に効率的で健全な経営を求め始めた。このようななかで，EU域内でコーポレート・ガバナンス・コードが企業経営に重要な影響を及ぼし始めていた。

会社法制度の統合期は，SE法が制定されたことにより会社法制度の収斂が進められている時期である。2003年からは『EUにおける会社法の現代化およびコーポレート・ガバナンスの改善（以下「アクションプラン」という）』に則って会社法およびコーポレート・ガバナンスに関する制度が整備された。そして2010年からは，『金融機関に関するグリーン・ペーパー』や『グリーン・ペーパー：コーポレート・ガバナンスの枠組み』などが策定され，さらに詳細なコーポレート・ガバナンスの規定を策定する潮流にあるといえよう。

(2) ヨーロッパにおける会社法指令の制定

1960年代に，ヨーロッパ共同体（European Communities, EC）は，ヨーロッパ全体を包括する会社法を誕生させるために，会社法指令（Company Law Directive）と呼ばれる加盟国の会社法を改正する指令を次々に制定した。具体的には，1968年に第1号会社法指令（開示義務および定款の効力等）[3]を制定し，1977年に第2号会社法指令（公開会社の設立等）[4]，1978年に第3号会社法指令（加盟国内の公開会社による合併等）[5]と4号会社法指令（単体決算等）[6]を制定した。1978年までは，順調に作業が進展していた。

だが，その次にECが会社法指令を制定したのは，4年後の1982年第6号会社法指令（公開会社の分割等）[7]であった。本来であれば，1982年第6号会社法指令の前に制定されるはずの第5号会社法指令は，それ以降も制定されることはなかった。ECは，1982年第6号会社法指令の制定後も，1989年の第12号会社法指令（1人株主の会社等）[8]までの指令を制定したが，第5号会社法指令に加えて第9号会社法指令，第10号会社法指令の制定を見送った。実は，ECは，第14号まで会社法指令案を作成していたが，第5号および第9号会社法指令の調整に行き詰まったことが原因で，一度，その制定を中断してしまったのである。

会社法指令の制定作業は，図1－2に表したように，1978年第4号会社法指令から4年間，第8号会社法指令から5年間，加盟各国の主張を調整することに行き詰まったことが原因で休止した。この時に制定が見送られた3つの指令は，単一市場を規制する制度として，特に重要な役割を有する規定であった。具体的に，第5号会社法指令は，株式会社の経営システム等に関するものであ

図1－2　欧州会社法指令から欧州株式会社法へ

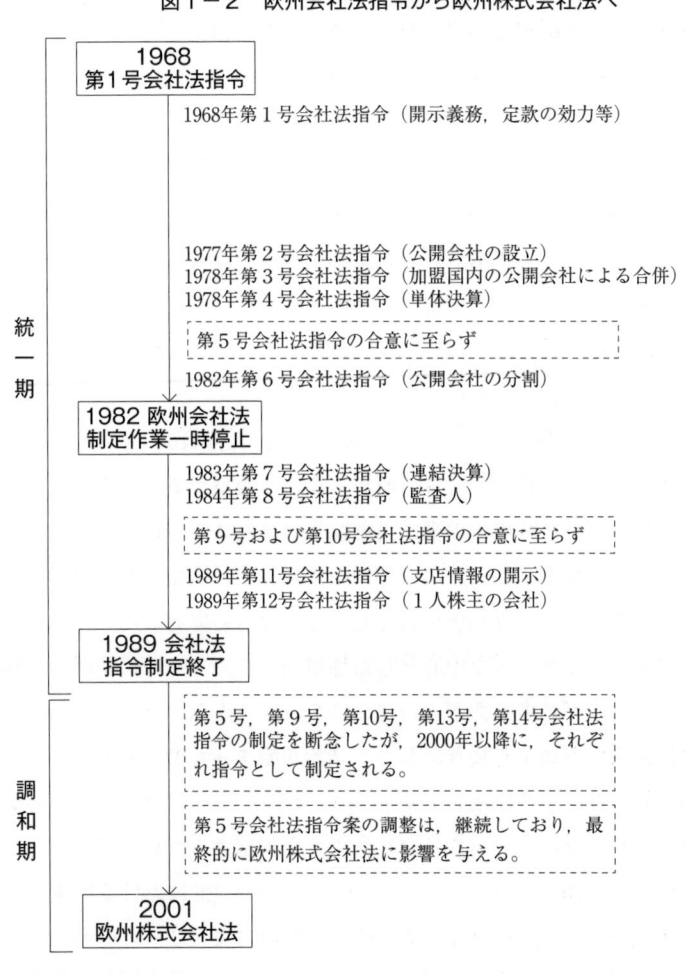

統一期：

- **1968　第1号会社法指令**
  - 1968年第1号会社法指令（開示義務，定款の効力等）
  - 1977年第2号会社法指令（公開会社の設立）
  - 1978年第3号会社法指令（加盟国内の公開会社による合併）
  - 1978年第4号会社法指令（単体決算）
  - 第5号会社法指令の合意に至らず
  - 1982年第6号会社法指令（公開会社の分割）
- **1982　欧州会社法制定作業一時停止**
  - 1983年第7号会社法指令（連結決算）
  - 1984年第8号会社法指令（監査人）
  - 第9号および第10号会社法指令の合意に至らず
  - 1989年第11号会社法指令（支店情報の開示）
  - 1989年第12号会社法指令（1人株主の会社）
- **1989　会社法指令制定終了**

調和期：

- 第5号，第9号，第10号，第13号，第14号会社法指令の制定を断念したが，2000年以降に，それぞれ指令として制定される。
- 第5号会社法指令案の調整は，継続しており，最終的に欧州株式会社法に影響を与える。
- **2001　欧州株式会社法**

（出所）　筆者作成。

る。また、第9号会社法指令は、グループ会社等に関するものである。そして、第10号会社法指令は、EU域内の合併等に関するものである。このように、制定が見送られた指令は、企業経営の核となる制度や国境を越えた経営に必要不可欠なものであった。つまり、制定が見送られた指令が、重要な規定であるからこそ、加盟各国の思惑が衝突して、議論が遅々として進まなかったのである。

(3) 企業経営機構と従業員の経営参加の統一制度を目指して

　会社法指令のなかでも、第5号会社法指令は、企業経営機構や従業員の経営参加などコーポレート・ガバナンスに深く関係しており、ヨーロッパ全体を包括する会社法を実現するために重要であった。第5号会社法指令案をめぐる議論は、1972年から2001年までの約30年間も結論を導けずにいた。30年間も議論が続いた理由は、指令案で提示された企業経営機構や従業員の経営参加に関する規定について加盟各国の合意を得ることができなかったからである。そのため、指令案の内容は、統一的な会社制度を目指すものから選択可能性を有する制度を目指すものへと変化した。

　1972年に作成された第5号会社法指令原案では、従業員500人以上の株式会社の運営機構として経営機関と監督機関からなる二層型企業経営機構に統一することと、監督機関の3分の1の構成員を従業員またはその代表が、提案あるいは指名することが提案された。この1972年第5号会社法指令原案の内容は、ドイツ型のコーポレート・ガバナンスを基礎としたものであった。1972年第5号会社法指令案は、イギリスを中心とした加盟国から、ドイツに傾倒した制度に対して、反対の声が数多くあがり否決された。ここから、ヨーロッパにおける第5号会社法指令をめぐる長きにわたる議論が始まったのである。

　1972年第5号会社法指令原案のドイツ型コーポレート・ガバナンスへの統一が失敗に終わったとはいえ、第5号会社法指令を制定するための議論は、その後も続いていた。1975年には、『グリーン・ペーパー：ECにおける従業員の経営参加と企業構造（以下「1975年従業員の経営参加に関するグリーン・ペーパー」という）[9]』が策定された。1975年従業員の経営参加に関するグリーン・ペーパー

では，企業経営機構に関して，二層型企業経営機構と一層型企業経営機構の併存を一時的に認め，経営協議会制度を弾力的に活用することが提案されており，1975年従業員の経営参加に関するグリーン・ペーパーの策定を境に，EUにおけるコーポレート・ガバナンスの在り方に変化がみられた。

この第5号会社法指令案がなかなか制定に至らなかった背景には，1965年にフランス大統領であったシャルル・ド・ゴールが，統合の強化に伴ってEECの権限が強化されていることに反対し，EECをボイコットしたことが挙げられる。そして1966年に，EECの閣僚理事会で妥協が成立し（ルクセンブルクの妥協），加盟各国に対して実質的な拒否権が与えられたのである[10]。これにより，加盟各国が自国の地域統合への目的と合わない法案に対して，拒否的な立場をとる傾向へと向かっていったのである。そこで，欧州委員会は，企業経営機構や従業員の経営参加などの領域では，すでに加盟国が独自の制度を整備しており，画一的な制度を構築することが困難であることを指摘した。このように指摘しつつも，欧州委員会は，共同体へと向かうことを真の意味で進歩であるとして，会社のための共通市場を主要な基本構造とするべきであることを強調した。このとき，ヨーロッパにおけるコーポレート・ガバナンスは，統一的な会社法形成の道と，選択肢を備えた柔軟な会社法形成の道との岐路に立たされていたのである。

3　EUコーポレート・ガバナンスの調和化の展開

(1) 加盟各国間における主張の対立

第5号会社法指令に関する議論で最も調整に苦労したのは，従業員の経営参加に関する制度である。1972年第5号会社法指令原案では，既述のようにドイツ型の従業員の経営参加制度を導入することが検討された。そして，意外であったのが，従業員の経営参加が存在していなかったイギリスだけではなく，従業員の経営参加制度が存在する国でも，従業員の経営参加方法に対する反対や不満，要求などの主張が巻き起こったことである。この背景には，従業員の

経営参加制度が，既にドイツやフランス，オランダなどで導入され始めていたことと，その各国では経営参加の方法が異なっていたことが挙げられる。つまり，第5号会社法指令原案と平行して，各国国内会社法も改正されており，同時期に国内の従業員の経営参加制度を整備していたために，指令案が採用されると，整備したばかりの制度を改正しなければならない国が存在したのである。

　ドイツでは，1951年に共同決定法が制定され，従業員を1,000人以上雇用するモンタン部門[11]の株式会社等における監督機関への従業員代表の経営参加が規定され，1952年に経営組織法が制定され，従業員500人以上の株式会社へと対象の範囲が広がり，既に従業員の経営参加制度が国内に浸透していた。そして，1972年に経営協議会を規定した新経営組織法が制定されたため，国内の新制度が完成したと同時に，国内と同じ方法で従業員が経営に参加できる第5号会社法指令原案が提出されたのである。また，フランスでは，1930年頃から従業員の権利に関する議論が展開されており，ドイツと同様に労使交渉に対する関心が高まっていた。そして，1968年のグルネル協定で，企業外部の労使交渉が取り入れられ，1982年のオール労働法によって，企業内部の労使交渉が取り入れられた法制度改革を断行した[12]。このように，加盟各国は，その時まさに，従業員が望み，そして自らの手でつかみ取った制度として従業員の経営参加に関する制度を独自で構築している最中であった。そのようななかで，イギリスでは，従業員の経営参加に関する制度が存在しなかった。むしろ，イギリスは自由化の波に乗り，株主の権利を強化する傾向にあった。イギリスで，初めてドイツ型のコーポレート・ガバナンスを導入することが提案されたのは，1997年のブレア政権である。その時もイギリス国内の経営者たちから反対されたため実現しなかった。

　以上のように，従業員の権利に対する考え方や権利を具現化する方法は，それぞれの国で異なる。従業員の経営参加に関する制度は，各国内で経営者や従業員，株主などの利害を調整し，苦労の末に完成した制度であった。こうしてできた制度を他国の形式に変更することは，国内からの反発を生むことになる。そのため，このような足並みがそろっていない状況で，加盟各国は，国内で採

用していた従業員の経営参加制度を，EUの制度に応用しようと熱心に議論したのである。

(2) 選択肢を与えたコーポレート・ガバナンスの構築へ

　1983年に，新たに第5号会社法指令案の変更が提案された。1983年の変更案は，コーポレート・ガバナンスの選択可能性をさらに強化するものであった。具体的にいうと，企業経営機構には，原則として二層型企業経営機構を推奨するが，一層型企業経営機構の選択も認め，実質的に一層型企業経営機構と二層型企業経営機構からの選択型を採用するというものであった。また，従業員の経営参加制度には，従業員1,000人以上を雇用する株式会社に従業員の経営参加を認め，その方法を，①従業員代表を通して監督機関もしくは管理機関へ参加する方法，②監督機関の現行構成員が新しい構成員を共同選出する方法，③会社機関から分離した従業員代表が参加する方法，という3つのモデルから選択することを可能にするものであった[13]。

　ドイツ型のコーポレート・ガバナンス導入を目指した1972年から10年の時を経て，EUのコーポレート・ガバナンスは，統一的な会社法の導入に挫折し，選択肢を備えた柔軟な会社法形成の道へと舵を切ったのである。この決定は，意思決定構造における従業員の役割が論争の中心となっているが，「本質的に国内の問題として扱うために加盟国に残されるべき問題である」という1975年従業員の経営参加に関するグリーン・ペーパーで出された見解を受け入れたものである。このようなことから，加盟各国に根付いている制度を統一的な制度へと変更することの難しさが存在するといえる。

　しかし，会社法の統一を諦め，選択型を採用した指令変更提案でさえも，激しい議論が巻き起こり，批判が集中した[14]。その中心にいたのは，やはりヨーロッパ統合において，他の加盟国と一線を画す立場をとるイギリスであった。イギリスでは，産業界の伝統からあまりにもかけ離れた提案がなされたことに対する批判が巻き起こり，ほとんどの関係団体が指令変更提案を拒否したとされている[15]。さらに，驚くべきことに，イギリスだけではなく，従業員の経営

参加を推進していたドイツからも批判が寄せられた。ドイツでは,「共同決定（労働者参加）を投票で阻止できるというのは,労働組合によって闘い取られた共同決定に対する侮辱である[16]」との批判であった。1983年の変更提案では,選択型を採用するという妥協案を提出したことによって,停滞していた議論を新たな道へと導いたが,選択肢を推敲する必要があった。

(3) 選択型経営システムへの議論の収束

　1983年の議論は,SE法に選択可能性を見いだすことで,1つの最も優れた企業構造を決める必要がなくなり,柔軟に各国の制度を調整することを可能にした。しかし,従業員の経営参加制度の導入に積極的な労働組合などの関係機関と,導入に消極的なイギリスを中心とした加盟国の経営者団体との主張を調整することができず,結局行き詰まり,諦めたのであった。つまり,1983年の変更提案までの議論は,旧来の統一的な制度への改革から,選択肢を備えた柔軟な制度へと改革の方針をシフトさせたという良い影響を与えた反面,それでも合意にこぎつけることができなかったことにより,議論の継続性が断絶したという悪い影響をも与えたといえる。

　このような,加盟国の制度を尊重しつつ,EU型の制度として集約する作業は,調和化（ハーモナイゼーション）と呼ばれる。EUの会社法分野でとられた調和化の方法は,包括的な方法と部分的な方法の2つに分けることができる。包括的な方法とは,域内を包括的に統一的な方法によって収斂させようとするものである。部分的な方法とは,加盟各国の合意に基づいて国内の指揮権を加盟国に任せて域内を収斂させようとするものである。この調和化の作業こそ,EUにおける法制度形成を達成するための最大の課題なのである。EUにおける会社法制度の調和化を進める方策として,1983年まで,ECが目指してきたのが,包括的な方法である。しかし,ヨーロッパの地域統合は,加盟国ごとに主権があるため,各国の合意を得なければ達成困難であった。したがって,歴史や文化,制度や慣習などが異なる加盟国が集まり,多様性に重きを置くヨーロッパでは,包括的な方法がなじまなかったのである。

そうであるからこそ，1975年から加盟各国の制度を尊重し，選択型を採用し，反発を抑え合意可能な制度を模索しながら，会社法制度を調和したのである。この作業に，EUは，統一を目指していた1960年から，約30年もの歳月を地域統合という壮大な実験のコストとして費やしたのであった。そして，1991年に，それまでの議論を集約して，第3次変更提案を採択した。その内容は，まず，企業経営機構には，企業が定款に定めることにより，一層型企業経営機構と二層型企業経営機構を選択することを認めた。また，従業員の経営参加制度には，より具体的な経営参加に関する規定を定めることを提案するものであった。そして，この議論は，長い期間をかけて2001年の「SEに関する規則[17]」と「従業員の経営参加に関するSE法を補完する理事会指令[18]」として実を結ぶことになった。ただし，加盟国が合意可能な制度を追求したため，加盟国の国内法に過度に依存した制度となり，未完成に終わったとの批判を加えなければならない。

4 EUコーポレート・ガバナンス統合化の展開

(1) 選択型を基礎としたEUコーポレート・ガバナンス誕生の背景

EUにおいて，選択の自由を認め加盟国の決定権を尊重することは，1993年に発効したマーストリヒト条約に「補完性の原則（The Principle of Subsidiary）」と「比例性原則（The Principle of Proportionality）」が規定されたことにより，EUの一般原則に組み込まれることになった。補完性の原則は，1931年にローマ法王ピオ11世がファシズムやナチズムによって個人の諸権利が奪われることを防ぐことを目的として，より下位の社会集団に問題の解決を任せる国家不介入を説いたものである[19]。補完性の原則は，その原則を応用して，EU設立条約に組み込まれたのである。そのため，第5号会社法指令案で，従業員の権利を守るために，加盟国が主張を繰り返したことは，当然の結果である。2009年に発効した「EUおよびEC設立条約を修正するリスボン条約（以下「リスボン条約」という）」には，「国家連合の原則に従い，連合は，諸条約に明記さ

れた目的を達成するために，同条約において構成国により連合に与えられた権限の範囲内でのみ行動する[20]」と定められた[21]。

リスボン条約では，さらに比例性原則として，「補完の原則に従い，連合は，自己の排他的権限が及ばない分野において，提案された行動の目的が，中央レベルであれ地方レベルであれ，構成国により十分に達成されない限り，同行動の規模あるいは効果の点からみて，連合レベルの方がより良く達成される場合には，行動する[22]」と示し，構成国の目的を最優先することが規定された。そして，比例性原則に従って「連合の行動の内容および形式は，諸条約の目的の達成に必要なものを超えてはならない[23]」ことが定められた。

リスボン条約は，「連合は，地方自治体を含め，構成国の基本的，政治的および憲法的構造に固有な国家的一体性と同様，諸条約においては，構成国の平等を尊重する。連合は，当該国の地域的統一性，法と秩序の維持および国家安全保障を守ることを含めた本質的な機能を尊重しなければならない。特に国家の安全保障は，各構成国の単独の責任である[24]」と規定している。つまり，加盟国の基本的，政治的および憲法的な決定は，加盟国が権限を有しているのである。このように，EUでは，会社法制度だけでなく，一般原則として，加盟各国の裁量権を広く認めているため，必然的に部分的な調和へと向かったのである。そのため，欧州委員会は，選択肢を与えることで，合意可能な制度を作り上げたのである。そして，SE法の制定以降，さらなる会社法制度の統合化に方針を転換したのである。

(2) コーポレート・ガバナンス改革の急速な進展

2001年に欧州委員会が，SE法を制定してから，1989年に一度停止していた会社法制度改革は，再び活発化した。まず，欧州委員会は，2001年に『ヨーロッパの会社法のための近代的な規制枠組み[25]』，2003年にアクションプランを策定し，EUにおける会社法およびコーポレート・ガバナンスの改革を計画した。アクションプランは，短期，中期，長期の計画に分けられた。短期計画では，情報開示・透明性と取締役に関する内容に焦点をあてるとともに，専門

表1-1　アドバイザリーグループとECGFの概要

	アドバイザリーグループ	ECGF
目的	コーポレート・ガバナンスと会社法の領域で委員会への技術的なアドバイスをすること	加盟国のコーポレート・ガバナンス・コードを収斂させる可能性を模索し，欧州委員会に助言すること
作業方法	1．公用語の使用 2．E-mailによる文書の配布 3．議事録のWebによる公開 4．特定の問題に対する専門家の召集	1．1年に2回から3回の会議 2．フレキシブルな開催期間 3．情報のWebによる公開
近年の議論	1．金融危機に対するEU会社法 　①　役員報酬 　②　金融機関のコーポレート・ガバナンス 2．会社法に対する中長期的行動 　①　破産規則統合の可能性 　②　欧州私会社（SPE, Societas Private Europaea）に関する提案	1．金融危機におけるコーポレート・ガバナンス問題 2．金融商品の位置づけと空議決権行使の開示 3．金融機関のコーポレート・ガバナンス 4．役員報酬に関する問題 5．加盟国におけるコーポレート・ガバナンスの施行と監視の仕組み
主な成果	1．2010年の金融機関に関するグリーン・ペーパーへの助言 2．欧州私会社法案の作成	以下のステートメントの策定 ①　『遵守か説明か』 ②　『危機管理と内部統制』 ③　『資本と支配の均整』 ④　『国境を越えたコーポレート・ガバナンス・コード』 ⑤　『役員報酬』 ⑥　『議決権行使と株主地位』 ⑦　『上場会社の関係者間取引』 ⑧　『上場会社の重要な決定』

（出所）　筆者作成。

家機関の招集を計画した。中期計画では，さらなる情報開示の強化と全加盟国における一層型企業経営機構と二層型企業経営機構の選択可能性の導入などを計画した。長期計画では，第2号会社法指令の代替制度の導入を計画した。

　短期計画で計画された専門家機関として，2004年に加盟各国のコーポレート・ガバナンスに関する規定であるコーポレート・ガバナンス・コードの調

和について議論するヨーロピアン・コーポレート・ガバナンス・フォーラム（ECGF）が，2005年にEUを包括した会社法の改革について議論するアドバイザリーグループが組織された。この一連の議論のなかで，EUにおけるコーポレート・ガバナンスは，法令とソフト・ローの2つを枠組みとして構築する方針が定められた。つまり，法令に関する領域をアドバイザリーグループが，ソフト・ローに関する領域をECGFが，議論することになったのである。とくに，ECGFによるコーポレート・ガバナンス・コードを調和する議論は，画一的なコーポレート・ガバナンス規定を作らずに，EU域内の制度を内部から調和する重要な役割が与えられたのである。

　アドバイザリーグループは，2005年から権限が終了する2009年までの間に，11回の会議を開催した。その間に，『金融機関に関するグリーン・ペーパー』や欧州私会社（SPE, Societas Private Europaea）[26]の規則案を作成するなどの成果を得た。また，ECGFは，2004年から権限が終了した2011年までに1年に2回から3回の会議を開催した。その間に，①『遵守か説明か』，②『危機管理と内部統制』，③『資本と支配の均整』，④『国境を越えたコーポレート・ガバナンス・コード』，⑤『役員報酬』，⑥『議決権行使と株主地位』，⑦『上場会社の関係者間取引』，⑧『上場会社の重要な決定』，に関するステートメントを策定した[27]。アドバイザリーグループとECGFの議論は，表1－1のまとめのように，金融危機の対処を目的とした金融機関のコーポレート・ガバナンスなど，コーポレート・ガバナンス領域の新たな問題に対処するという共通点があった。金融機関に対しては，アドバイザリーグループの提案で，『金融機関に関するグリーン・ペーパー』が策定され，ECGFの議論を考慮して『グリーン・ペーパー：コーポレート・ガバナンスの枠組み』が策定された。

(3) 金融危機対策としてのコーポレート・ガバナンスの収斂化への動き

　2009年のリーマンブラザーズの破綻以降，EUでは，金融機関の危機的な状況が続いた。とくに，ギリシャでは，国家財政破綻がささやかれるほどの被害を受けた。そのような状況を打破するために，欧州委員会は，金融機関に関す

表1−2　金融機関におけるコーポレート・ガバナンスの問題点と解決策

分類	金融機関のガバナンス上の弱点	考えうる対策
利益相反	利益相反に関する規則の内容および詳細の一貫性の欠如	EU共通規則の策定
コーポレート・ガバナンス原則	監督官庁によるコーポレート・ガバナンスへの怠慢	コーポレート・ガバナンス原則の実施への監督を義務化
	適切な監視の欠如	
	遵守しない場合のペナルティーの欠如	原則の規程の階層化と一部強制力の付与
取締役会	取締役の業務時間と責任の不足	非業務執行取締役の十分な業務時間の確保
	取締役の多様性の欠如	性別や国籍，専門性など様々な背景を有する取締役選任の推奨
	取締役会による業務評価の欠如	報酬委員会による取締役の業務遂行状況の評価
	取締役会による適切な危機管理の枠組みの欠如	財務報告書の質向上による事業危機管理を目的とする内部統制の徹底
	取締役のリスクへの認識不足	危機管理に関する最善慣行の作成
危機管理	リスクに対する理解と従業員教育の欠如	最善慣行の作成と内部統制の徹底
	危機管理への広範な専門知識の欠如	危機管理領域の専門教育
	リスクへの即時的な情報の欠如	内部統制の徹底
株主	異なる株式の運用資産の所有による株式所有権概念の消失	長期的投資の促進
	利益相反	機関投資家による長期的投資の促進
	株主の権利の欠如	株主が監督する権利や国境を越えた議決権行使方法の整備など株主の権利の確保
監督官庁	最善慣行の欠如	コーポレート・ガバナンス原則の実施への監督を義務化
	環境の変化への未対応	監督官庁の責任を規定
	取締役の適格性基準の未設定	コーポレート・ガバナンス・コードなどによる行動指針の作成
監査役	会社から報酬が支払われることによる利益相反	監査役に支払われる報酬の一元化

（出所）　European Commission［2010a］およびEUのコーポレート・ガバナンスに関する議論を基に筆者作成。

るグリーン・ペーパーを策定したのである。欧州委員会は，金融機関に関するグリーン・ペーパーで，金融機関への公的資金の投入により，納税者が必然的に財政の安定と長期的経済成長を目指す金融機関の利害関係者になったことを指摘した[28]。そして，預金者や年金受給者，生命保険証券の保有者そして一定の従業員など，金融機関の債権者の利益は，株主の利益と潜在的に対立していることも指摘した[29]。

金融機関におけるコーポレート・ガバナンス問題が発生した背景に，国際的な組織による勧告あるいは，コーポレート・ガバナンス・コードの規定に応じる法的義務がなかったことが挙げられる[30]。つまり，金融機関は，十分にコーポレート・ガバナンス原則の規定を遵守していなかったのである。その理由には，①監督官庁の怠慢，②適切な監視の欠如，ペナルティーの欠如などがある。金融機関は，市民の財産を管理していることから，極めて社会に対して強い影響力を有しており，他の株式会社とは異なる監視体制が必要であろう。

金融機関のコーポレート・ガバナンスに関する問題は，表1－2に表したように，利益相反，コーポレート・ガバナンス原則，取締役会，危機管理，株主，監督官庁，監査役など，多岐にわたる問題が残されていた。金融機関は，利害関係者の財産を扱うため，企業不祥事が社会全体に影響を与える。そのため，域内の金融危機により，EUから離脱もしくは分散の傾向がみられた。しかし，EUの金融機関に関する議論は，加盟各国が協力して監視・牽制の仕組みを強化する潮流にあるということができる。さらに，既に述べたように，納税者が金融機関の潜在的な利害関係者であるという認識がEUのなかで生まれており，今後，市民が主体の金融機関の監視・牽制をする仕組みが形成される可能性がある。EUでは，従業員の経営参加制度が，共通の会社制度の将来を左右するほど従業員の権利保護が重要視されてきた。株式会社以外に目を向ければ，イギリスでは病院経営の意思決定に市民が参加し[31]，オランダでは，学校経営に市民が参加している[32]。市民の財産を管理し，生活に強い影響力を有する金融機関に対して，市民が経営意思決定の監視・牽制機能として参加し，自らの権利を守る制度を誕生させる必要があるだろう。

5 おわりに

　ヨーロッパで会社法制度の統合をつかみ取るための議論は，方針を修正しつつも着実に進展してきた。その議論は，EUが誕生する遥か前の1960年から続いたものであった。指令を制定する主体は，EECからECへ，そしてEUへと受け継がれてきた。このヨーロッパにおける会社法制度の議論は，加盟国における会社法制度が発展するなかで，その発展に合わせた内容へと変化させてきた。一度制定した会社法指令も，経営環境の変化に合わせて，何度も改正されてきたのである。そのようななかで，最も統合することが難しく，しかし絶対に統合しなければならないという意気込みを持って取り組まれたのが，企業経営機構と従業員の経営参加制度というコーポレート・ガバナンスの核をなす制度であることを強調する。

　これら2つを含んでいた第5号会社法指令は，1つの理想のコーポレート・ガバナンス構造を追うものから，加盟各国の制度を考慮し選択肢を与えた柔軟な制度へと変化した。それでも，その選択肢を決定するために多くの時間を費やすことになった。そして，長い調整期間の末に，2001年のSE法の制定により，約30年続いた議論に一応の終止符を打つことができた。ここで，EUのコーポレート・ガバナンスに関する議論は，新たな統合化への展開を歩み始めた。

　2000年からは，会社法制度改革に加え，新たに加盟各国で制定されてきたコーポレート・ガバナンス・コードを用いて域内のコーポレート・ガバナンスを緩やかに統合することになった。そのために，アドバイザリーグループとECGFの2つの専門家グループを設立した。この2つの機関を中心として，流動的な経営環境の変化に対応できるコーポレート・ガバナンス構造を構築するための制度的統合を進めてきたのであった。そして，2010年の金融機関に関するグリーン・ペーパーによって，コーポレート・ガバナンスに市民からの監視が必要であることが明らかになり，グリーン・ペーパー：コーポレート・ガバナンスの枠組みによって，さらなる詳細な規定を含む統合をコーポレート・ガ

バナンス・コードを用いて進める方針が解明された。今後のEUにおけるコーポレート・ガバナンスは，金融機関や中小企業など企業の種類や規模別に，詳細な規定が設けられることが考えられるため，これらの規定を体系化する必要があろう。

(注)
1) European Commission [2010a] COM (2011) 164 final,
2) European Commission [2010b] COM (2010) 284 final.
3) First Council Directive 68/151/EEC on co-ordination of safeguards which, for the protection of the interests of members and others, are required by Member States of companies within the meaning of the second paragraph of Article 58 of the Treaty, with a view to making such safeguards equivalent throughout the Community, OJ 1968 L 65, pp. 8-12.
4) Second Council Directive 77/91/EEC on coordination of safeguards which, for the protection of the interests of members and others, are required by Member States of companies within the meaning of the second paragraph of Article 58 of the Treaty, in respect of the formation of public limited liability companies and the maintenance and alteration of their capital, with a view to making such safeguards equivalent, OJ 1977 L 26, pp. 1-13.
5) Third Council Directive 78/855/EEC based on Article 54(3)(g) of the Treaty concerning mergers of public limited liability companies OJ 1978 L 295, pp. 36-43.
6) Fourth Council Directive 78/660/EEC based on Article 54(3)(g) of the Treaty on the annual accounts of certain types of companies, OJ 1978 L 222, pp. 11-31.
7) Sixth Council Directive 82/891/EEC of 17 based on Article 54(3) (g) of the Treaty, concerning the division of public limited liability companies, OJ 1982 L 378, pp. 47-54.
8) Twelfth Council Company Law Directive 89/667/EEC on single-member private limited-liability companies, OJ 1989 L 395, pp. 40-42.
9) Commission of the European Communities [1975] COM (75) 570 final.
10) ルクセンブルクの妥協では，ローマ条約で一部の理事会の決定方式を全会一致方式から特定多数方式に変更する予定であったが，ドゴールの要求により，全会一致方式が維持されたのである。
11) 石炭および鉄鋼部門をいう。
12) フランスの労使交渉については，小関藤一郎 [1997] 27頁を参照のこと。
13) Amended proposal for a Fifth Directive founded on Article 54(3)(g) of the EEC Treaty concerning the structure of public limited companies and the powers and

obligations of their organs, COM（83）185 final, pp. 1-3.
14) 平田光弘［2008b］54頁.
15) 平田光弘［2008b］54頁.
16) 平田光弘［2008b］54頁.
17) Council Regulation（EC）No. 2157/2001 on the Statute for a European company（SE）. OJ 2001 L 294, pp. 1-21.
18) 2001/86/EC
19) 田中俊郎［1998］131頁.
20) ヨーロッパ連合条約第5条第2項，日本語訳／岡村堯［2010］
21) マーストリヒト条約およびリスボン条約は，EU設立条約である。本章では，最新の条約であるリスボン条約を紹介した。これは，後述の比例性原則も同様である。
22) ヨーロッパ連合条約第5条第3項，日本語訳／岡村堯［2010］
23) ヨーロッパ連合条約第5条第4項，日本語訳／岡村堯［2010］
24) ヨーロッパ連合条約第4条第2項，日本語訳／岡村堯［2010］
25) The High Level Group of Company Law Experts［2002］
26) 欧州私会社は，中小企業を対象としたEU共通の会社形態である。大規模企業を想定して誕生したSEとは異なり，資本金および出資者の人数に制限はなく，合併や支店の設立などを伴わずに，無の状態から設立することができるという特徴がある。
27) 各ステートメントおよびECGFの活動については，第3章を参照のこと。
28) European Commission［2010a］COM（2011）164 final, p. 4.
29) European Commission［2010a］COM（2011）164 final, p. 4.
30) European Commission［2010a］COM（2011）164 final, pp. 5-6.
31) イギリスでは，病院経営の意思決定に，患者や地域住民が参加している。病院経営における市民参加については，小島愛［2008］を参照のこと。
32) オランダでは初等・中等教育に関して，私立・公立を問わず，保護者が学校運営に積極的に参加できる様々な体制が整えられている。これを実現するために学校経営参加評議会が設置される。また，一定の保護者の要請により，自治体は学校を設立する許可を与え，保護者が雇用する教員を選任する権利が与えられている。

第2章
EUコーポレートガバナンスの歴史的経緯と現代的課題
―東ヨーロッパ諸国への拡大―

1 はじめに

　EUは，ローマ時代から成し遂げることができなかったヨーロッパの統合を，1950年の欧州石炭鉄鋼共同体（European Coal and Steel Community, ECSC）の創設を始点として武力を使わずに目指したものである。その後も，平和や国境のない自由，均衡のとれた経済成長の3つを掲げて拡大したのである。5度にわたる加盟国拡大のなかでも，特に4度目の拡大にあたる2004年以降の東方諸国への拡大は，1990年初めの東西冷戦体制の崩壊を境に資本主義へと体制転換した東ヨーロッパの旧社会主義国が，資本主義を基本原理とするEUに加盟し経済成長を果たすという，新時代を到来させた第一歩なのであった。そして踏み出した先に，現代的な経営システムを構築するための急速な改革を伴う道のりが待ち構えていた。ヨーロッパ統合という目的地に辿り着くためには，経営システム改革という草木の生い茂る道を掻き分けなければならなかったのである。
　東ヨーロッパ諸国は，現代的な経営システムを構築するために，国営企業の民営化に着手した。たとえば，ハンガリーは，外国資本を誘致し直接投資に参加させる方法によって，チェコやエストニアは，バウチャー[1]を国民に無償で配分する方法によって，それぞれ国営企業を民営化した。そして，東ヨーロッパ諸国は，企業管理体制を政府による統治から，市民による統治へと変換を果たしたのである。それによって，東ヨーロッパ諸国は，自由競争のなかで

健全かつ効率的な経営をするための第一歩として，コーポレート・ガバナンスの問題に向かって飛び込んだのである。

2 EUにおけるコーポレート・ガバナンス構築の歴史的意義

(1) コーポレート・ガバナンスと地域調和

2004年に，EUは，チェコ，キプロス，エストニア，ハンガリー，ラトビア，リトアニア，マルタ，ポーランド，スロバキア，スロベニアの10ヵ国を同時に迎え入れ，2007年に，ブルガリア，ルーマニアの2ヵ国の加盟を承認した。これにより，現在の27ヵ国の連合へと成長を遂げた。このような2004年以降の拡大により，EUは，旧ソビエトの連邦諸国や連邦衛星諸国，そして旧ユーゴスラビア構成国などの旧社会主義国を迎え，さらに多様性を備えた連合へと成長を遂げたのである。

実に多様な文化や慣習を有するEUだからこそ，広大な市場を機能させるために共通のルールを採用し，企業経営を効率化することが必要であった。とくに，旧社会主義国のような現代企業の制度的基盤がほとんど存在していない国に対して，共通のコーポレート・ガバナンスを採用し市場経済先進諸国と同様の水準に引き上げることは急務であった。EUは，域内のコーポレート・ガバナンスを一定の水準に平準化することで，各国のコーポレート・ガバナンスの格差をなくし，国境を越えた企業経営の効率化と国際的な基準に則した健全化を図ったのである。

コーポレート・ガバナンスは，その必要性が認識されるとともに，EUレベルや加盟国レベル，企業レベル，それぞれの立場から議論されてきた。なかでも，欧州委員会やECGFなどによりEUレベルの立場から実行されるコーポレート・ガバナンス改革は，加盟各国が独自に構築したコーポレート・ガバナンスの差異を調和する役割を担ってきた。つまり，EUレベルの立場から実行されるコーポレート・ガバナンスは，経営活動が国境を越えることによって発生し

た問題を解決し，27ヵ国もの加盟国で構成される単一市場の効率化を実現するために，加盟国に対して改革を求めてきたのである。そのため，加盟各国や各企業などは，このEUレベルで提示されたコーポレート・ガバナンスを参考にして，コーポレート・ガバナンスを構築してきた[2]。そして，EU加盟を目指す加盟候補国や潜在的加盟候補国は，必然的にEU加盟の準備として加盟国と同様に，EUのコーポレート・ガバナンスを参考にコーポレート・ガバナンスを構築してきたのである。

こうして，EUのコーポレート・ガバナンスは，図2-1に示すように，加盟国だけではなく，加盟候補国や潜在的加盟候補国などにも浸透してきた。つまり，EUのコーポレート・ガバナンスは，ごく自然にEUの基準を周辺国に示していたのである。そして，加盟候補国や潜在的加盟候補国は，経済発展を果たし，市場経済先進諸国の仲間入りをするために，世界最大の市場を持ち，世界最先端のコーポレート・ガバナンスを構築しているEUの基準を，喜んで採用したのである[3]。このことは，EUと加盟国の双方による改革が，各国の歴史や文化に影響を受けるコーポレート・ガバナンスの国際的な平準化へと導く可能性を，十分に秘めているのである。

図2-1 EUコーポレート・ガバナンスの加盟候補国への伝播

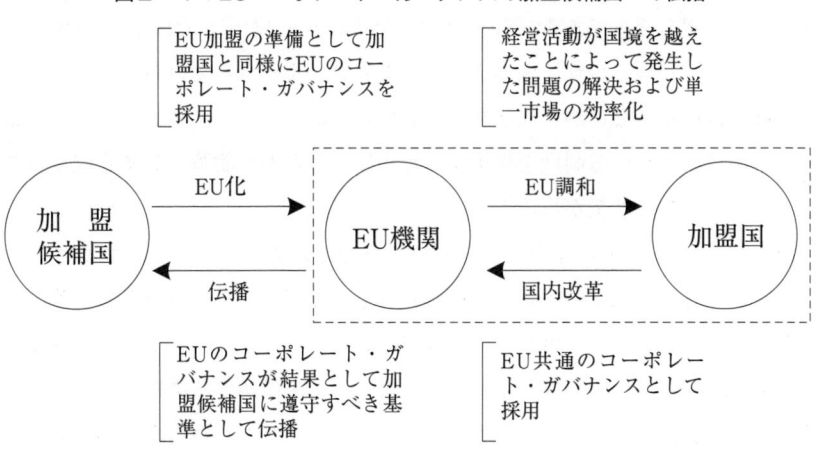

［EU加盟の準備として加盟国と同様にEUのコーポレート・ガバナンスを採用］　［経営活動が国境を越えたことによって発生した問題の解決および単一市場の効率化］

加盟候補国 →EU化→ EU機関 ←EU調和← 加盟国
加盟候補国 ←伝播← EU機関 →国内改革→ 加盟国

［EUのコーポレート・ガバナンスが結果として加盟候補国に遵守すべき基準として伝播］　［EU共通のコーポレート・ガバナンスとして採用］

（出所）　筆者作成。

(2) コーポレート・ガバナンスの目的と意義

　基本的な概念を検討すると，コーポレート・ガバナンスは，おおむね，「企業競争力の強化」と「企業不祥事への対処」を目的とする[4]。この目的を達成するために，コーポレート・ガバナンスは，おもに，企業内部からの「企業経営機構改革」と企業外部からの「利害関係者による監視」，そして企業の内部と外部をつなぐ「情報開示・透明性の強化」の3つを実施するものである。とりわけ，EUのコーポレート・ガバナンスは，上記3つにより，国境を越えた経営活動を促進するために，EU域内における国際的な規制上の調和を目指すという特徴がある。これらを実現するために，EUにおいてコーポレート・ガバナンスは，法的拘束力を有する立法と法的拘束力を有さないソフト・ローの2つの枠組みが加わることになる。

　たとえば，EUにおける立法を活用したコーポレート・ガバナンス改革には，EU共通の会社形態である欧州株式会社（Societas Europaea，以下「SE」という）を誕生させたことが挙げられる。SEは，加盟各国のコーポレート・ガバナンスを基礎とし，経営システムの選択肢を備えた企業形態である。具体的には，一層型企業経営機構[5]と二層型企業経営機構[6]の2種類から企業経営機構を選択できる。さらに，情報提供・協議方式[7]と経営参加方式[8]から従業員の経営参加制度を選択できる。SEに関する制度は，EUが定めたSE法に重要な骨格となる内容が規定され，国内法に詳細な内容が規定されている。ここで挙げたのは一例にすぎないが，立法を活用したコーポレート・ガバナンスは，国際的な市場に耐えられる制度を構築するために，革新的な改革が数多く取り込まれているところに特徴がある[9]。

　たとえば，EUにおけるソフト・ローを活用したコーポレート・ガバナンス改革には，各国が策定しているコーポレート・ガバナンス・コードを改革することが挙げられる。コーポレート・ガバナンス・コードは，各国の監督官庁や証券取引所などが国内のコーポレート・ガバナンスに関する詳細な内容を規定することを目的としたものである。具体的には，詳細かつ厳格な内容を規定する代わりに，企業に対して遵守しない自由を容認し，企業経営の自由を確保し

たものである[10]。さらに，コーポレート・ガバナンス・コードは，各国で採用されたあと，EUの会社制度に関する会議で取り上げられ，EUの制度として採用されるものもある[11]。ここで挙げたのは一例にすぎないが，ソフト・ローを活用したコーポレート・ガバナンス改革は，より詳細な内容を規定し，EU域内に伝播する可能性を秘めているところに特徴がある[12]。

(3) 東ヨーロッパ諸国におけるコーポレート・ガバナンスの必要性

2004年以降のEU拡大で加盟した国は，既に述べたように，キプロスとマルタを除く10ヵ国が旧社会主義国であり，加盟交渉中もその体制の面影が残っていた。そのため，依然として国営企業の民営化が最優先課題とされていた。つまり，国民の税金により賄われていた運営資金を企業自らが生産活動を通じて賄うための効率性と，企業内でのみ構築されてきた監視・監督機能を国際標準に準ずるための健全性との両方を備えた経営システムを，市場経済先進諸国から学びとる必要があったのである。

東ヨーロッパ諸国は，EU加盟交渉時において，経済発展およびEUの市場競争力に耐え得る競争力を創出するために，コーポレート・ガバナンスの構築を求められた。そもそも，東ヨーロッパ諸国には，経営システムを規定する法やコードさえ有していない国も存在していた。そのため，株主や取締役，監査役などの機関の役割すら確立されておらず，ましてや支配株主が取締役につく企業や監視・監督の役割が確立されていない企業ばかりであった。したがって，東ヨーロッパにおいて，企業競争力を創出するためには，国内外から基礎的な企業内部の改革が必要であった。

同じく，加盟交渉において，現代企業としての健全性を確保することを国内外から求められた。そもそも，東ヨーロッパには，国際的な基準や指針を参照していた国がなく，国内の基準で企業が運営されていたため，情報開示・透明性に関する規定に健全性が担保されていなかった。そのため，年次報告さえ求めないことや株主の株主総会への参加を妨害する慣行があることなど，現代企業には存在しないような基礎的な問題が数多く発生した。したがって，東ヨー

ロッパ諸国は，企業が今日の経営環境に対応できる健全性を確保するために，企業外部との関係を改善する必要があった。

　東ヨーロッパ諸国は，現代的な企業経営の基盤が形成されていない国にある特有の問題を抱えていた。このようなコーポレート・ガバナンスに関する問題は，平田光弘［2008］が「歴史，社会，文化，制度，慣習などを異にするそれぞれの国に制度化され，その社会に根ざすもの[13]」であると指摘するように，歴史や社会，文化や制度，慣習などの特殊な事情に起因しているものが多い。そのため，コーポレート・ガバナンスには，いくつものタイプが存在する。そこで，東ヨーロッパのコーポレート・ガバナンスを紐解くために，東ヨーロッパの歴史や社会，文化や制度，慣習などからコーポレート・ガバナンスを検討していかなければならないのである。

3　EUにおける東方拡大とコーポレート・ガバナンス

(1) ヨーロッパの概念と東ヨーロッパの特殊性

　本研究の礎となるヨーロッパの概念は，様々な定義がなされている。たとえば，EU統合の直接的なきっかけを作ったことで知られる汎ヨーロッパ主義において，ヨーロッパは，イギリスとロシアをヨーロッパから切り離して捉えた概念である。また，歴史的にヨーロッパは，新旧ローマ帝国の領土を指し，アフリカ北部をも含めるとする概念である。そして，宗教的にヨーロッパは，「ローマ・カトリック教会あるいは東ローマ帝国を源とするビザンチン帝国の領域[14]」を指す概念である。さらに，法史学的にヨーロッパは，「ローマ帝国とローマ・カトリック教会が実効的影響を及ぼし，カノン法が適用され，世俗法としてのローマ法が継受され，あるいは教育を通じてローマ法文化が認識された領域[15]」を指す概念である。そこで，本書では，コーポレート・ガバナンスの底流に法制度の形成，伝播，適用が存在することを重視し，ヨーロッパの概念を法史学的な概念で捉え論じることにする。

第 2 章　EUコーポレート・ガバナンスの歴史的経緯と現代的課題　29

図 2-2　ヨーロッパ概念の定着と各国間の交流

```
     A国            B国            C国

  ┌────────┐    ┌────────┐    ┌────────┐
  │ 大学教育 │←→│ 大学教育 │←→│ 大学教育 │
  └────────┘    └────────┘    └────────┘
  ┌──────────────────────────────────────┐
  │  ヨーロッパ概念における基礎（ローマ法の継受）│
  └──────────────────────────────────────┘

  ┌──────────────────────────────────────┐
  │ ←──────→  大学教員による各国間の移動に伴う知識の共有│
  │ ←──────→  学生の各国間の移動                  │
  └──────────────────────────────────────┘
```

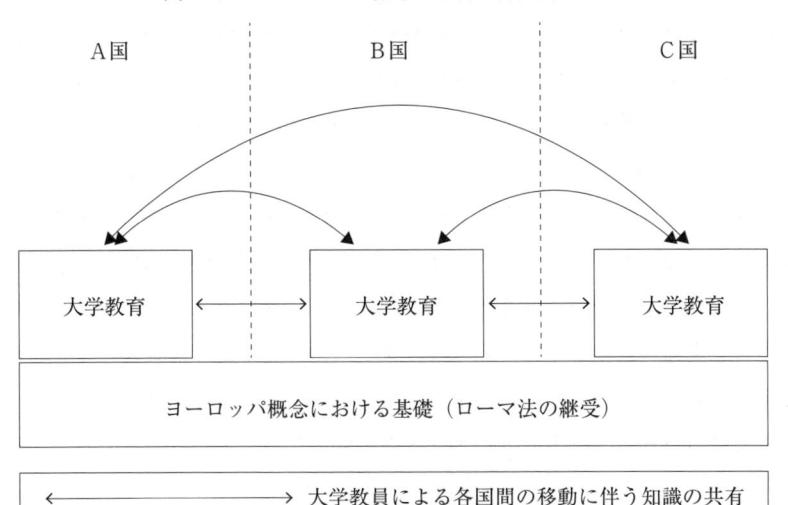

（出所）　鈴木輝二［2004］54-73頁を参考に筆者作成。

　ヨーロッパの概念が宗教（ローマ・カトリック教会）や法律（カノン法やローマ法）などを基盤とした歴史のある概念である半面，東ヨーロッパの概念は，歴史的に形成された概念でもなければ，地理的な位置関係に基づく概念でもない[16]。一般的に，東ヨーロッパとは，戦間期に社会主義国に移行したヨーロッパの国々を指す場合が多く，現代に入って意識され始めた非常に新しい概念である。そこで，本書では，旧社会主義国における経済の後発性や特殊性を重視し，東ヨーロッパという場合，ヨーロッパにおける旧社会主義国をいう[17]。つまり，東ヨーロッパは，歴史的にヨーロッパの一部として捉えられてきたが，社会主義への体制転換により，ヨーロッパから概念的に分離した国々なのである。そのため，この体制転換により，東ヨーロッパ諸国は，西ヨーロッパ諸国が構築する現代的なコーポレート・ガバナンスを構築する機会を失ったのであった。

　コーポレート・ガバナンスの基盤である近代的な法体系は，ヨーロッパでは，

ローマ法を継受したことで形成された。そして，この基盤をさらに強化していたのが，図2－2に示すように大学教育である。ヨーロッパ域内で，教員による大学間の移動や学生による近隣国への留学などが活発となり，国境を越えてローマ法の知識が共有されたのである。このように，ヨーロッパ諸国は，地理的な位置に関わらず，ヨーロッパの概念そのものにローマ法が基盤として存在し，各国が近代的な法的基盤を共有してきたのである。そして，ヨーロッパ諸国は，ローマ法を基盤とした法体系のうえで，企業法制度を構築してきた。こうして構築された企業法制度は，コーポレート・ガバナンスの構造に深く関わるものである。したがって，元来ヨーロッパの一部であった東ヨーロッパ諸国は，ヨーロッパ共通の法的基盤も有していたのであるから，潜在的にヨーロッパにおけるコーポレート・ガバナンスの基盤を共有していたのである。

(2) ヨーロッパにおける近代法の形成プロセス

東ヨーロッパ諸国は，ヨーロッパ共通の概念を有していたが，戦間期にEUへの道を踏み外すことになった。というのも「欧州的旧法の継承性は無視されて，社会主義政策の実現を優位させ[18]」てしまったことで，西ヨーロッパ諸国が進めていた法体系の近代化を能動的に無視したのである。これにより，ヨーロッパの市場経済先進諸国が発展させていく資本主義を基礎とした会社法制度形成への道が，その時に途絶えてしまったのである。しかし，鈴木輝二［2004］は，「東欧ではほとんどの国で法史学は法が断絶したという立場をとっていない[19]」と指摘している。つまり，東ヨーロッパ諸国は，社会主義政策に舵を切り，ヨーロッパの概念を形成したローマ法を基盤とする法体系を無視したが，潜在的にヨーロッパの概念的な基盤とともに，ヨーロッパの一部であるという認識を常に有していたのである[20]。

そして，1990年頃に東ヨーロッパ諸国は，再び市場経済体制へ転換する際に，図2－3に示すように，社会主義的な法体系から，ヨーロッパ概念としてすり込まれている法体系へと再転換する作業を開始したのである。この東ヨーロッパにおける市場経済化は，EUへの加盟交渉と平行して国営企業を民営化した

ため急速な大改革となった。しかし，元来有していたヨーロッパの概念を法体系の基盤としていたことが功を奏し，改革を達成したのであった。さらに，東ヨーロッパ諸国は，EUへの加盟に向けて国営企業の民営化に加えて，EUの加盟基準であるコペンハーゲン基準を遵守することが求められたのである。

1993年に定められたコペンハーゲン基準は，政治的基準，経済的基準，EU法の総体の受容，の3つで構成されるEUへの加盟基準である。まず，政治的基準は，「民主主義，法の支配，人権および少数民族の尊重と保護を保証する安定した諸制度を有すること」を要求した。また，経済的基準は，「市場経済が機能しておりEU域内での競争力と市場力に対応するだけの能力を有すること」を要求した。そして，EU法の総体の受容は，「政治的目標ならびに経済通貨同盟を含む，加盟国としての義務を負う能力を有すること」を要求した。とくに，企業経営に深く関係のある経済的基準は，コーポレート・ガバナンスに重要な影響を与えた。つまり，EU市場に耐える基礎能力を備えた会社法や市場の整備を求め，この要求水準を満たすためのコーポレート・ガバナンスの構築も必然的に求めたのである。そこで，EU全体に適用可能な基準としてコーポレート・ガバナンス原則を策定する必要があったのである。

図2－3　東ヨーロッパ諸国における社会主義政策とヨーロッパ概念の再展開

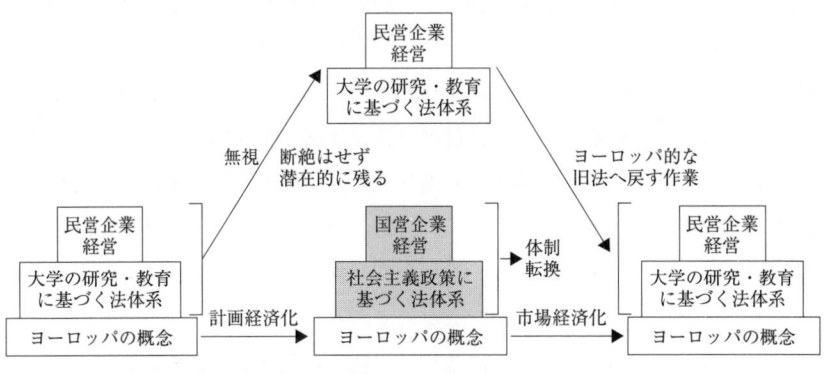

（出所）　鈴木輝二［2004］227頁を参考に筆者作成。

(3) 東ヨーロッパにおけるコーポレート・ガバナンスの調和

　EUは，EU全体に適用可能な原則を策定するにあたり，市場経済先進諸国が既に策定していたコーポレート・ガバナンス原則を積極的に取り入れた。とりわけ，イギリスの『統合規範[21]』とOECDの『OECDコーポレート・ガバナンス原則[22]』は，EU加盟各国のコーポレート・ガバナンスに多大な影響を与えたといえる。具体的に，統合規範は，イギリスを源流として世界的に採用されるに至った"遵守か説明かの原則"をEUにおけるコーポレート・ガバナンス・コードの基礎に埋め込み，加盟各国に浸透させた。OECD原則は，世界標準コーポレート・ガバナンス原則として，国際的な市場に耐え得るコーポレート・ガバナンスの骨格をEUおよび加盟国に示した。これらの原則は，先進諸国はもちろん，それまで近代的なコーポレート・ガバナンスの骨格を有していなかった加盟国にも，コーポレート・ガバナンスの骨格を提示したのである。

　東ヨーロッパ諸国は，表2－1に示したように，半数以上の企業が二層型企業経営機構を採用していることから市場経済先進国のなかでも，特にドイツのコーポレート・ガバナンスを基礎としていることがわかる。選択型を採用しているハンガリーとスロベニアは，近年EUにおけるSEの改革に合わせて二層型企業経営機構から選択型に改革したものであり，地理的に南ヨーロッパに位置するルーマニアとブルガリア以外は，二層型企業経営機構を基盤としていることがわかる。しかし，旧社会主義国は，二層型企業経営機構もしくは選択型を採用しているにもかかわらず，アメリカやイギリス式のコーポレート・ガバナンスも参考にしているため，従業員の経営参加制度を採用していない国が過半数である。これは，市場経済化する過程で，従業員の権限を制限するために，従業員の経営参加制度を廃止したことに起因する。つまり，旧社会主義国のコーポレート・ガバナンスは，二層型企業経営機構を採用しつつも，従業員の経営参加を認めていないことが特徴なのである。

　社会主義というイデオロギーに基づいて独特な制度的基盤を有していた国が，今日の経営環境に対応できるコーポレート・ガバナンスを構築し，EUに加盟したことは，非常に意義深く，これに原則が用いられた事実も注目すべきこと

である。このことは，社会主義でありながら市場経済体制に移行した中国やカンボジアを内含するアジア地域で単一市場を形成する際に，多様な制度や文化の共通性を産み出す可能性を垣間見させるのである。EUの統合をアジアに適用しようとする場合に，このEUの高度な多様性および異質性を踏まえて統合へ向かわせた市場経済先進諸国が策定した原則が果たした役割を応用することができるのである。そこで，各国が如何に改革を成し遂げるのかを明らかにするために，国レベルの取り組みを考察する必要がある。

表2－1　東ヨーロッパ諸国の企業経営機構と従業員の経営参加

国　名	企業経営機構	従業員の経営参加制度
チェコ	二層型	あり
スロバキア	二層型	あり
エストニア	二層型	なし
ポーランド	二層型	なし
リトアニア	二層型	なし
ラトビア	二層型	なし
ハンガリー	選択型	あり
スロベニア	選択型	あり
ブルガリア	選択型	なし
ルーマニア	選択型	なし

（出所）　筆者作成。

4　EU加盟に向けた急速な改革

(1)　株式所有構造の健全化に向けた取り組み

　EU共通の企業形態であるSEが最も設立されているチェコを例に，現代的なコーポレート・ガバナンスが形成されるまでのプロセスを国営企業の民営化に焦点をあてて検討する。チェコにおける国営企業を民営化する方法は，「①公的競売（小規模民営化と同様な方法），②公開入札③指名された者への直接売却，

④株式会社（またはその他の企業形態への転換），(a)株式の売却，(b)バウチャー民営化における株式の利用，(c)地方自治体またはその他団体への株式の無料譲渡，⑤地方自治体またはその他団体（例えば年金基金など）への財産の無料譲渡，など5つ[23]」の方法がとられた。そのなかでも，④のケースは，資産価値を基準に比較すると90％以上を占めるに至っている[24]。

　チェコにおける5つの国営企業を民営化する方法のなかで代表的なバウチャーを無償で配分する方法は，富を無償で国民に配分するものであるため，本来の市場経済の仕組みを無視した方法であると言わざるを得ない。しかし，東ヨーロッパにおける市場経済化を実現するためのショック療法として，一定の成果をあげることに成功した。ただし，「実態としては一般バウチャー所有権者はすぐにも現金化する傾向[25]」にあった。そのため，バウチャーを無償で配分する方法は，急速な民営化と引き替えに，株式持ち合い構造をもたらしたのであった。

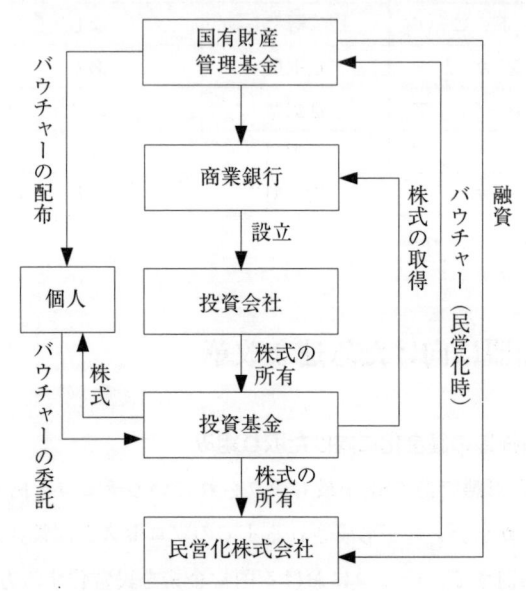

図2-4　チェコにおけるバウチャーと株式所有構造

（出所）　筆者作成。

バウチャーによって国民に配布された株式は，投資基金に売却され，株式持ち合いのツールとして使用された。バウチャーを用いた株式所有構造は，重層的であり，図2－4に示したように，国有財産管理基金を頂点として，商業銀行や投資会社，投資基金などによって構築された。具体的に，投資会社は，商業銀行により管理されており，実質的には商業銀行の投資部門として，複数の投資基金を運営していた。くわえて，商業銀行の支配株主は，政府が運営する国有財産管理基金であったため，国有財産管理基金が，実質的な支配者として君臨する株式持ち合い構造を構築していたのである。そのため，実質的には国営組織が民営化企業を支配しており，チェコにおける国営企業の民営化は完了していなかったと言わざるを得ない。

このように，チェコの市場経済体制への転換期における国営企業の民営体制は，強行的に進められたものの，陰で株式持ち合いにより，実質的な国営体制が維持されていたという新たな問題構造を構築していた。ここに，急速な改革を推し進めた新規加盟国のジレンマが存在した。つまり，チェコは，市場経済先進諸国が構築した経済体制を参考に，形式的には市場経済先進諸国の仲間入りを目指したが，実質的には急速な環境の変化に対応できなかったのである。このような背景から，東ヨーロッパの証券市場の整備は，依然として不十分であったと言わざるを得ない。この不十分な証券市場の整備が原因で，1998年頃に，チェコは金融危機に見舞われたのである。

(2) EU加盟交渉期における市場健全化構想

1998年以降の金融危機により経済成長が低迷していたチェコは，市場の整備をさらに進めた。具体的には，それまで採用していたバウチャー方式の民営化をやめ，積極的な外国資本の誘致を開始し，国内外からの直接投資方式の民営化に切り替えたのである。外国資本を積極的に誘致することによって，国外の投資家から情報開示・透明性を中心としたコーポレート・ガバナンスの向上を要求された。これを受けてチェコは，より厳しい上場規則の策定や規制の強化を断行した。この時に開始した国際的な基準を取り入れた改革は，チェコに市

場経済先進諸国が築いた現代的な企業経営の風を吹き込み，チェコが市場経済先進国と肩を並べるための新たな道を開くことになった。

　金融危機のさなかであった1998年にEU加盟協定に署名したチェコは，EU加盟という明確な目的を得て，加盟交渉期に入った。加盟交渉のなかで欧州委員会は，チェコに対し，資本市場がまだ非流動的で，商工業のための資金が不足して，強いコーポレート・ガバナンスを促進していないことを指摘し，継続してその改善を求めた。これに対し，チェコは，欧州委員会の要求に応えるべく，コーポレート・ガバナンスの構築に向けて改革を推し進めた。このような，EU加盟交渉期におけるEU主導の改革は，加盟候補国が，一方的に改革にかかる負担を負うという問題があるが，体制の転換後から既に強引な改革を実施していたチェコにとって効果的な方法であった。

　このEU加盟交渉期に，チェコは，まず，2000年にチェコ証券委員会がラウンドテーブルを開催し，コーポレート・ガバナンス・コードを作成するためのワーキング・グループを招集した。ワーキング・グループには，プラハ証券取引所やRMシステム，銀行協会や保険業者，年金基金や取締役協会などが集められた。そして，ワーキング・グループは，OECD原則を基礎として，国際的な基準を積極的に採用したコーポレート・ガバナンス・コードを策定したのである。

(3) EU加盟条件と加盟申請国のコーポレート・ガバナンス改革

　EUへの加盟後から，表2－2のように，チェコは，市場経済化が完了したことでコーポレート・ガバナンスの成熟期に入った。チェコは，成熟期に，コーポレート・ガバナンス・コードの改訂とEUコーポレート・ガバナンス改革の国内法化を実施した。まず，チェコにおけるコーポレート・ガバナンス・コードの改訂は，2004年に，OECD原則の改訂を受けて実行されたものである。つぎに，EUコーポレート・ガバナンス改革の国内法化は，アクションプランや指令など，EUレベルで加盟各国の制度を調和する目的で策定されたものに対応し，EUが要求する水準を満たすために改革を進めたものである。

表2-2 チェコにおけるコーポレート・ガバナンスの発展とその方法

	転換期 (急進的な民営化)	加盟交渉期 (市場の健全化)	成熟期 (市場の効率化)
時期	1993年-1998年	1998年-2004年	2004年以降
主な内容と手段	(1) 大規模な営利化（国営企業の株式会社化） (2) 経済の急進的民営化（バウチャーによる株式の配分）	(1) バウチャー方式から直接売却方式への転換 (2) 企業のリストラの支援および不良債権処理 (3) 外国直接投資政策の見直し（積極的な外資流入の促進） (4) EU加盟協定への署名	(1) コーポレート・ガバナンス・コードの改訂 (2) EUコーポレート・ガバナンス改革の国内法化
主な成果	(1) プラハ証券取引所の開業 (2) 急速な国際社会での地位向上 (3) 旧社会主義諸国で初のOECD加盟国	(1) EU加盟協定に署名したことによるコーポレート・ガバナンス改革の促進 (2) コーポレート・ガバナンス・コードの策定	(1) 国際的競争力の強化 (2) 外国資本の獲得 (3) 大量のSEの設立
残された主な問題点	(1) 1997年に銀行の民営化が遅れたことにより金融危機が発生した。 (2) 株式持ち合いによって所有権が集中して有効なコーポレート・ガバナンスが構築されなかった。 (3) 資本市場がまだ非流動的で，商工業のための資金が不足して，強いコーポレート・ガバナンスを促進していない。	EU主導の改革は，加盟候補国が，一方的に改革にかかる負担を負うという問題がある。	国内で設立されるSEは，シェルフSEと呼ばれる「転売目的に設立される特定の目的を有していない企業」が異常に多く設立されている。

(出所) 筆者作成。

成熟期における市場の効率化構想により，国際的競争力の強化や外国資本の獲得，SEの大量な設立などの成果をあげた。いまや，チェコは，IMDの国際競争力調査において東ヨーロッパで首位に選ばれ，国際的に高い評価を得ている。くわえて，加盟交渉期における外国資本の流入政策により，外国の資本を獲得しており，1993年から累積740億ユーロもの外国資本の誘致に成功している。そして，EUへの加盟によりSEを設立できるようになり，2012年にはEUで最も多い690社が設立されている[26]。

ここまで，検討してきたように，チェコは，急速な改革を乗り越え，EU市場に耐え得る競争力を備えた市場を完成させた。具体的には，転換期における急進的な民営化と，加盟交渉期における市場の健全化，そして成熟期における市場の効率化により，急速な改革を乗り越えた。しかし，今日，チェコ国内で，シェルフSEと呼ばれる「転売目的に設立される特定の目的を有していない企業」が異常に多く設立されており，SEの本来の目的と異なる目的で使用されているという問題が発生した。この問題は，チェコ以外でも起こりうるため，EU全域で対処すべき問題である。地域統合の利点を最大化するためにも，この近年発生した新たな問題を解決し，より良い市場を形成することが必要である。

5　おわりに

東ヨーロッパ諸国は，今日のEUにおける地位を獲得するまでに旧社会主義国特有の問題を乗り越えなければならなかった。東ヨーロッパ諸国は，その多くの問題を解決する処方箋として，EU市場の競争力に耐え得る効率性と国際基準に適合した健全性を達成するコーポレート・ガバナンスの構築を目指していた。とくに，社会主義体制のなかで欠落した会社機関や情報開示・透明性に関するルールを，一から作らなければならなかったのである。この，東ヨーロッパ諸国が経験した急速な改革は，不可能を可能にするような力強さを感じさせるものであった。

それでも東ヨーロッパ諸国が，コーポレート・ガバナンスを急速に構築することができた背景には，ヨーロッパの長い歴史のなかでヨーロッパ共通のローマ法を基にした概念が誕生し，大学教育を通して形成されたヨーロッパ的な法体系の基盤が，東ヨーロッパ諸国の根本にも存在していたことがある。そして，このことが東ヨーロッパ諸国にとって，EUの近代的なコーポレート・ガバナンスを受け入れる一助になったのであった。さらに，東ヨーロッパ諸国は，EUのコペンハーゲン基準を満たすために市場経済先進諸国におけるコーポレート・ガバナンス改革の跡を追い，急速な改革を実現した。これにより，西ヨーロッパに近いコーポレート・ガバナンス体制の構築が実現したことが明らかになったのである。この功績を裏付けるかのように，1993年に340億ドルであったチェコのGDPは，過去最高を記録した2008年には2,160億ドルにまで成長したのであった。

　東ヨーロッパ諸国のコーポレート・ガバナンスは，まず，ヨーロッパの経済のなかでリーダーシップを発揮していたドイツの経営を参考にし，二層型企業経営機構を採用している国が圧倒的に多いという特徴がある。また，利害関係者との関係は，ドイツと一線を画しており，市場経済化の過程で，従業員の経営参加制度を廃止した国が多く，二層型企業経営機構でありながら，従業員の経営参加制度を有さない，特殊な構造を構築したという特徴がある。そして，情報開示・透明性は，市場経済先進諸国の資本家が東ヨーロッパに投資したことにより，市場経済先進国と同様に情報開示・透明性を確保した経営がなされているのである。

　そして，チェコのコーポレート・ガバナンス構築に向けた取り組みは，3つの発展段階に分けることができた。具体的に，転換期には，急速的な変革をするために，市場経済の仕組みさえ無視した大胆な改革が実施され，加盟交渉期には，市場経済先進国が定めた国際標準を参考にした改革が実施され，成熟期にはEU市場に耐え得る効率性を重視した改革が実施された。これらの各段階でとられた方法は，その時期のチェコの状況を考慮した方法であり，その時に市場原理に反した急進的な方法が役に立つことを解明した。

本章を通して，2つの新たな研究課題が浮き彫りとなる。まず，国営企業の問題を抱えるアジア諸国において，EUと同様の変革を達成するためのガイドラインを作成することである。東ヨーロッパ諸国がEUに加盟したことは，多様性を味方につける力強さと，アジアへ応用する可能性を感じるのである。つぎに，今日のEUで問題となっているシェルフSEの実態を解明し，より良い企業法制度の構築を達成することである。チェコでEU特有の問題が発生したことは，市場経済先進国の一員として新たな挑戦をする意気込みを感じるのである。古き時代を感じ将来を見通すことこそ，EUのコーポレート・ガバナンス研究に最も必要なことであると確信するのである。

(注)
1) バウチャーとは，クーポンとも呼ばれ，社会主義国が資本主義に移行する際に，国営企業の株式を無償で交換する引換券として配布されたものである。
2) EUレベルで提示されたコーポレート・ガバナンスとは，立法化されたコーポレート・ガバナンスに関する規定やEUによって策定されたコーポレート・ガバナンス原則の規定を指す。たとえば，EUは，域内の会社法およびコーポレート・ガバナンスを近代化するために，指令（立法）を制定している。また，同様に，域内の会社法およびコーポレート・ガバナンスを近代化することを目的として，アクションプランやグリーン・ペーパーなどの原則を策定している。
3) EUでは，域内のコーポレート・ガバナンスを近代化することを目指した。おもに，ECGFなどの専門家機関が，長年コーポレート・ガバナンス問題の解決に取り組んできた。ECGFの取り組みは，国際的な経営環境を考慮し，常に新しい問題に着手してきた。近年では，加盟各国のコーポレート・ガバナンス・コードを用いて，より詳細な規定をEUレベルで制度化する試みが開始されてきたのである。これにより，加盟各国の国内の問題に対しても対処できる体制を構築している。こうした世界的な枠組みと国内の枠組みを両方考慮したコーポレート・ガバナンスを構築しているのは，世界中を見回してもEUだけである。
4) 「企業競争力の強化」と「企業不祥事への対処」の2つをコーポレート・ガバナンスの目的とすることは，すでに一般認識されているが，平田光弘が指摘するように，コーポレート・ガバナンスが「そうした役割を果たし得るかどうかは，一に企業の中枢にいる経営者の舵取りいかんに懸って（平田光弘［2008a］52頁）」おり「多大な期待を寄せることは慎んだ方がよい（平田光弘［2008a］79頁）」ということも忘れてはならない。
5) 一層型企業経営機構は，管理機関（Administrative Organ）が経営を行うものである。ただし，管理機関の構成員は，株主総会で選任される。

6) 二層型企業経営機構は，業務執行機能を有する経営機関 (Management Organ) と監視・監督機能を有する監督機関 (Supervisory Organ) に分離し，兼任は認めないものである。株主総会で監督機関が任命され，監督機関で経営機関の選任・解任がされる。
7) 情報・協議方式は，①情報提供と②協議，の2つの方法に分けることができる。まず，情報提供とは，SEの機関が，従業員代表に対して，SEおよびその子会社・支店に関する事項や加盟国内で決定できない事項などの影響を分析および協議することができる情報を提供するものである。つぎに，協議とは，SEの機関が，意思決定過程で，従業員代表の意見を考慮できるように，従業員代表と対話および意見交換をするものである。
8) 経営参加方式とは，従業員代表が，SEの監督機関もしくは経営機関のメンバーの一部を選出できる権利やSEの監督機関もしくは経営機関のメンバーの一部もしくは全てのメンバーを推薦や反対する権利によって企業経営に参加するものである。
9) たとえば，合併に関する制度は，1978年第3号会社法指令から2001年SEに関する規則へ，そして2005年有限会社の国境を越えた合併に関する指令へと刷新された。詳しくは，第6章を参照のこと。
10) 企業に遵守しない自由を認めることを"遵守か説明かの原則"("Comply or Explain" Principle) という。
11) コーポレート・ガバナンス・コードからEUの制度に採用される例には，取締役会内の男女比に関する規程などがある。
12) たとえば，2010年に策定された『グリーン・ペーパー：コーポレート・ガバナンスの枠組み』では，EU各国のコーポレート・ガバナンス・コードを参照し，取締役会内の男女比を平等にする規程を有する国があることに注目し，EUレベルでこの規程を採用することを検討している。
13) 平田光弘［2008b］53頁.
14) 鈴木輝二［2004］3頁.
15) 鈴木輝二［2004］3-4頁.
16) 東ヨーロッパの概念の曖昧さは，ポーランドを例に挙げるとわかりやすい。ポーランドは，地理的に中央ヨーロッパに位置するが，東ヨーロッパや中東ヨーロッパと位置付けられる場合が多い。
17) 逆に西ヨーロッパという場合は，アイルランド，イタリア，イギリス，オーストリア，オランダ，スイス，スペイン，ドイツ，フランス，ベルギー，ポルトガル，ルクセンブルクを指すことにする。
18) 鈴木輝二［2004］227頁.
19) 鈴木輝二［2004］227頁.
20) 東ヨーロッパのすべての国がローマ法を基盤とした法体系を潜在的に残していたのではなく，ユーゴスラビアなどのように旧法を積極的に無効にする法手続をとる国も存在した（鈴木輝二［2004］227頁）。

21) FRC［2000］［2003］［2006］［2008］
22) OECD［1999］［2004］
23) 赤川元章［2001］18頁.
24) 赤川元章［2001］18頁.
25) 鈴木輝二［2004］326頁.
26) 2012年5月19日現在.

第3章
EUコーポレート・ガバナンスにおける欧州株式会社の意味と役割
―多様性と画一性を保持した経営システムの創出―

1 はじめに

　EUにおける経営システム統合化の系譜を辿ると，挫折と妥協の連続であった。まずは，1960年代から1990年代にかけて，域内市場を包括する画一的な会社法制度を模索したが，従業員の経営参加制度の導入に行き詰まり挫折した[1]。つぎに，1990年頃から2000年頃にかけて，域内市場で自由に活動できる独自の会社形態を模索したが，企業経営機構と従業員の経営参加に関する制度を統一することができず，複数のタイプからの選択制へと妥協した[2]。

　しかし，ついにEUは，2001年に「欧州株式会社（Societas Europaea, SE）に関する規則[3]」と「従業員の経営参加に関するSE規則を補完する理事会指令[4]」で構成されるSE法を制定し，EU独自の会社制度である経営システムを完成させた。それにより，SE法の制定以降に，会社法の近代化を目指して策定した『EUにおける会社法の現代化およびコーポレート・ガバナンスの改善（以下「アクションプラン」という）[5]』を中心に据え，経営システムの統合を促進した。

　これまでのコーポレート・ガバナンス改革は，各国を単位とした改革のみに収まっていた。だが，新しい世紀を迎えて，複数国間での経営システムを統合するための重要なツールとして，コーポレート・ガバナンス原則（以下「原則」という）が活用されているという事実は，本章を執筆するに強い動機を与えた

のであった。この研究方針を具現化するために，EU側における画一化への努力，加盟各国側における多様性の保持，という相対立する概念が，如何に調和されようとしているのかについて解明することを本章の目的に設定する。

2　EUにおける共通株式会社制度の導入

(1) EUにおけるコーポレート・ガバナンスの多様性

　SE法が施行されたことにより，EUのコーポレート・ガバナンスは統合化への道に踏み出した。そこで，SE法施行直前のEUにおけるコーポレート・ガバナンスを検討することにより，多様化の様相を明らかにすることから始めなけ

表3－1　2000年における主要加盟国のコーポレート・ガバナンス

加　盟　国	企業経営機構	従業員参加に関する規定	監督と経営の分離
オーストリア	二層型	あり	義務
ベルギー	選択型	なし	規定されていない
デンマーク	二層型	あり	義務
フィンランド	選択型	定款による	義務
フランス	選択型	定款による	規定されていない
ドイツ	二層型	あり	義務
ギリシャ	選択型	なし	規定されていない
アイルランド	一層型	なし	規定されていない
イタリア	一層型[注1]	なし	規定されていない
ルクセンブルク	一層型	あり	規定されていない
オランダ	二層型	勧告はされている	義務
ポルトガル	一層型[注1]	なし	規定されていない
スペイン	一層型	なし	規定されていない
スウェーデン	一層型	あり	義務
イギリス	一層型	なし	規定されていない

（注1）　監査役会の設置も要求される。
（出所）　European Commission ［2002a］44頁を筆者が一部加筆。

ればならない。それは，SE法が如何に難産の末に議論が始まったのかを理解し，これから統合化へと向かう困難な道を深く理解しなければならないからである。

さて，EU加盟各国の経営システムは，2000年当時，表3－1のように，実に多様な体系を有していた。そこで，この時の主要な加盟国の，企業経営機構，従業員の経営参加，監督機関と経営機関の分離に関する規定，の3つを考察し，SE法の礎を理解する。

まず，企業経営機構は，おもに一層型と二層型の2種類に分類できた。そして，この両方を選択できる加盟国が存在するため，一層型企業経営機構と二層型企業経営機構，選択型の3つの制度に分類できた。なお，この3種類の制度のなかで，一層型企業経営機構を採用する加盟国が最も多く，SE法の制定作業で議論された二層型企業経営機構への統一化が困難であったことを理解できる。

つぎに，監督機関における従業員の経営参加は，多くの加盟国で制度化されていなかったが，ドイツを中心とする数ヵ国では制度化されており，意外にも従業員参加の流れが，SE法制定の前に実現していたのである。一方で，監督機関における従業員参加に関する規定が，存在していない国も多く，従業員の権利に対する認識に大きな隔たりが存在していたことをも理解できる。

そして，監督と経営の分離は，二層型企業経営機構を採用する加盟国で義務化され，一層型企業経営機構を採用する加盟国では義務化されないという，よく知られた2つの制度が大半を占める。だが，スウェーデンのように，一層型企業経営機構を採用しつつも監督と経営の分離を義務化している加盟国もある。ここからも，EU加盟国の監督と経営の分離に関する規定は，既に多様化していたということが理解できるのである。なお，このあと施行されるSE法でも，監督と経営の分離に関する規定は，国内法が適用され，画一的な規定は設けられていない。

このように，コーポレート・ガバナンスが多様化した状態では，多様な経営システムに対応する必要が生じる。つまり，あまりにも経営システムが多様化した状態では，単一市場が効率的に機能しなくなる恐れが多い。そこで，EU

域内で経営システムを統合するためのSEを創出し、単一市場内での各企業経営を効率化するという、経営史上初の壮大な実験が開始されたのである。

(2) 欧州株式会社 (SE) の誕生

EUのコーポレート・ガバナンスが多様化しているなかで、2つの重要な動きが平田光弘［2008b］によって指摘された。それは、「日本型経営や米国型経営に匹敵するような欧州型経営を模索する動き」と「欧州株式会社法の制定を模索する動き」である[6]。このような、ヨーロッパ独自の経営スタイルと経営システムとを模索する2つの動きを背景にして、SE法の制定作業が進められた。しかし、SE法の制定作業で、企業経営機構や従業員の経営参加に関して、ドイツとイギリスの主張がことごとく対立した。もちろん、SE法を制定するためには、それらの対立を調整する必要があった。そこで、対立する加盟各国の主張を調整することに用いられたのが、原則であった。

欧州委員会は、『コーポレート・ガバナンスの財務的側面に関する委員会報告書（以下「キャドバリー報告書」という）[7]』の影響を受けており、キャドバリー報告書の特徴である"遵守か説明かの原則"を採用している。このことは、多様な加盟各国の会社法制度を無理に統一することは妥当ではなく、多様性を保持するべきであるとする方針に則ったものであることを意味している。これにより、SE法は、多様性を最大限に尊重した制度として確立することになったのである。

しかし、EUは、2009年の「EUおよびEC設立条約の修正に関するリスボン条約」の発効によって、極めて国家機構を意識した統合地域体制へと歩み始めた。EUの性質が国家に近付いてくると、EU域内の制度を標準化し平準化しなければならないという議論が出てくるのが必然である。その場合に、加盟各国は、今まで以上に、多様性よりも画一性という変革を求められる。したがって、より各国が協調してコーポレート・ガバナンスの標準化を進めていくことが必要とされる。そのために、指令による域内市場の調和を実施するとともに、SE法によって誕生したSEをEU独自の株式会社制度として確立するべく改革を

進めていく必要がある。そこで，SEのコーポレート・ガバナンス統合の核となる，企業経営機構，従業員の経営参加，情報開示・透明性，の3つを検討することが必要なのである。

3 欧州株式会社（SE）におけるコーポレート・ガバナンスの体系

(1) 欧州株式会社（SE）における企業経営機構

SEの企業経営機構が制度化されるまでには，長きにわたる議論が繰り広げられた。この議論を牽引した国は，ヨーロッパ経済の中心的な役割を果たしているドイツである。この議論が始まった当初，ドイツは，豊かな経済力を誇っていた。その経済力を背景に，ヨーロッパの地域通貨であったECUの為替相場は，ドイツマルクに連動して変化していたほどである[8]。そのため，ドイ

図3-1 欧州株式会社（SE）の一層型企業経営機構と二層型企業経営機構

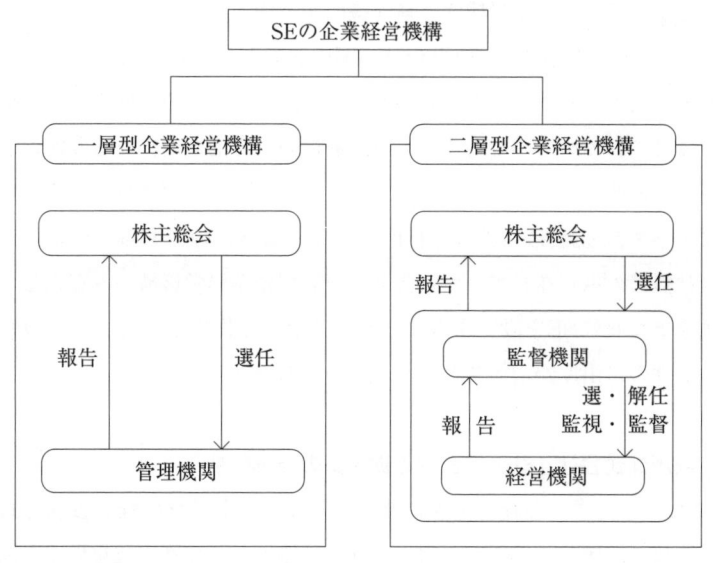

（出所）　筆者作成。

ツは，ドイツ型のコーポレート・ガバナンス体制が優れているのだと主張し，ヨーロッパ統一制度もこれを採用するべきだと認識していた。つまり，ドイツの念頭にあったのは，EUにおける企業経営機構を二層型企業経営機構へ統一することである。しかし，これには，イギリスを中心として，一層型企業経営機構を採用する加盟国から反対の声があがり，二層型企業経営機構への統一は，実質的に困難な状況になった[9]。そのため，欧州委員会は，妥協策として，SEの企業経営機構に，一層型企業経営機構と二層型企業経営機構の選択型を採用したのである[10]。

ドイツの妥協によって合意に至ったSEの企業経営機構は，図3－1のように一層型企業経営機構と二層型企業経営機構に大きく分類できる。まず，一層型企業経営機構は，管理機関（Administrative Organ）が経営を行う。ただし，管理機関の構成員は，株主総会で選任される。また，二層型企業経営機構は，業務執行機能を有する経営機関（Management Organ）と監視・監督機能を有する監督機関（Supervisory Organ）に分離し，兼任は認められない。株主総会で監督機関が選任され，監督機関で経営機関が選任・解任される[11]。

そして，SE法に定めのない場合は，国内法もしくは定款自治にゆだねられる。加盟各国のコーポレート・ガバナンスは，それぞれの特殊事情を加味した制度に設計されているのである。ただ，最近の世界的傾向にならうかのように，各国内法が最低限のルールを定め，定款自治の原則が採用されるようになった。これによって，SE法は，柔軟で自由な制度となったのである。従来，二層型企業経営機構のみ存在していた加盟国や一層型企業経営機構のみ存在していた加盟国などでは，SEを設立することで，副次的な作用として，選択の幅が広がり，経営の自由度が増すことになったのであった。

(2) **欧州株式会社（SE）における従業員の経営参加**

SEにおける従業員の経営参加に関する制度は，ドイツの経営参加方式に加えて，情報・協議方式が新たに用意され，妥協策として選択肢を備えた制度になった。これは，多様性と画一性とを究極まで求めた，他国に例のない制度な

のである。従業員の経営参加は,「従業員の経営参加に関するSE規則を補完する理事会指令」に規定される。そして,従業員の経営参加は,情報提供および協議の情報・協議方式と経営参加方式の2つの方法が存在する[12]。

情報・協議方式は,①情報提供,②協議,の2つの方法に分けることができる。まず,情報提供とは,SEの機関が,従業員代表に対して,SEおよびその子会社・支店に関する事項や加盟国内で決定できない事項などの影響を分析および協議することができる情報を提供するものである。つぎに,協議とは,SEの機関が,意思決定の過程で,従業員代表の意見を考慮できるように,従業員代表と対話および意見交換をするものである。そして,経営参加方式とは,従業員代表が,SEの監督機関もしくは経営機関のメンバーの一部を選出できる権利やSEの監督機関もしくは経営機関のメンバーの一部もしくは全てのメンバーを推薦や反対する権利によって企業経営に参加するものである。

SEを設立する場合は,3つの方法のいずれかを選択し,定款に定めなければならない。ただし,SEへ転換する以前から統合する全ての会社に従業員の経営参加の規定がない場合は,経営参加方式を取り入れないことが認められている。なぜならば,従業員の経営参加制度がなかったイギリスなどの加盟国を

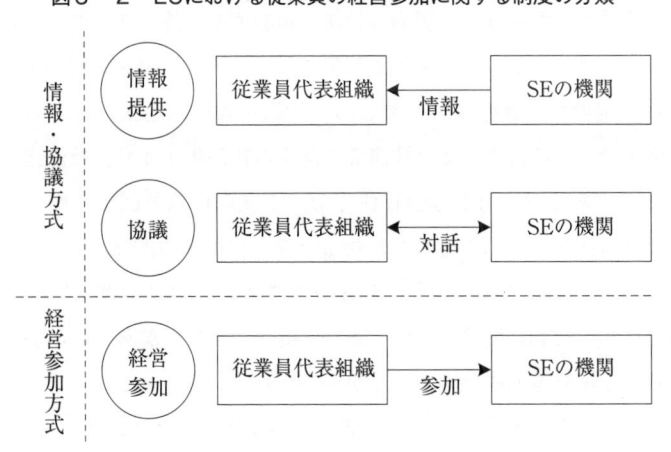

図3−2 EUにおける従業員の経営参加に関する制度の分類

(出所) European Commission [2001b] を参考に筆者作成。

本拠地とする企業には，抵抗のある制度だからである。イギリスで従業員の経営参加制度に抵抗があることは，SEの設立数からも読み取ることができる。たとえば，イギリスを本拠地とするSEは，EU全体で1,231社あるSEのなかで35社のみであり，極端に少ない[13]。ただし，イギリスで，従業員に対する考え方が，全く変わっていないわけではない。イギリスでも従業員保護に関する制度の整備が多くの反対を受けつつも進みつつあり，EU域内の多様性の調和が進んでいるという事実は見逃せない。

(3) 欧州株式会社（SE）における情報開示・透明性

　SEの情報開示・透明性に関する規定は，年次決算や連結決算，年次報告書や監査，情報開示などに，登記された加盟国の株式会社に適用される企業法制度を適用することのみが定められている。つまり，SEの情報開示・透明性は，国内の制度が適用されると規定されている。ただし，複雑ではあるが，SEに適用される国内法は，指令や勧告によってある程度の調和が図られている。このSEにおける情報開示・透明性に関する規定は，SE法が制定される以前に議論された，会社法制度の統一期に国内法を改革する方法によって構築されたことにより，複雑化していることが弱点でもある。

　表3-2に表したように，国内会社法の情報開示・透明性に関する規定を調和することを目的として，指令等が制定されている。主要な情報開示・透明性に関する規定のある指令は，おおむね，(1)開示義務，定款の効力等に関する1968年第1号会社法指令，(2)単体決算に関する1978年第4号会社法指令，(3)連結決算に関する1983年第7号会社法指令，(4)支店情報の開示に関する1989年第11号会社法指令，(5)第1号会社法指令の修正に関する2003/58/EC指令，(6)TOBに関する2004/25/EC指令，(7)透明性に関する2004/109/EC指令，(8)上場会社の株主の権利に関する2007/36/EC指令，の8つがある。加盟各国は，これらの指令等を国内法化することが求められている。そして，全ての情報開示・透明性に関する指令は，全EU加盟国で既に国内法化されている。

表3－2　EUにおける情報開示・透明性に関する指令の整備状況

法　　律	内　　容	国内法化
1968年第1号会社法指令	開示義務，定款の効力等に関する指令	国内法化済
1978年第4号会社法指令	単体決算に関する指令	国内法化済
1983年第7号会社法指令	連結決算に関する指令	国内法化済
1989年第11号会社法指令	支店情報の開示に関する指令	国内法化済
2003/58/EC指令	第1号指令の修正に関する指令	国内法化済
2004/25/EC指令	TOBに関する指令	国内法化済
2004/109/EC指令	透明性に関する指令	国内法化済
2007/36/EC指令	上場会社の株主の権利に関する指令	国内法化済

（注）　2012年9月10日現在のデータを基に作成した。
（出所）　筆者作成。

　EUの情報開示・透明性に関する制度には，指令以外にも，会計に関する「1606/2002/EC規則（以下「国際会計基準規則」という）」がある。国際会計基準規則によって，EUにおける規制証券市場で資本調達が許可されている全ての親会社は，国際財務報告基準（IFRS）に従って連結決算することになった。このように，SEの情報開示・透明性に関する規定は，国内法の規定が適応されるが，国内法は，EUが定める指令等によって調和され，緩やかに統合されているのである。

4　EU加盟国による欧州株式会社（SE）法への対応

(1)　欧州株式会社（SE）法に合わせた各国内会社法改革

　SE法は，制度の大枠のみを定めているため，SE法のみでは制度として成り立たず，国内法の詳細な規定が補完的に適用される。そのため，EU加盟各国は，SEを設立するための国内の制度が十分に整っていない場合に，SEを対象とした規定を新たに制定し，対応することが必要となるのである。
　2009年までの加盟各国によるSE導入に向けた対応は，表3－3に表される

ように，おおむね，国内で活動する企業に対して既存の制度を適用し，SEに対してEUの制度を適用するという方法が，最も多くとられている。くわえて，SE法を国内法へ導入する動きもある。たとえば，マルタのように国内会社法そのものが，SE法を基礎として構築されたものやアイルランドのようにSE法に合わせた改革によって，一層型企業経営機構と二層型企業経営機構の選択型へと変化したものである。ただし，本調査を実施した段階では，イギリスやキプロスなどのように，国内法に改めて規定を追加していない加盟国，もしくは対応が遅れている加盟国も存在している。

表3-3 欧州株式会社（SE）法に対する加盟国の対応の類型

	概　　要	特　　徴	加　盟　国
調和型	国内で活動する企業に対して既存の制度を適用しSEに対してのみ新たな制度を適用するもの	SE法が本来有するSEのみを規定するという性質が最も表れている。この対応が最もスタンダードなものであるといえる。	オーストリア，ドイツ，ギリシャ，アイルランド，ラトビア，ポーランド，スロバキア，スペイン，スウェーデン
改革型	SE法に合わせて国内で活動する企業に対する会社法を改革するもの	SE法が，各国内法に影響を与え，コーポレート・ガバナンス改革を促進しているということができる。	ハンガリー，リトアニア，ルクセンブルク，マルタ，オランダ注1
据置型	既に2種類の企業経営機構を規定する制度を有しており改革の必要がないもの	4つのタイプのなかで，最もSEを導入しやすい。	ベルギー，デンマーク，フィンランド，フランス，イタリア，ポルトガル，ルーマニア，
非対応型	SE法に対する対応に消極的で企業がSEを設立したとしても自国で細かい規定が少ないもの	自国の制度で細かい規定を有していないため，SEにも既存の制度が適用され，既存の制度では対処できない事態が発生する可能性がある。しかし，発生した問題に対処することで，そのような問題は解決されると考えられる。	チェコ，エストニア，キプロス，イギリス

（注1）新たに，国内企業へ一層型企業経営機構の導入が提案されている。
（出所）Lex Mundi.Ltd［2007］および各会社法を参照し，筆者作成。

このような，加盟各国におけるEUのコーポレート・ガバナンスに対する対応は，おおむね4つに分類できる。1つ目が，国内で活動する企業に対して既存の制度を適用しSEに対してのみ新たな制度を適用するものである。2つ目が，SE法に合わせて国内で活動する企業に対する会社法を改革するものである。3つ目が，既に2種類の企業経営機構を規定する制度を有しており改革の必要がないものである。4つ目が，SE法に対する対応に消極的で企業がSEを設立したとしても自国で細かい規定が少ないものである。このなかでも，特に2つ目の改革型は，SE法の意図された役割を越えたものであり，SE法が国内会社制度をも調和する役割を有しているということを強調したい。

(2) 欧州株式会社（SE）法が有する隠れたる役割

欧州委員会による2000年の調査と2009年のデータを基にした筆者の調査を比較すると，以下のことが明らかになる。2000年の調査では，一層型企業経営機構のみを規定する加盟国が46％，二層型企業経営機構のみを規定する加盟国が27％，そしてその両方の選択型を規定する加盟国が27％であった。これに対して，SE法制定後の2009年には，EU全域でSEを設立することができるようになった。このことにより，EUの全加盟国で一層型企業経営機構と二層型企業経営機構を選択できる会社形態が誕生した。なお，一部の加盟国では，SE法を国内会社法へと援用しようという動きも，新たなEU会社法の動向を捉えるうえで，注視するべきである。

ここで，SE法の役割が2つ明らかになる。具体的に，EU全域で自由かつ効率的に事業活動を営むことができる会社形態を誕生させる既知の役割と，EU加盟各国の国内会社法を調和する隠された役割，の2つである。特に，この2つの役割のうち，後者は，加盟国がEUの定める経営システムに歩み寄ることで実現する新たな役割として浮かび上がってきた重要な視点なのである。

これらの働きにより，EUにおけるコーポレート・ガバナンスの調和を促進し，緩やかな統合を深化させていると考えられる。つまり，SE法は，EU域内で自由に事業活動を営むことができる会社形態を誕生させるだけではなく，加

盟国の国内法にまで，影響を及ぼしているのである。

(3) 欧州株式会社（SE）法による経営システムの調和とその段階

ここまで，SE法による経営システムの調和が如何に進められてきたのかを考察した。実はこの考察には，EU以外の地域が，EUを参考に経営システムの統合を図る際の道筋を示すという目的が裏側に存在する。その次なる検討にバトン・リレーするためにも，そして，EUにおけるコーポレート・ガバナンスの全体像を初めて形作るためにも，SE法による経営システムの調和プロセスを体系化する必要がある。

SE法によるEUにおけるコーポレート・ガバナンスの調和を促進し，緩やかな統合を深化させるプロセスは，3つの段階に分けることができる。第1に，SE法の策定という段階である。この段階は，加盟国の国内会社法の多様性を尊重し，それぞれの経営システムを調和して，SE法が制定される段階である。ただし，多様性を尊重するからといって，全ての加盟国が平等なのではなく，少なからず，EU域内で発言力の強い加盟国の経営システムが強く反映されているのである。

第2に，SE法の国内法化という段階である。この段階は，加盟各国の多様

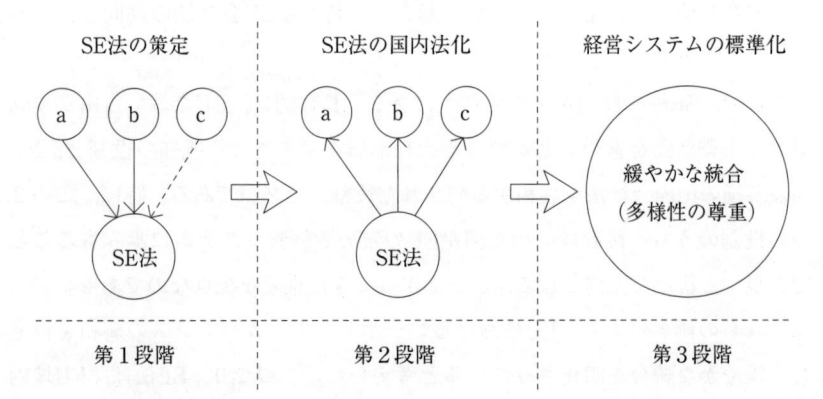

図3-3 欧州株式会社（SE）法による経営システムの緩やかな統合

(出所) 筆者作成。

性を尊重して制定されたSE法を参照して，加盟各国が国内会社法を改革する段階である。今日のEUは，この段階にあり，マルタのように，加盟国がSE法を国内会社法に適用する動きがみられた。しかし，その進度は，加盟国ごとに異なり，統合に向けた意識のギャップが存在している。このようなギャップは，経済発展が遅れている加盟国における問題の発生や域内市場の不安定化によって顕在化するのである。

　第3に，経営システムの標準化という段階である。この段階は，SE法の策定という段階とSE法の国内法化という2つの段階を経て，EUと加盟国の経営システムが相互に歩み寄り，多様性を尊重しつつ標準化し，統合する段階である。今日のEUは，今のところ，この段階に到達していない。この段階に到達するためには，経営システムに関するEU法だけではなく，政治や経済の側面からEUの統合を進める必要がある。このような目標を達成することで，EUが，経営システムの統合を総合的に果たし，EU以外の地域がEUの統合を参考にして地域経済統合を模索するようになると確信するのである。

5　おわりに

　EU加盟国の経営システムは，SE法が制定されるまで多様の極みであった。このようなかで，SE法を制定し，EU域内全域を活動領域とする企業に，SE法を適用することにした。SE法の内容は，選択型の採用や指令によって共通性を保持した各国の国内法を適用することで，統合されることになった。そして，SE法の制定後に，加盟各国では，SE法を基に企業法改革が実施された。具体的には，国内法では企業経営機構のうち，どちらか1つの規定しかない国では，規定されていない企業経営機構に関する規定を追加する国などが現れた。そのなかでも，最も多数を占めるのが，SEのみに適用する新たな企業経営機構の規定を追加する方法である。そして，少数ではあるが，SEの規定を国内企業に適用する加盟国も現れた。これは，地域レベルで統合が進んでいる証左であるということができよう。今日のEUにおける経営システムの調和段階は第2

段階にあり，今後は，第3段階の経営システムの標準化の段階へと向かうことを予感させるのである。

　EUと加盟国は，多様性と単一性という，相反する概念を調和することに長い歳月を要している。しかし，この両者が協調することで，EUにおける経営システムの統合化が着々と進められている。ここに，地域的な経営システムの統合化を効率的に進めるための鍵が存在するのである。もちろん，これはEU以外の地域にも同様のことがいえる。EUを参考にして地域統合を強化することを目指すアフリカ連合やEUとの経済的な提携を目指すASEANなどの地域は，EUの経営システム統合化の成果や教訓を参考に経営システムの統合化を進めることが必要であることを強く示唆するのである。

(注)
1) 平田光弘 [2008b]
2) 平田光弘 [2008b]
3) European Commission [2001a]
4) European Commission [2001b]
5) European Commission [2003]
6) 平田光弘 [2008b] 52頁.
7) The Committee on the Financial Aspects of Corporate Governance and Gee and Co. Ltd. [1992]
8) ドイツの経済的な影響力を背景として，欧州中央銀行もドイツをモデルとしている。
9) イギリスがドイツ型統一化に反対したことの詳細については，第1章および平田光弘 [2008b] を参照のこと。
10) SE誕生までの議論については，第1章を参照のこと。
11) 小島大徳 [2008a] 83頁.
12) EUにおける従業員の経営参加が選択型となった経緯は，第1章および平田光弘 [2008b] を参照のこと。
13) 2012年5月19日現在.

第Ⅱ部
EU加盟27カ国のコーポレート・ガバナンス

第4章

EUにおけるコーポレート・ガバナンスの体系と拡大
―EU・加盟国・企業の三者協働―

1 はじめに

　ヨーロッパでは，経済や政治の分野を中心に着々と統合が進展してきた。なかでも，経済統合は，通貨統合や通商の自由化だけでなく，会社法制度の統合をも含む改革であった。そのシンボルが，2001年に誕生した欧州株式会社（Societas Europaea, SE）である。このSEこそが，遅々として進まなかった会社法統合の議論を進める発端となり，その後の統合を飛躍的に深化させたのである。

　会社法制度の統合を進めるなかで，機関投資家が企業不祥事の防止と企業競争力の強化を求めたことから，コーポレート・ガバナンスに関する制度の改革に注目が集まった。そこで，加盟各国から集められたコーポレート・ガバナンスの専門家が，コーポレート・ガバナンス・フォーラム（European Corporate Governance Forum, ECGF）を結成し，単なる制度作りではなく，血の通ったシステム作りのための議論を行うことになった。ECGFは，各国の知識を共有するためのEUにおいてコーポレート・ガバナンスを牽引する機関として，加盟国のコーポレート・ガバナンスを収斂させることを目的として活発な議論を展開したのである。

2 企業経営の効率化に向けた改革体制の整備

(1) コーポレート・ガバナンス原則策定の潮流と専門家機関の設立

2000年代に入り，EUは，国際化と情報化が高度に発達した社会に対応するために，会社法およびコーポレート・ガバナンスの近代化を目指した。この両者を現代化するために，欧州委員会は，まず2003年に「EUにおける会社法の現代化およびコーポレート・ガバナンスの改善（以下「アクションプラン」という）[1]」を策定した。このアクションプランは，短期，中期，長期の計画に分けられ，情報技術の進歩に合わせた情報開示・透明性や全加盟国への一層型企業経営機構と二層型企業経営機構の選択可能性の導入などが計画された。さらに，アクションプランでは，加盟各国のコーポレート・ガバナンスに関する制度を接近させるため，専門家機関としてECGFを設置して域内における国際的な議論を奨励した。

アクションプランは，①域内市場を最大限に利用すること，②資本市場を統合すること，③情報技術などの現代技術の利点を最大化すること，④EUの拡大，⑤新たな問題への対処，などを背景として，域内の企業経営に関わる制度の全般について調和を図ることが必要であるとしている[2]。つまり，現代的な経営問題に対処するとともに，EU加盟国およびEU加盟候補国，潜在的EU加盟候補国のコーポレート・ガバナンスを平準化する役割を有している。なお，アクションプランは，加盟各国の制度を接近させることで，地域のコーポレート・ガバナンスの統合化を目指すものである。アクションプランは，世界中で策定されているコーポレート・ガバナンス原則（以下「原則」という）の特徴に加えて，統合地域のコーポレート・ガバナンスを現代化しつつ統合強化を達成しようとしていることに独自性があるといえる。

アクションプランの策定後，欧州委員会は，アクションプランに則って会社法制度の制定・改正を進めた。それとともに，グローバル・コーポレート・ガバナンス・フォーラムが，EU加盟候補国や潜在的候補国に対して「EUにおけ

るコーポレート・ガバナンスへのアプローチ[3]」を策定し,欧州取締役協会連合（ecoDa）が,ヨーロッパでは非上場企業が多数を占めていることを受けて「ヨーロッパにおける非上場企業のコーポレート・ガバナンス・ガイダンスおよび原則」を策定するなど,アクションプランを尊重および参照して策定した。このように,EUにおけるコーポレート・ガバナンス原則は,各国既存のコーポレート・ガバナンス・コードを接近させる改革とEU全体を包括した制度を構築する改革が2つの大きな柱であると理解できよう。

(2) ECGFにおける議論とコーポレート・ガバナンス原則の策定

欧州委員会は,アクションプランの計画に則って,2004年に,加盟国のコーポレート・ガバナンス・コードを収斂させる可能性を模索し,欧州委員会に助言することを目的とするECGFを設立した。なお,ECGFの構成メンバーには,法学や経済学などの研究者にくわえ,実務家や経営者が含まれており,多角的な議論が展開された。ECGFは,1年に2回から3回の会合を定期的に開き,コーポレート・ガバナンス・コードや株主の権利,金融危機への対処などに関する重要な議論が繰り返されたのである。

ECGFは,2006年から,積極的にステートメントの策定を開始し,EUのコーポレート・ガバナンス改革を促進した。具体的には,①『遵守か説明か』,②『危機管理と内部統制』,③『資本と支配の比例性』,④『国境を越えたコーポレート・ガバナンス・コード』,⑤『役員報酬』,⑥『議決権行使と株主地位』,⑦『上場会社の関係者間取引』,⑧『上場会社の重要な決定』,に関するステートメントを策定した。ECGFは,これらのステートメントで,多様性を重要視し保護するために,画一的で絶対的な規定は必要ないとしている。ただし,複数の市場で上場する企業が,複数の規定を遵守することにも否定的である。これは,加盟各国が歴史的・文化的に形成してきた多様性を維持しようとする力と,統合地域として単一市場を正常に機能させるために複雑な制度の問題点を克服しようとする力の,二つの相反した力が共存していることを如実に表している。ここに,加盟各国に主権を残しながら統合を進めるEU全体の統合化と

図4－1　ECGFのコーポレート・ガバナンスに関するステートメント

策定年	原則名および特徴的な内容
2004	ＥＣＧＦ設立
2006	**遵守か説明か** A．多様性の保護の観点を重視した"遵守か説明かの原則"の採用 B．コーポレート・ガバナンス報告書の作成と公表および株主による評価 C．単一のコーポレート・ガバナンス・コードの適用
	危機管理と内部統制 A．財務報告書の質向上による事業リスクの管理を目的とする内部統制 B．取締役会の内部統制システムの効果を監視する責任（法的拘束性の否定） C．重要な原則およびアプローチによる域内の危機管理及び内部統制の収斂の促進
2007	**資本と支配の比例性** A．全加盟国に適用可能な比例性のルールの導入 B．ＥＵにおける議決権行使の仕組みの発展 C．証券仲介業者および投資家の義務強化の必要性
2009	**国境を越えたコーポレート・ガバナンス・コード** A．コーポレート・ガバナンス・コードの重複適用の否定 B．登記国もしくは一次上場市場へのコーポレート・ガバナンス・コードの適用 C．加盟国のコーポレート・ガバナンス・コードに関する説明要求権
	役員報酬 A．成果を伴わないストック・オプションの報酬方針からの除外 B．非業務執行取締役へのクローバックする権利の付与 C．本ステートメントのコーポレート・ガバナンス・コードへの導入
2010	**議決権行使と株主地位** A．株主の経済的持分を判断基準とする議決権の付与 B．株式の貸与における議決権行使の制限の導入 C．株主総会開催前の株式の貸借に関する情報開示の要求
2011	**上場会社の関係者間取引** A．関係者間取引に関するＥＵレベルでの統一的な原則の導入 B．会社資産の1％未満の取引時の任意の報告義務の免除 C．会社資産の1％以上5％未満の取引時の開示要求
	上場会社の重要な取引 A．事業を統合・廃止する前の業務上・財務上の調査 B．役員に対する意思決定プロセスの重要な役割の付与 C．株主への資産・利益の25％以上に相当する買収等の承認権の付与

（出所）　各ステートメントを基に筆者作成。

地域の分権化という絶妙なバランス感覚が必要なのである。地域経済の統合とそれを構成する国々の分権化という、まさに現代社会の重要な課題を垣間見ることができるのである。

　欧州委員会によって指令や勧告として採用されたステートメントは、欧州委員会が、加盟国に対して法的拘束力を有する指令を制定することで、加盟国内の改革を求めるのである。改革の進捗状況は、「加盟各国におけるコーポレート・ガバナンス慣行の監視と施行に関する研究」によって、ECGFのステートメントが欧州委員会によって制度化され、各国に企業法の制定権はあるものの、各国の企業制度は、着実にEUの方針通りに改革されていることが明らかなのである[4]。このように、ECGFの議論が指令や勧告として制度化され、国内の制度が整備され、それがまたEUのコーポレート・ガバナンスを全体的に平準化するという流れに入っていることがわかるのである[5]。

(3) ECGFが策定するコーポレート・ガバナンス原則の3分類

　ECGFが策定した8つのステートメントは、おおむね、(1)単一市場と各国国内制度の関係、(2)企業の組織、(3)利害関係者との関係、の3つに分類できよう。ただし、3つに分類できるものの、それぞれが、独立したものであるのではなく、重複する部分もかなり含み、相互に関係し合っているのである。これらのステートメントが、EUにおけるコーポレート・ガバナンスの具体的な規程を定めることを促進し、EU全体に適応可能な普遍的コーポレート・ガバナンスを構築するのである。

　まず、(1)単一市場と各国国内制度の関係には、『遵守か説明か』および『国境を越えたコーポレート・ガバナンス・コード』の2つが該当する。具体的に、"遵守か説明かの原則"をEUにおけるコーポレート・ガバナンス制度の特徴として掲げるとともに、遵守する規則の簡素化を目的とすることに特徴がある。これにより、EUのコーポレート・ガバナンスに関する制度は、法的拘束力のある立法に基づく制度と法的拘束力のないソフト・ローに基づく制度の2つを基盤にするといえる。

また，(2)企業の組織には，『危機管理と内部統制』および『資本と支配の比例性』，『議決権行使と株主地位』の3つが該当する。具体的に，企業経営機構の枠組みだけではなく，より詳細な共通の規程を求めることに特徴がある。これらの原則により，EUのコーポレート・ガバナンスに関する制度は，主要な制度だけではなく，より詳細な内容にも，一定の共通な考え方を作り出す段階に入ったといえる。

そして，(3)利害関係者との関係には，『役員報酬』および『上場会社の関係者間取引』，『上場会社の重要な取引』の3つが該当する。具体的に，株主や経営者など企業に対して強い影響を与える利害関係者との関係に焦点をあてていることに特徴がある。これまで，EUでは，企業の社会的責任に関して重きをおいており，企業から影響を受ける利害関係者の権利保護を重視する傾向が強かったが，近年，企業に対し影響力を有する利害関係者の恣意的な行動を防止する傾向にあるといえる。

3 専門家機関による最適なコーポレート・ガバナンスの模索

(1) EUに適したコーポレート・ガバナンス・コードの在り方

単一市場と各国国内制度の関係に対して，まず，イギリスの『キャドバリー報告書』を基に，2006年に『遵守か説明か』が策定された。つぎに，『遵守か説明か』を基盤にして，2009年に『国境を越えたコーポレート・ガバナンス・コード』が策定された。このように，2つのステートメントは，『遵守か説明か』を『国境を越えたコーポレート・ガバナンス・コード』が補足する関係にある。

ECGFは，"遵守か説明かの原則"のアプローチをヨーロッパにおけるコーポレート・ガバナンスの特徴として位置づけ，支持する立場をとっている[6]。たとえば，ECGFは，EUが定める規則や指令だけでなく，加盟国や証券取引所が独自でコーポレート・ガバナンス・コードを策定することにより，EU域内

第4章　EUにおけるコーポレート・ガバナンスの体系と拡大　65

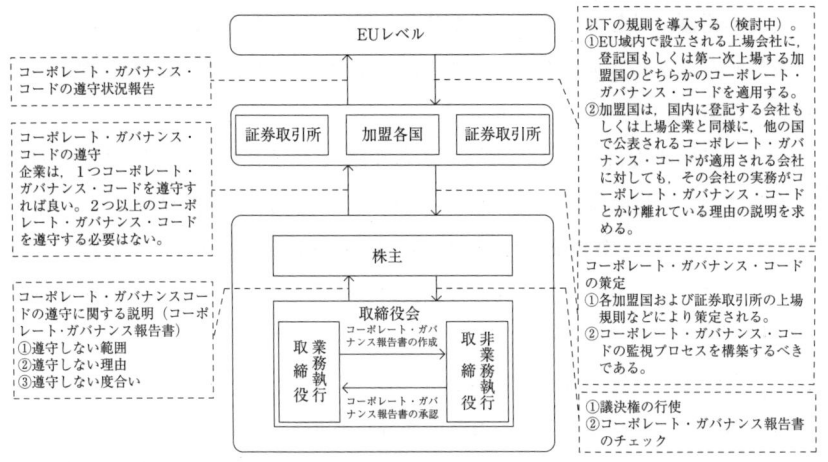

図4－2　制度に関するステートメントの概要

（図省略）

（出所）各ステートメントを参考に筆者作成。

のコーポレート・ガバナンスを構築することが適していると主張した[7]。ただし，ECGFは，登記国と上場市場の組み合わせによって，コーポレート・ガバナンス・コードの二重適用に導くことや適用されるコーポレート・ガバナンス・コードがないことなどの問題があると指摘した[8]。そして，ECGFは，企業に対して最低限1つのコーポレート・ガバナンス・コードを遵守することを求め，複数のコーポレート・ガバナンス・コードを遵守する必要はないことを提言したのである[9]。

その結果，企業は，複数のコーポレート・ガバナンス・コードに拘束されず，柔軟な経営をすることが可能となった。ただし，企業は，コーポレート・ガバナンス報告書を作成し，コーポレート・ガバナンス・コードを①遵守しない範囲，②遵守しない理由，③遵守しない度合い，の説明をすることが求められた。なお，非業務執行取締役によってコーポレート・ガバナンスに関するチェックおよび承認を受けなければならないのだが，ここでもコーポレート・ガバナンス報告書が使用される。そのうえ，情報開示の指針としても使用され，それによって株主が議決権を行使する基準としても使用されているのである。

(2) **企業における株主と取締役の役割**

　企業の組織に対して，まず，イギリスのFRC（The Financial Reporting Council）が策定した『タンブル・ガイダンス[10]』を参照し，2006年に『危機管理と内部統制』が策定された。

　つぎに，欧州委員会の委託調査である「EU上場会社の所有権と支配における均整に関する比較法研究」を基に，2007年に『資本と支配の比例性』が策定された。そして，「空議決権行使（Empty Voting）」や「隠された所有権[11]」などの新たな投資技術が行使される問題に対処するために，2010年に『議決権行使と株主地位』を策定した。このように，3つのステートメントは，それぞれ独立した問題に対処するものであるが，おもに企業経営機構における取締役会と株主の役割に焦点をあてているという特徴がある。

　まず，ECGFは，『危機管理と内部統制』において，真っ先に取締役会に焦点をあてた。ECGFは，取締役会には内部統制組織の有効性を監視する責任があり，コーポレート・ガバナンス報告書で開示するべきだと提言した[12]。ただし，EUを包括する法的拘束力を有する規定を設ける必要性を否定している[13]。すなわち，内部統制に関する制度は，法的拘束力のない原則を用いたアプローチにより，EUと加盟各国の制度が収斂することに特徴がある[14]。

　つぎに，ECGFは，『資本と支配の比例性』と『議決権行使と株主地位』の2つのステートメントで，株主に焦点をあてた。ECGFは，株主が仲介業者を通して株を第三者に貸与することにより，借主が経済的なリスクから切り離された議決権を行使する「空議決権行使」など，経済的なリスクから切り離された議決権に使用される市場原理に対応したEUの議決権行使構造を構築する必要があると提言した[15]。このことについて，ECGFは，究極のリスク負担者として株主が最終的決定権を有するという株式会社の前提と矛盾すると指摘した[16]。そこで，ECGFは，株式に対する経済的持分の所有権を株主総会の議決権の根拠とする規定の導入を進めることを明言したのである[17]。

　このように，近年の組織に関する問題は，トップマネジメントの運営や監視だけではなく，株式所有と支配の分離による問題が含まれている。「空議決権

第4章　EUにおけるコーポレート・ガバナンスの体系と拡大　67

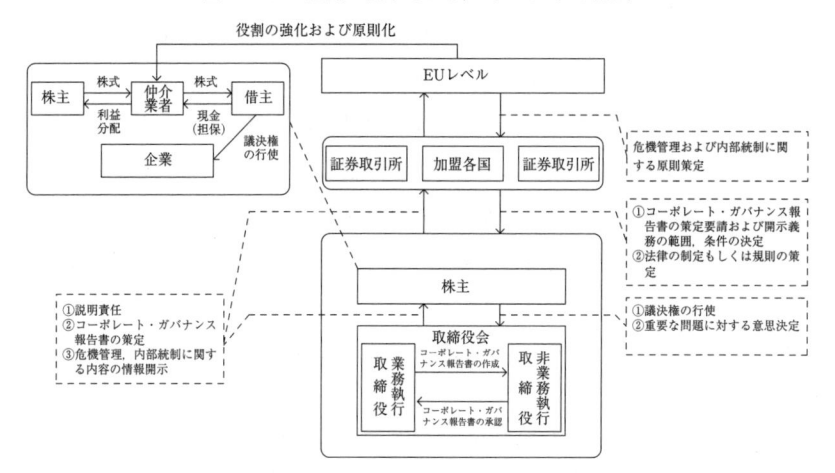

図4-3　組織に関するステートメントの概要

（出所）各ステートメントを参照して筆者作成。

行使」の所有構造は，機関投資家が議決権を多く掌握することにより，投資家による監視機能を強化することができるという長所がある反面，少数の機関投資家によって企業の意思決定が左右されてしまうという短所がある。つまり，金融商品の多様化と金融技術の高度化により，株主の所有構造が，負の影響をも与えている実態が浮かび上がるのである。ECGFは，このような，最新のコーポレート・ガバナンスに関する問題に専門家の意見を取り入れて，EUレベルでの規制や加盟国レベルでの規制，もしくはコーポレート・ガバナンス・コードを用いたアプローチによる企業を主体とした改革を取り入れ，段階に応じた改革を進めているのである。

(3) 利害関係者と企業の関係に関するステートメント

利害関係者との関係に対して，まず，2009年に変動報酬制を導入したことにより増加し続けている役員報酬に対応するために，『役員報酬』が策定された。つぎに，2011年に株式所有の多様化による株主と企業の関係の変化に対応するために，『上場会社の関係者間取引』が策定された。そして，2011年に役員が

会社の重要な決定を株主に対して公表する時期の基準を定めるために,『上場会社の重要な決定』が策定された。このように, 3つのステートメントは, それぞれ独立した問題に対処するものである。

第1に, ECGFは, 役員報酬に対して, 役員報酬に関する指令と役員報酬の最善慣行の2段階アプローチにすることを検討した。まず, 役員報酬に関する指令は, 個人報酬の開示を含む開示要件の義務化と非業務執行取締役の監視機能強化などを中心とした内容である。つぎに, 役員報酬の最善慣行は, 変動報酬の水準の基準設定やストックオプションの除外など財務的な内容を中心とした内容である。これにより, 役員報酬を決定する自由を確保しつつ, 十分な監視をすることが可能になるであろう。

第2に, ECGFは, 関係者間取引に対して, 関係者間取引のガイドラインを設定し, 資産額を基準とした取引額別の3段階のアプローチを検討した[18]。まず, 資産の1％未満の取引に対し, 任意の特別な報告要件を免除するべきであるとした。また, 資産の1％以上5％未満の取引に対し, 取引時に社外株主の観点から公平で合理的な取引であると確証を得た独立の顧問による証明書類を添え, 金融監督に責任を負う加盟各国の適切な公的機関に公表するべきであるとした。そして, 資産の5％を超える取引に対し, 当事者を排除した株主総会で議決されるべきであるとした。これにより, 株主の権利を尊重した迅速な意思決定が可能となるであろう。

第3に, ECGFは, 重要な取引に対して, 株主の権利を保障することを検討した。具体的に資産または利益の25％以上に相当する全ての買収あるいは処分をする場合は, 効力を発する前に株主から事前に承認を得るべきであり, この権限が少なくとも1年に1度は更新されることを条件に, 会社が株主から全面的な権限を得ることができるとした。これにより, 既存の株主に不利益な買収を未然に防ぐことができるであろう。

このように, 企業と利害関係者の関係に関する問題は, 利害関係者の権利に関わる問題が多く含まれる。そのため, ECGFは, 2009年から利害関係者の関係に関する問題に対して, 状況に応じて特に慎重に検討を重ねている。経営環

境の変化とともに，企業と利害関係者との関係は，目まぐるしく変化している。現代社会において企業の利害関係者は，一国や一地域に収まらない。したがって，ECGFは，企業と利害関係者の関係は，EU全体の統合，および地域の主権の問題だけではなく，全世界を眺めるという視点が加わるのである。

4　EUにおけるコーポレート・ガバナンス統合の方向性

(1)　コーポレート・ガバナンス・コードの活用

近年のECGFにおけるコーポレート・ガバナンスに関する議論を検討すると，コーポレート・ガバナンス・コードを用いたアプローチが最も有力な方策として挙げられていた。2011年に欧州委員会が策定した『グリーン・ペーパー：コーポレート・ガバナンスの枠組み[19]』でもコーポレート・ガバナンス・コードを利用してよりコーポレート・ガバナンスを詳細に規定する潮流にある。

コーポレート・ガバナンス・コードは，図4－4に示した3ブロックに分けた仕組みでEU域内のコーポレート・ガバナンスを統合するという方式である。この仕組みのなかで，証券取引所や加盟国は，コーポレート・ガバナンス・コードを改定することで，企業におけるコーポレート・ガバナンスをコントロールしようとしているのである。一方，企業は，このコーポレート・ガバナンス・コードを遵守しつつも，独自のコーポレート・ガバナンス原則を策定し，経営活動を実践するのである。

ただ，EUにおける特徴は，企業に対して遵守していないコーポレート・ガバナンス・コードの規定の説明を求めていることである。そして，コーポレート・ガバナンス報告書は，業務執行取締役によって作成され，非業務執行取締役による承認を経て，株主や証券取引所および加盟国などに開示される。つづいて，証券取引所や加盟国などは，企業のコーポレート・ガバナンス報告書を基に，コーポレート・ガバナンス・コードの遵守状況を把握し，EUに報告するのである。これにより，EUは，加盟国のコーポレート・ガバナンスの構築状況を把握し対処することができる。この仕組みにより，EUのコーポレー

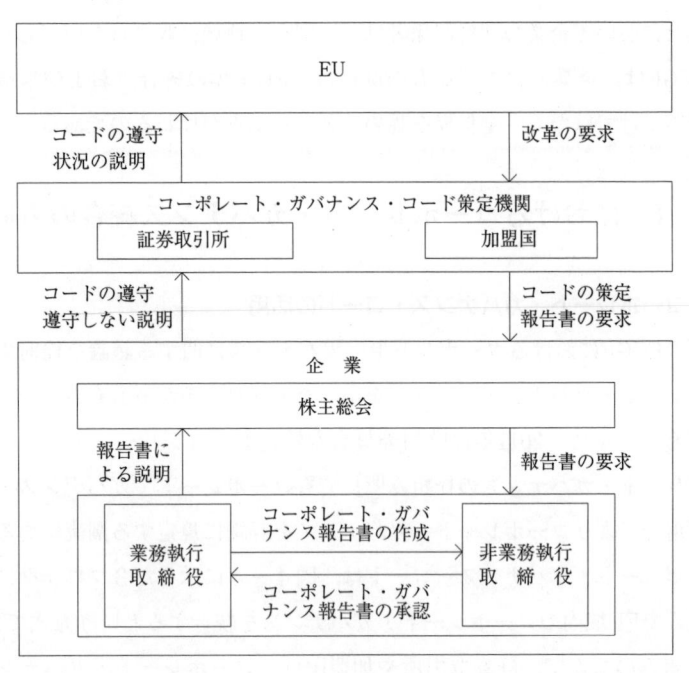

図4-4　コーポレート・ガバナンス・コードの活用

```
                        ┌──────────────────────────────┐
                        │              EU              │
                        └──────────────────────────────┘
                          ↑                    │
                 コードの遵守               改革の要求
                  状況の説明                   │
                          │                    ↓
                        ┌──────────────────────────────┐
                        │ コーポレート・ガバナンス・コード策定機関 │
                        │  ┌──────────┐    ┌──────────┐  │
                        │  │ 証券取引所 │    │  加盟国   │  │
                        │  └──────────┘    └──────────┘  │
                        └──────────────────────────────┘
                          ↑                    │
                 コードの遵守               コードの策定
                 遵守しない説明              報告書の要求
                          │                    ↓
                        ┌──────────────────────────────┐
                        │            企　業             │
                        │   ┌──────────────────────┐    │
                        │   │      株主総会         │    │
                        │   └──────────────────────┘    │
                        │   報告書に          報告書の要求 │
                        │   よる説明                    │
                        │  ┌──────┐ コーポレート・ガ ┌──────┐│
                        │  │業務執行│ ナンス報告書の作成│非業務執行││
                        │  │取締役 │←───────────→│取締役  ││
                        │  │      │ コーポレート・ガ │      ││
                        │  │      │ ナンス報告書の承認│      ││
                        │  └──────┘                └──────┘│
                        └──────────────────────────────┘
```

（出所）　筆者作成。

ト・ガバナンスは，自由度を担保しつつより包括的なコーポレート・ガバナンスを構築することに成功したのである。

(2)　**EUにおける新規設立企業のコーポレート・ガバナンス構造**

コーポレート・ガバナンス・コードを利用した取り組みは，先進的な企業で活用されて始めている。ここでは，ECGFのステートメントが企業実践に与える影響を考察するために，2011年にブリティッシュエアウェイズ（BA）とイベリア航空（IA）の持株会社として誕生したIAG (International Airlines Group) を例としてとりあげる。IAGは，図4-5に示したように，スペインに本拠地を置き，イギリスのロンドン証券取引所に上場したという，まさしくEUの特徴をあらわしているといえる企業である。この企業は，スペインとイギリスの

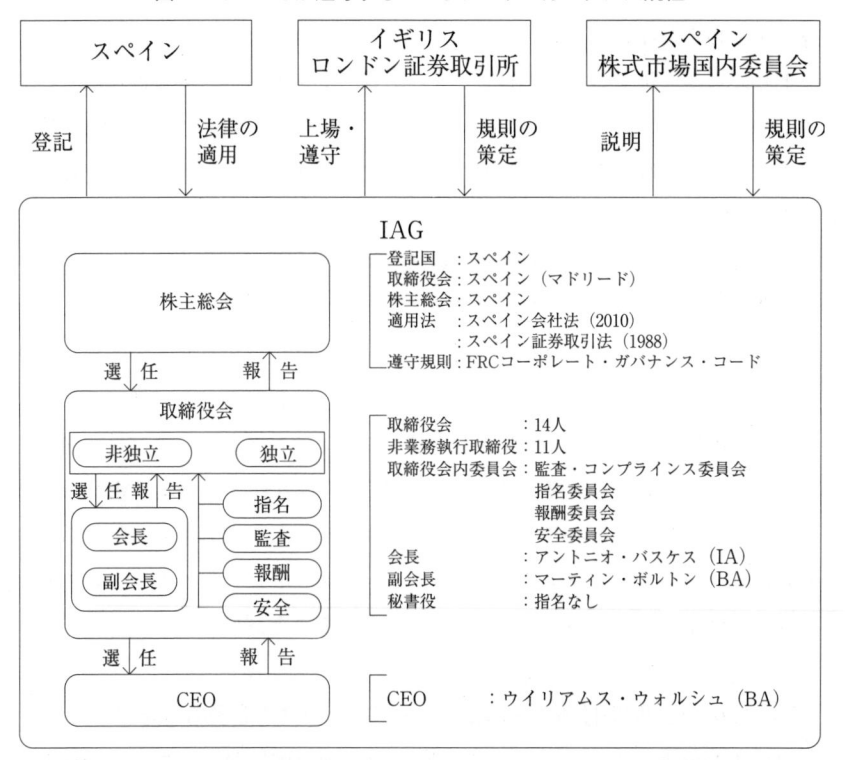

図4－5　IAGが遵守するコーポレート・ガバナンス規程

```
   スペイン          イギリス           スペイン
                 ロンドン証券取引所   株式市場国内委員会
  │    ↑           ↓      ↑           ↑      ↓
 登記  法律の       上場・  規則の      説明    規則の
      適用         遵守    策定               策定
```

```
┌─────────────────────────────────────────────┐
│                    IAG                      │
│  ┌──────────────┐  ┌─登記国    ：スペイン      │
│  │  株主総会    │  │ 取締役会  ：スペイン（マドリード）│
│  └──────────────┘  │ 株主総会  ：スペイン      │
│   選任 │ ↑ 報告     │ 適用法    ：スペイン会社法（2010）│
│  ┌──────────────┐  │          ：スペイン証券取引法（1988）│
│  │   取締役会   │  └─遵守規則  ：FRCコーポレート・ガバナンス・コード│
│  │ 非独立  独立 │                                │
│  │              │  ┌─取締役会       ：14人       │
│  │ 選任 報告 指名│  │ 非業務執行取締役：11人       │
│  │ 会長     監査│  │ 取締役会内委員会：監査・コンプラインス委員会│
│  │ 副会長   報酬│  │                指名委員会   │
│  │          安全│  │                報酬委員会   │
│  └──────────────┘  │                安全委員会   │
│   選任 │ ↑ 報告     │ 会長      ：アントニオ・バスケス（IA）│
│  ┌──────────────┐  │ 副会長    ：マーティン・ボルトン（BA）│
│  │    CEO       │  └─秘書役    ：指名なし       │
│  └──────────────┘  ┌─CEO       ：ウイリアムス・ウォルシュ（BA）│
└─────────────────────────────────────────────┘
```

（出所）　IAG［2010］および，IAGホームページ（http://www.iairgroup.com/）を参考に筆者作成。

コーポレート・ガバナンス・コードから選択できるのである。

　IAGは，スペインを登記国としているため，スペイン会社法およびスペイン証券取引法が適応される。そして，自社のコーポレート・ガバナンスを説明するためにコーポレート・ガバナンス報告書を作成し，Webサイトおよびスペインの規制当局（CNMV）を通して公表している[20]。IAGは，コーポレート・ガバナンス報告書において，上場する市場のあるイギリスのFRC（Financial Reporting Council）が策定するコーポレート・ガバナンス・コードを遵守することを選択している。そのため，登記国であるスペインの『スペイン統合グッ

ド・ガバナンス・コード（the Spanish Unified Good Governance Code）』の規定を遵守する必要がない。

　より詳細に分析すると，IAGは，コーポレート・ガバナンス報告書において，FRCのコードから(i)役員の年次再選に関する規定，(ii)報酬委員会の独立性に関する規定，(iii)取締役会会長の独立性に関する規定，(iv)役員の辞任協定に関する規定（Exit Arrangement），の4つの規定を遵守していない理由と現状を説明している。くわえて，遵守義務のないスペイン統合グッド・ガバナンス・コードに関しても，取締役の男女平等に関する勧告に対し，構成メンバーの男女比率を遵守していないが，取締役の選出において女性の選出を妨害する状況の排除に努めることを表明している。さらに，IAGは，報酬委員会の詳細，役員報酬に関係のある取締役会の手続きおよびパフォーマンス基準および長期的なインセンティブ給制の説明を含む役員報酬に関する方針，個別役員報酬額などを詳細に開示している。したがって，IAGは，設立して間もない企業であるが，組織に関するステートメントをはじめ，EUのコーポレート・ガバナンス方針に則って健全経営を実践している優良な企業であると評価できる。

(3) 今後のEUにおけるコーポレート・ガバナンスの収斂の可能性

　コーポレート・ガバナンス・コードは，EU加盟国におけるコーポレート・ガバナンスを統合する主要な役割を担っている。そうであるから，EU域内であっても加盟国が，いまだに企業制度を形作る権利を強力に有しているともいえる。このような実態は，EU域内のコーポレート・ガバナンスを統合することより，多様性を尊重して加盟国に権限を分散させる潮流にあるかにみえる。実際に，EUにおけるコーポレート・ガバナンスの議論のなかでは，コーポレート・ガバナンスの画一的な規定の必要性を否定する意見が強いのも事実である。EUにおけるコーポレート・ガバナンスが，統合による画一性と多様性という二面性を有する複雑な状態にあるため，今後，明確にこの2つを分離することが求められ，ここに議論が集中していくことになるであろう。

　その1つの解決策は，加盟各国で設立される国内企業とEU共通の会社形

態であるSEのコーポレート・ガバナンスを分けた議論のうえで制度設計をし，企業が活用していけるようにすることである。国内企業に対する制度を統一するための議論は，加盟各国の利害が衝突し，遅々として進まない。このことは，SE誕生までの挫折と妥協の歴史からも明白である。そのため，国内企業に対する制度は，引き続き多様性を考慮し，各国に全面的に運用を任せるべきである。ただ，各国の国境を越えて活動する大企業については，長年かけて共通の会社形態として誕生したSEを活用し，EUがイニシアティブをとり，EU型コーポレート・ガバナンスを目指して，全体で画一化するべきであろう。現行のSEに関する制度は，ほとんどの規定が加盟国の国内法に依存している。そのため，結局，設立する加盟国によって，SEの形態が変化する。今までは，コーポレート・ガバナンスが加盟国の歴史や文化と深く関係するものであるという認識が強く，このような制度設計になった。しかし，筆者の調査によると設立されるSEの40％以上は，SE制度を活用して，それまで設立国が認めていなかった経営システムによりSEが経営活動を行っている[21]。つまり，企業は，実態として歴史や文化よりも，より効率的なシステムを欲しているともいえるであろう。

5 おわりに

EUでは，2004年からECGFが中心となってコーポレート・ガバナンス問題に対処してきた。とくに，ECGFは，コーポレート・ガバナンス・コードを用いたアプローチにより，段階的にコーポレート・ガバナンスを収斂させてきた。これにより，多様性と画一性が共存するシステムを作り出したのである。この多様性と画一性が共存するシステムは，EUが市民に定着するまでの途上段階でとられたものであった。そこで，EUのコーポレート・ガバナンスを現代化する役割を担っていたECGFが8つのステートメント策定し，コーポレート・ガバナンス・コードを利用したコーポレート・ガバナンスの強化を目指していることを明らかにした。さらに，近年は，利害関係者と企業の関係を詳細に規

定する一方で，企業にも選択の自由を広く認め，企業ごとにコーポレート・ガバナンスを構築する段階にあることを明らかにした。

　本章でとりあげたIAGは，ECGFのステートメントで述べられていることを既に実践しており，コーポレート・ガバナンス・コードの採用やコーポレート・ガバナンス報告書の策定を積極的に実施していた。EUにおけるコーポレート・ガバナンスの基本的な理念が加盟国，そして企業に浸透し，EUのコーポレート・ガバナンスは，新たな統合の段階へと歩を進める段階にある。そのために，統合を強化し画一的な制度を確立する領域と，多様な制度を緩やかに統合する領域を明確に分離させる必要がある。本章では，その第一歩として，SEに関する制度を加盟各国の制度に依存した制度から，完全なEU型の制度へと改革する必要があることを解明したのである。

　本章で得られたSEに関する制度をより独立的な制度へと改革するべきであるという知見は，EU域外でもコーポレート・ガバナンスを調和する際に作用され，企業に浸透させることで，企業の国境を越えた経営を効率化へと繋がらせるものである。今後の研究で，EUの制度を，コーポレート・ガバナンスの領域別に，さらなる独立的な制度の導入が求められる制度と多様性が保護されるべき制度に分類し，それぞれを分けて検討する必要があると指摘したい。

(注)
1) European Commission [2003]
2) アクションプランの背景は，ウインター報告書から読み解くことができる。
3) GCGF [2008a]
4) RiskMetrics Group [2009]
5) なお，ECGFの活動は，Webサイトで随時公開しており，誰にでも参照可能であるため，市民や他の関連機関からの意見を活かした原則を策定できることも近年の特徴である。
6) ECGF [2006b] p.1.
7) ECGF [2006b] p.1.
8) これらの結果に導く重大な要因は，コーポレート・ガバナンス・コードや"遵守か説明かの原則"の説明義務の法的根拠が異なることである。たとえば，①オランダとドイツの場合は，この義務が会社法に規定される。そこでは，特定の加盟国において設立された会社に，その国の規則に従うことを要求し，その会社の株式

が上場する国は関係ない。②イギリスやスウェーデンの場合は，この義務が，証券取引所の上場規則に規定される。そこでは，会社が，加盟国における証券取引所を第一次上場とする場合に，その会社がどこで設立されたのかに関係なく，その国の規則に従う必要がある。③フランスの場合は，"遵守か説明かの原則"の義務はない。たとえば，オランダまたはドイツで設立された会社が，スウェーデンまたはイギリスに第一次上場する場合は，オランダまたはドイツのコーポレート・ガバナンス・コードとスウェーデンまたはイギリスの規則を遵守する義務が発生することになる。他方では，スウェーデンまたはイギリスにおいて設立された会社が，オランダまたはドイツに第一次上場した場合，どのコーポレート・ガバナンスにも遵守する義務が発生しないことになる。

9) ECGF [2006a] p.2.
10) FRC [1999]
11) 隠された所有権とは，法的所有権を有さない関係者が，あたかも株主であるかのように，議決権を指揮し，影響を及ぼす資格を有していることをいう。
12) ECGF [2006a] p.2.
13) ECGF [2006a] p.2.
14) ECGF [2006a] p.3.
15) ECGF [2010] p.1.
16) ECGF [2010] p.1.
17) ECGF [2010]
18) ECGF [2011a]
19) European Commission [2010c]
20) 本章におけるIAGに関する情報は，IAGホームページ [http://www.iairgroup.com/] および年次コーポレート・ガバナンス報告書を参照した。
21) SEの実態については，第9章を参照のこと。

第5章

EUにおけるM&A戦略と
コーポレート・ガバナンス
―アルセロールミタルの事例をとおして―

1 はじめに

　EU域内で自由に経営活動を行うことができる欧州株式会社（Societas Europaea，以下「SE」という）を規定するSE法の制定作業は，決して平坦なものではなく，難航した議論の末に約30年もの歳月を費やして誕生したものであった。とくに，二層型企業経営機構と一層型企業経営機構の選択制を取り入れるまでには，二層型企業経営機構の一本化を主張するドイツと一層型企業経営機構が根付いている国との利害調整が必要であった。つまり，各加盟国のコーポレート・ガバナンスをEUレベルで調和するためには，世界の潮流を考慮しつつ，加盟国間の利害調整を進めていかなければならなかったのである。
　EUは，各加盟国の利害調整を乗り越えて，コーポレート・ガバナンスに関する制度を調和することで，グローバル化した市場や社会に対応できる体制を形成している。今後，日本を含むアジアや世界の各地でも，EUのように，経済発展を目的として経済統合を中心とした地域統合が模索されることが考えられる。その際に，地域統合の成功モデルとしてEUを取り上げることになるであろう。しかし，これまで，EUにおけるコーポレート・ガバナンスの統合プロセスに関する研究やEUの統合を地域統合に役立てる試みは，ほとんどなされていないのである。

2 地域統合化とコーポレート・ガバナンスの調和

(1) EUにおけるコーポレート・ガバナンスの展開

27ヵ国もの加盟国によって構成されるEUは，加盟各国が独自に構築する既存の制度を調和し，会社法を統合した。具体的に，図5-1に表したようにEUを統合する前は，加盟各国でコーポレート・ガバナンスが構築され，それぞれが浸透していた。そして，加盟各国に浸透していたコーポレート・ガバナンスを基礎として，EUのコーポレート・ガバナンスを統合するための議論が

図5-1 EUにおけるコーポレート・ガバナンスの展開

EUにおけるコーポレート・ガバナンスの制度的基盤の構築

EUにおける会社法
I．EUにおける会社法の性質
　(1)加盟各国に対する法的拘束性（指令）
　(2)大枠のみの規定による柔軟性（規則）
II．EU会社法の規定内容
　(1)設立規程
　(2)企業経営機構
　(3)情報開示・透明性
　(4)企業と利害関係者の関係

↑統合

EUレベルの議論

国内規定の調和
I．欧州委員会による会議
II．専門家ワーキング・グループの設立
III．ECGFの開催
IV．アドバイザリーグループの設置
V．アクションプランの作成

↑参考

加盟各国のコーポレート・ガバナンス発展と浸透

国内規定
I．上場規則に採用される
II．会社法に取り入れられる
III．各原則策定機関が参照する
IV．企業に対し直接的に影響する

法的拘束力

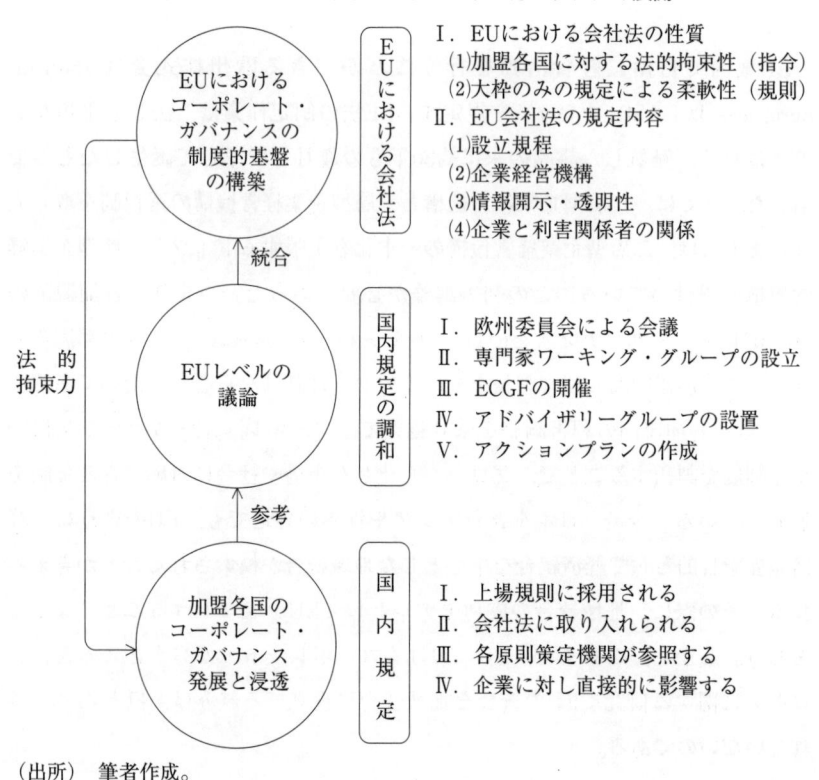

（出所）筆者作成。

なされた。このコーポレート・ガバナンス統合化に向けた議論を経て，EUのコーポレート・ガバナンスに関する制度が構築されたのである。

まず，加盟各国のコーポレート・ガバナンスに関する国内規定は，(1)上場規則に採用される，(2)会社法に取り入れられる，(3)各原則策定機関が参照する，(4)企業に直接的に影響する，などの4つの特徴を有していた。これらによって，加盟国のコーポレート・ガバナンスは，国内の企業に対して直接的に制度としての実効力を有していたのである。つぎに，加盟各国で構築されたコーポレート・ガバナンスを統合するために，おおむね，(1)欧州委員会による会議，(2)専門家ワーキング・グループの設立，(3)ECGF（European Corporate Governance Forum）の開催，(4)アドバイザリーグループの設置，(5)「EUにおける会社法の現代化およびコーポレート・ガバナンスの改善（以下「アクションプラン」という）」の作成，などの対応がなされた。

そして，コーポレート・ガバナンス統合化に向けた議論によって，EUにおけるコーポレート・ガバナンスの構築を促進するために，加盟各国のコーポレート・ガバナンスを調和する方針が確立された。コーポレート・ガバナンスの調和化を基礎としたEUの会社法[1]は，加盟各国に対する法的拘束力を有する指令と詳細な規程を国内法や定款自治に委ね，大枠のみを規定することで柔軟性を有するSE規則がある。このような，柔軟な制度により加盟各国の会社法を調和することは，急激な統合作業を進めるよりも，加盟各国の反発を抑え利害調整を円滑に進めることができたのである。

(2) EUにおけるコーポレート・ガバナンス原則

EUにおける「コーポレート・ガバナンス原則（以下「原則」という）」策定の系譜を考察すると，図5−2のように，1992年にイギリスで『コーポレート・ガバナンスの財務的側面に関する委員会報告書（以下「キャドバリー報告書」という）』が策定されて以来，EU域内の各原則策定機関によって積極的に原則が策定されていることがわかる。くわえて，世界の各国際機関によって，EU域内外のコーポレート・ガバナンスを平準化することを目的とした原則が策定さ

図5-2　EUと世界のコーポレート・ガバナンス原則策定の系譜

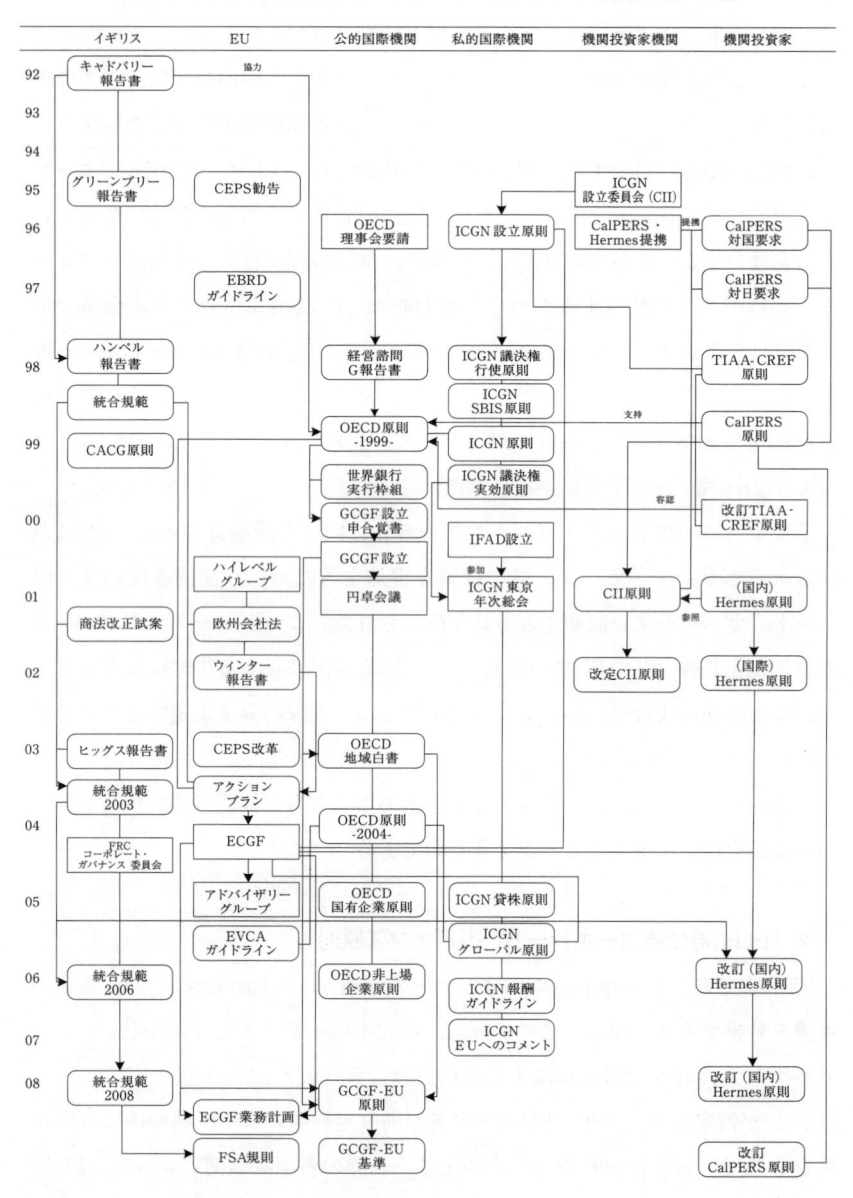

年	イギリス	EU	公的国際機関	私的国際機関	機関投資家機関	機関投資家
92	キャドバリー報告書	協力				
93						
94						
95	グリーンブリー報告書	CEPS勧告			ICGN設立委員会（CII）	
96			OECD理事会要請	ICGN設立原則	CalPERS・Hermes提携	CalPERS対国要求
97		EBRDガイドライン				CalPERS対日要求
98	ハンペル報告書		経営諮問G報告書	ICGN議決権行使原則		TIAA-CREF原則
99	統合規範／CACG原則		OECD原則-1999-	ICGN SBIS原則／ICGN原則／ICGN議決権実効原則	支持	CalPERS原則
00			世界銀行実行枠組／GCGF設立申合覚書		容認	改訂TIAA-CREF原則
01	商法改正試案	ハイレベルグループ／欧州会社法	GCGF設立／円卓会議	IFAD設立／参加／ICGN東京年次総会	CII原則	（国内）Hermes原則／参照
02		ウィンター報告書			改定CII原則	（国際）Hermes原則
03	ヒッグス報告書	CEPS改革／アクションプラン	OECD地域白書			
04	統合規範2003／FRCコーポレート・ガバナンス委員会	ECGF	OECD原則-2004-			
05		アドバイザリーグループ／EVCAガイドライン	OECD国有企業原則	ICGN貸株原則／ICGNグローバル原則		
06	統合規範2006		OECD非上場企業原則	ICGN報酬ガイドライン		改訂（国内）Hermes原則
07				ICGN EUへのコメント		
08	統合規範2008	ECGF業務計画／FSA規則	GCGF-EU原則／GCGF-EU基準			改訂（国内）Hermes原則／改訂CalPERS原則

（出所）　小島大徳［2004a］62頁を引用し，筆者が加筆した。

れている。さらに，これらの各国で策定される国内原則やEU独自の原則，世界の国際機関は，互いに参照され，潜在的に協力しつつEUにおけるコーポレート・ガバナンスを構築している。

世界の原則策定の系譜や各原則の相関関係を示した図5－2を用いて考察すると，原則の策定には，(1)単独策定，(2)協力・提携，(3)共同策定，(4)地域調和，の4つの潮流があるといえる。具体的には，(1)単独策定は，各原則策定機関の継続した原則策定と改訂を行う潮流である。(2)協力・提携は，原則策定機関を超えた支持や容認などの原則に関する相互協力と相互提携を行う潮流である。(3)共同策定は，複数の原則策定機関が協力して1つの原則を策定するために新たに国際機関を設置する潮流である。(4)地域調和は，各地域に適合したコーポレート・ガバナンスの構築を目的として，地域内の各加盟国における制度の調和を目指す潮流である。

近年は，2003年に策定されたOECD地域白書を契機に，EUを中心として世界的な地域調和の潮流にあるということができる。まず，EUのコーポレート・ガバナンスは，SE法やECGFの会議で，"遵守か説明かの原則"が採用され，キャドバリー報告書から統合規範までのイギリスで策定された原則の影響を強く受けているといえるだろう。また，2003年に策定されたアクションプランは，OECD原則—1999—を参照している[2]。そして，アクションプランを受けて設立されたECGFも，同様にOECDの取り組みを参考にEUにおけるコーポレート・ガバナンスを構築していく旨を表明しており，EUのコーポレート・ガバナンスは，世界で策定されている原則を参照して構築している。その一方で，GCGF (Global Corporate Governance Forum) は，『EUにおけるコーポレート・ガバナンスへのアプローチ（以下「GCGF－EU原則」という）』を策定し，アクションプランの策定後にEUでどのようにアクションプランが実行されてきたのかをEU周辺国向けに提示した。くわえて，各加盟国に向けて策定された原則のなかにもアクションプランを参考にして策定されたものも少なくない。このように，今日のEUでは，アクションプランが他の原則の標準を潜在的に示しており，EU標準コーポレート・ガバナンス原則の役割を担っているとい

(3) EUにおけるアクションプランの役割

アクションプランのコーポレート・ガバナンスに関する計画は，おもに，図5-3のように，短期計画，中期計画で構成される[3]。このような，アクションプランが策定された背景には，ウインター報告書において，①域内市場を最大限に利用すること，②資本市場を統合すること，③情報技術などの現代技術の利点を最大化すること，④EUの拡大，⑤新たな問題への対処，を理由に域内の企業経営に関わる制度全般について近代化と調和を目指したことが挙げられる。

アクションプランの具体的な内容を検討すると，EUにおけるコーポレート・ガバナンスの改善点は，企業経営機構に加えて情報開示・透明性に重点が置かれていたことが理解できる。具体的な情報開示・透明性に関する改善点は，まず，短期計画では，①コーポレート・ガバナンス開示要件の強化，②効率的な株主コミュニケーションおよび意思決定を促進する法的枠組みの統合，④取締役の報酬の適切な体制の促進，⑤EUレベルでの財務諸表に関する取締役による連帯責任での確認，が挙げられる。また，中期計画では，①機関投資家の投資と投票方針の情報開示の強化，④上場企業の完璧な株主民主主義を達成するためのアプローチの結果の検討，⑤ピラミッド型組織の証券取引所への上場

図5-3　EUにおけるコーポレート・ガバナンスの議論の推移

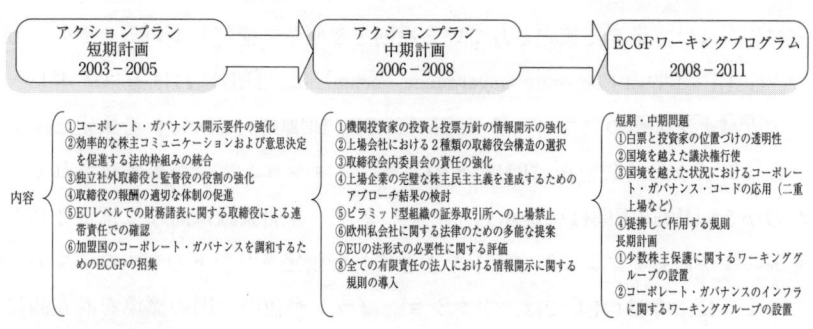

	アクションプラン 短期計画 2003-2005	アクションプラン 中期計画 2006-2008	ECGFワーキングプログラム 2008-2011
内容	①コーポレート・ガバナンス開示要件の強化 ②効率的な株主コミュニケーションおよび意思決定を促進する法的枠組みの統合 ③独立社外取締役と監督役の役割の強化 ④取締役の報酬の適切な体制の促進 ⑤EUレベルでの財務諸表に関する取締役による連帯責任の確認 ⑥加盟国のコーポレート・ガバナンスを調和するためのECGFの招集	①機関投資家の投資と投票方針の情報開示の強化 ②上場会社における2種類の取締役会構造の選択 ③取締役会内委員会の責任の強化 ④上場企業の完璧な株主民主主義を達成するためのアプローチ結果の検討 ⑤ピラミッド型組織の証券取引所への上場禁止 ⑥欧州会社法に関する法律のための多彩な提案 ⑦EUの法形式の必要性に関する評価 ⑧全ての有限責任の法人における情報開示に関する規則の導入	短期・中期問題 ①白票と投資家の位置づけの透明性 ②国境を越えた議決権行使 ③国境を越えた状況におけるコーポレート・ガバナンス・コードの応用（二重上場など） ④提携して作用する規則 長期計画 ①少数株主保護に関するワーキンググループの設置 ②コーポレート・ガバナンスのインフラに関するワーキンググループの設置

（出所）　筆者作成。

禁止，⑧全ての有限責任の法人における情報開示に関する規則の導入，が挙げられる。

アクションプランの中期計画が終了する2008年に，ECGFによって『ECGFワーキングプログラム2008-2011（以下「ECGFワーキングプログラム」という[4]）2』が発表された。ECGFワーキングプログラムでは，企業経営が国境を越えることで発生する近年の問題に対応するために，おもに株主の権利の強化に関する計画が立てられ，情報開示・透明性に重点が置かれている。この背景には，ECGFが定期的に会議を行った結果，企業経営が国境を越えた際に，情報開示・透明性の課題がいまだに残されており，これに対処するべきであると判明したことがある。このように，EUにおいて近年，情報開示・透明性の調和が求められており，情報開示・透明性がEUのような複数の国が統合された地域で，課題とされたことが理解できる。

3　EU27ヵ国のコーポレート・ガバナンス改革

(1) 欧州株式会社（SE）法制定以前のコーポレート・ガバナンス

SE制定前は，EU各加盟国で，「英国型，ドイツ型，フランス型，スカンディナヴィア型，他の北欧型，他の南欧型」などのコーポレート・ガバナンスに分けられ，多様なコーポレート・ガバナンスが構築されていたことが理解できる[5]。そこで，欧州委員会は，2000年に加盟国のコーポレート・ガバナンスが，(1)企業経営機構，(2)監督機関における従業員の役割に関する規定，(3)監督と経営の分離，においてどのような体系であるかを調査し，表5-1のように表した[6]。

まず，企業経営機構は，おおむね一層型企業経営機構と二層型企業経営機構，選択制の3種類の企業経営機構がある。2000年に，一層型企業経営機構のみを採用していた加盟国は約46％，二層型企業経営機構のみを採用していた加盟国は約27％，選択制を採用していた加盟国は約27％であった。つぎに，従業員の経営参加は，規定が存在していた加盟国が約33％，規定が存在していなかった加盟国が約60％であった。そして，監督と経営の分離は，義務としていた加盟

表5-1 2000年における主要加盟国のコーポレート・ガバナンス

加盟国	企業経営機構	監督機構における従業員参加に関する規定	監督と経営の分離
オーストリア	二層型	あり	義務
ベルギー	選択制	なし	規定されていない
デンマーク	二層型	あり	義務
フィンランド	選択制	定款による	義務
フランス	選択制	定款による	規定されていない
ドイツ	二層型	あり	義務
ギリシャ	選択制	なし	規定されていない
アイルランド	一層型	なし	規定されていない
イタリア	一層型[注1]	なし	規定されていない
ルクセンブルク	一層型	あり	規定されていない
オランダ	二層型	勧告されている	義務
ポルトガル	一層型[注1]	なし	規定されていない
スペイン	一層型	なし	規定されていない
スウェーデン	一層型	あり	義務
イギリス	一層型	なし	規定されていない

（注1）　監査役会の設置も要求される。
（出所）　European Commission［2002a］p.44.

国が約40％，義務としていない加盟国が約60％であった。

　コーポレート・ガバナンスは，各国の文化や宗教などによって異なるため，多様な形で構築されてきた。たとえば，監督機関における従業員参加に関する規定がある加盟国のなかでも，オーストリアとドイツ，ルクセンブルクは，カトリックを信仰している人口が多いという特徴があり，それ以外のデンマークとスウェーデンは，福音ルーテル教会を信仰している人口が多く，ヨーロッパのなかでも北ヨーロッパに位置していたため，独特の文化を持っているためであると考えられる。しかし，コーポレート・ガバナンスが多様化していると，単一市場で活動するにもかかわらず，国境を越えると，また違ったコーポレート・ガバナンスを構築することになる。それでは，市場を統合した意義が薄れ

てしまうといえるであろう。そこで，域内を自由に活動できる企業であるSEが重要な役割を果たすのである。

(2) **欧州株式会社（SE）法制定後のコーポレート・ガバナンス**

加盟各国がそれぞれ，SE法を国内法に置き換える動向にも目を向けなければならない。SE法の成立後，EUでは，既述のように，SEを設立することにより，全加盟国で一層型企業経営機構と二層型企業経営機構の両方を選択することができるようになった。SE法が制定されEU独自のコーポレート・ガバナンスが構築されるようになると，表5－2に表したように，各国はSE法に対して独自の対応をとった。

表5－2　欧州株式会社（SE）法制定後の加盟国の対応

国　名	企業経営機構	
	一層型企業経営機構	二層型企業経営機構
オーストリア	SEを対象として一層型企業経営機構の規定を設けた。	既に二層型企業経営機構が存在していた。
ベルギー	既に一層型企業経営機構が存在していた。	既に二層型企業経営機構が存在していた。
ブルガリア	既に一層型企業経営機構が存在していた。	SEを対象として，二層型企業経営機構の規定を設けた。
キプロス	既に一層型企業経営機構が存在していた。	SEであればSE法が適用され，二層型企業経営機構の企業を設立できるが，特別に国内法による対応はしていない。
チェコ	SEであればSE法が適用され，一層型企業経営機構の企業を設立できるが，特別に国内法による対応はしていない。	既に二層型企業経営機構が存在していた。
デンマーク	デンマークの公開有限責任会社の取締役は，管理機能と経営機能の両方を有していることから，一層型企業経営機構であるといえるが，監督役会を設置することもできるため，一層型企業経営機構を基礎とした二層型企業経営機構のハイブリッド型であると考えられている。	

エストニア	SEであればSE法が適用され、一層型企業経営機構の企業を設立できるが、特別に国内法による対応はしていない。	二層型企業経営機構に関する規定が存在していた。
フィンランド	フィンランドの上場企業は、通常一層型企業経営機構である。	法律上可能で、ごくわずかではあるが、監督機関を有する企業が存在していた。
フランス	既に一層型企業経営機構が存在していた。	既に二層型企業経営機構が存在していた。
ドイツ	SE執行法（SEAG）によって、一層型企業経営機構に関する規定が追加された。	既に二層型企業経営機構が存在していた。
ギリシャ	既に一層型企業経営機構が存在していた。	もともと二層型企業経営機構の規定が存在していたが、SEのために規定を設けた。
ハンガリー	既に一層型企業経営機構が存在していた。	2006年のビジネス組織に関する条項によって、二層型企業経営機構に関する規定を設けた。
アイルランド	既に一層型企業経営機構が存在していた。	SEを対象として、二層型企業経営機構に関する規定を設けた。
イタリア	条例に特別の定めがない限り企業は、一層型企業経営機構が自動的に適応される。	条例に特別の定めがある場合は、二層型企業経営機構が適応される。
ラトビア	SEを対象として一層型企業経営機構の規定を設けた。	既に二層型企業経営機構が存在していた。
リトアニア	基本的には、二層型企業経営機構であるが、一層型企業経営機構に適応できる規程が存在していた。	既に、二層型企業経営機構に関する規定が存在していた。
ルクセンブルク	既に一層型企業経営機構に関する規定が存在していた。	全ての公開有限責任会社とSEの二層型企業経営機構に関する規定が追加された。
マルタ	EUが定めるSEに関する規定は、自動的に国内法に適応されるため、一層型企業経営機構を選択できる。	EUが定めるSEに関する規定は、自動的に国内法に適応されるため、二層型企業経営機構を選択できる。

オランダ	新たに国内法に一層型企業経営機構を導入することが提案されている。	オランダでは通常，二層型企業経営機構である。
ポーランド	SEを対象として一層型企業経営機構の規定を設けた。	既に二層型企業経営機構が存在していた。
ポルトガル	既に一層型企業経営機構に関する規定が存在した。	ポルトガルの公開有限責任会社は，基本的に一層型企業経営機構であるが，監査役を設置することができる。
ルーマニア	総則では，一層型企業経営機構を選択することも可能である。	既に，二層型企業経営機構が存在していた。
スロバキア	SEを対象として一層型企業経営機構の規定を設けた。	既に，二層型企業経営機構が存在していた。
スペイン	既に一層型企業経営機構が存在していた。	SEを対象として二層型企業経営機構の規定を設けた。
スウェーデン	既に一層型企業経営機構に関する規定が存在していた。	既存の一層型企業経営機構の規定をできる限り準用して，SEの二層型企業経営機構に関する規定を追加した。
イギリス	既に一層型企業経営機構に関する規定が存在していた。	SEであればSE法が適用され，二層型企業経営機構の企業を設立できるが，特別に国内法による対応はしていない。

(出所) 各国内法および各国のLex Mundi.Ltd［2007］を参考に筆者作成。

　この各加盟国のSE法に対する対応は，おおむね3つに分かれたといえる。1つ目が，国内で活動する企業に対しては既存の制度を適用しSEに対してはEUの制度を適用するもの（調和型）である。2つ目がSE法に合わせて国内で活動する企業に対する会社法を改革するもの（改革型）である。3つ目は，企業がSEを設立したとしても自国で細かい規定を有さないもの（据置型）である。

　このなかでも最も多いのが，1つ目の調和型である。調和型は，EU法が各国の法を調和するものであるから，この対応が最もスタンダードなものであると考えることができる。3つのタイプのなかでも特筆すべきであるのが，2つ

目の改革型である。改革型は，SE法が各国内法に影響を与え，コーポレート・ガバナンス改革を促進しているということができる[7]。そして，課題が残るのが3つ目の据置型である。据置型は，自国の制度で細かい規定を有していないため，既存の企業法制度が適用され，SEにも既存の制度では対処できない事態が発生する可能性がある。

(3) 欧州株式会社（SE）法がコーポレート・ガバナンスに果たす役割

SE法制定前は，図5－4に示したように，一層型企業経営機構のみを規定する加盟国が46％，二層型企業経営機構の企業のみを規定する加盟国が27％，どちらも選択することができた加盟国が27％であった。一方で，SE法制定後は，SEが誕生したために，全ての加盟国で一層型企業経営機構と二層型企業経営機構から選択することが可能となった。SE法制定前後の加盟各国が独自に規定するコーポレート・ガバナンスを比較すると，SE法制定後にコーポレート・ガバナンスが，柔軟かつ緩やかに統合されていることがわかる。

EUにおけるコーポレート・ガバナンスの柔軟かつ緩やかな統合では，SE法が重要な役目を担っているのである。具体的には，SE法において，企業経営機構や従業員の経営参加などに選択の余地を残すことで，加盟各国のコーポレート・ガバナンスを調和するという役割を果たしたのである。これによって，EU域内で自由に経営活動を行う企業は，EUが定める制度の枠内で，独自の歴史や慣習，方針や戦略などを考慮した経営を行うことができるのである。

図5－4　欧州株式会社（SE）法によるコーポレート・ガバナンスの調和

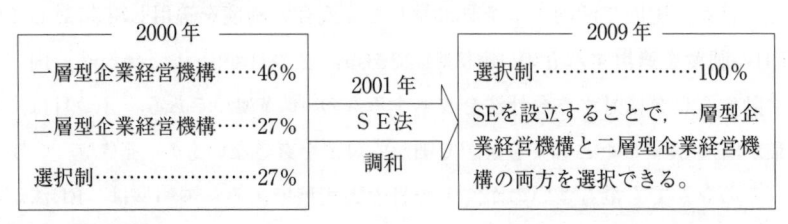

2000年		2009年
一層型企業経営機構……46％ 二層型企業経営機構……27％ 選択制………………………27％	2001年 SE法 調和	選択制…………………………100％ SEを設立することで，一層型企業経営機構と二層型企業経営機構の両方を選択できる。

（出所）　筆者作成。

4　企業のコーポレート・ガバナンス統合作業

(1) 経営統合によるコーポレート・ガバナンス問題の発生

　1998年代から増大したクロスボーダーM＆Aによって、誕生した企業の内部では、歴史・文化・慣習・コーポレート・ガバナンスなどの変化が発生している。まず、異なる国籍の企業が結合すると、どちらの法に準拠して設立するのかという問題を解決しなくてはならない。また、どのようなコーポレート・ガバナンスを採用するのかも決定しなくてはならない。このような必要性から、クロスボーダーM＆Aによって誕生した企業に、コーポレート・ガバナンスに関する改革を行う企業が現れた。そのなかには、たとえばはじめからアメリカ型の経営を取り入れるためにM＆Aを実施し、アメリカ型の企業経営機構を採用する企業や合併した企業のなかで、影響力の強い企業側の企業経営機構により近い形態を採用する企業、新しいハイブリッド型の経営機構を採用する企業などがある。

　しかし、世紀の大合併とまでいわれたダイムラークライスラーが失敗に終わったように、M＆Aに伴う改革が、必ずしも企業に好影響を与えているとはいえないのも現状である[8]。そこで、クロスボーダーM＆Aに伴うコーポレート・ガバナンス改革を考察することで、これらの改革の問題点と課題点を明らかにする。以下では、M＆Aによって生じる問題点やコーポレート・ガバナンスの問題点とその解決策を明らかにするために、クロスボーダーM＆Aをコーポレート・ガバナンス原則を用いて円滑に進めたアルセロールミタルを取り上げて考察する。

(2) アルセロールミタルの企業経営機構改革

　アルセロールミタルは、ルクセンブルクに所在地を置くアルセロールとオランダに所在地を置くミタルスチールの合併によって誕生した。アルセロールとミタルスチールの両社は、2006年に『協定規約（The Memorandum of

Understanding, 以下「MOU」という)』に調印し，合併に伴うコーポレート・ガバナンス改革についての合意をした[9]。そのため，アルセロールミタルは，MOUを基礎としてコーポレート・ガバナンスを構築したのである。アルセロールミタルは，MOUに基づいて，設立時の取締役を18人とし，アルセロー

表5−3　アルセロールミタルのコーポレート・ガバナンス

	アルセロール	ミタルスチール	アルセロールミタル
準拠法	ルクセンブルク法	オランダ法	ルクセンブルク法
遵守するコーポレート・ガバナンス原則	国際基準全般	NYSE上場規則 SEC規則 オランダ法 オランダコーポレート・ガバナンス・コード	MOU NYSE上場規則 ルクセンブルク証券取引所コーポレート・ガバナンス原則
企業経営機構	一層型企業経営機構	一層型企業経営機構	一層型企業経営機構
会長とCEOの分離	分離	なし	分離（CEOは取締役を兼任）
取締役会人数	18	9	18（過半数が独立）
取締役の国籍	6ヵ国	4ヵ国	―
独立性の基準	(1) 社内の管理職ではない。 (2) 家族に経営機関のメンバーがいない。 (3) 会社の株式資本の2％以上を所有する株主を代表しない。 (4) 取締役会の判断に影響を及ぼす取引関係ではない。	(1) 社内の業務執行機能を有さない。 (2) 経営者と関係がない。 (3) ミタルスチールから年間収益の1％以上を取引する一切の組織における執行役を務めない。	(1) CEOの兼任の禁止 (2) NYSEの独立性の基準 (3) ルクセンブルク証券取引所コーポレート・ガバナンス原則
委員会	監査委員会 指名・報酬委員会	監査委員会 指名委員会 報酬委員会	監査委員会 指命・報酬・コーポレート・ガバナンス委員会

（出所）　Arcelor [2005] ArcelorMittal [2007], Mittal Steel [2005] を参考に筆者作成。

ル出身の取締役から6人,ミタルスチール出身の取締役から6人,アルセロールの主要株主を代表する取締役から3人,従業員代表から3人を指名した[10]。以下では表5－3を用いてアルセロールミタルとアルセロール,ミタルスチールのコーポレート・ガバナンスを比較し,アルセロールミタルのコーポレート・ガバナンスが如何に調和された構造であるのかを考察する。

まず,アルセロールは,本拠地をルクセンブルクに設置しルクセンブルク法に準拠していた。そして,遵守するコーポレート・ガバナンス原則に国際基準全般を挙げていた。具体的なコーポレート・ガバナンス体制を考察すると,一層型企業経営機構を採用し,取締役会会長とCEOの役割は分離していた。取締役会は,18人を定員とし,その構成員は,6ヵ国から招聘され,国際的な視野を持つことができた。アルセロールの取締役の独立性の基準は,(1)社内の管理職ではない,(2)家族に経営機関のメンバーがいない,(3)会社の株式資本の2％以上を所有する株主を代表しない,(4)取締役会の判断に影響を及ぼす取引関係ではない,の4つが挙げられる。取締役会内委員会は,監査委員会と指名・報酬委員会の2つであった[11]。

つぎに,ミタルスチールは,本拠地をオランダに設置しオランダ法に準拠していた。そして,遵守するコーポレート・ガバナンス原則にNYSE上場規則やSEC規則,オランダ法,オランダ・コーポレート・ガバナンス・コードを挙げていた。具体的なコーポレート・ガバナンスを考察すると,一層型企業経営機構を採用し,取締役会会長とCEOの役割は分離していなかった。取締役会は,9人を定員とし,その構成員は,4ヵ国から招聘され,アルセロールほどではないが,国際的な視野を持つことができた。ミタルスチールの取締役の独立性に関する基準は,(1)社内の業務執行機能を有さない,(2)経営者と関係がない,(3)ミタルスチールから年間収益の1％以上を取引する一切の組織の執行役を務めない,の3つが挙げられる。取締役会内委員会は,監査委員会と指名委員会,報酬委員会の3つであった[12]。

そして,両社が合併して誕生したアルセロールミタルは,本拠地をルクセンブルクに設置しルクセンブルク法に準拠している。そして,遵守するコーポ

レート・ガバナンス原則にMOU，NYSE上場規則，ルクセンブルク・コーポレート・ガバナンス原則を挙げている。具体的なコーポレート・ガバナンスを考察すると，一層型企業経営機構を採用し，取締役会会長とCEOの役割は分離している。取締役会は，アルセロールと同様，18人を定員とし，その過半数が独立取締役で構成された。アルセロールミタルの取締役の独立性に関する基準は，(1)CEOの兼任の禁止，(2)NYSEの独立性の基準，(3)ルクセンブルク証券取引所コーポレート・ガバナンス原則，の3つが挙げられる。取締役会内委員会は，監査委員会と指名・報酬・コーポレート・ガバナンス委員会の2つがある[13]。

アルセロールミタルのコーポレート・ガバナンスは，本社を設置したるルクセンブルクを本拠地としていたアルセロールのコーポレート・ガバナンスを基に，MOUによって規定されている。MOUはアルセロールとミタルスチールがM&Aを行う際に合議の基で決定されたものである。つまり，MOUによって，両社のコーポレート・ガバナンスの調和が図られているのである。アルセロールミタルのM&Aにおいて，MOUの存在は不可欠なものであるということができるであろう。

(3) EUにおけるコーポレート・ガバナンスの統合プロセス

EUにおけるコーポレート・ガバナンスの統合プロセスは，まず，加盟各国で独自にコーポレート・ガバナンスが構築される。つぎに，EUによって各国のコーポレート・ガバナンスを調和したコーポレート・ガバナンスが構築される。そして，企業が地域的な原則を参照してM&Aを実施して企業文化を融合することによりコーポレート・ガバナンスの調和が進められる[14]。この3つのプロセスには，原則が重要な役割を有しているという特徴がある。

3つのプロセスのなかで，まず，コーポレート・ガバナンスが加盟国で独自に構築され，各国で企業法制度や上場規則等の原則が策定されることによって詳細に規定されるのである。そして，EUによって各国のコーポレート・ガバナンスを調和するプロセスは，アクションプランやEU会社法などの原則が策

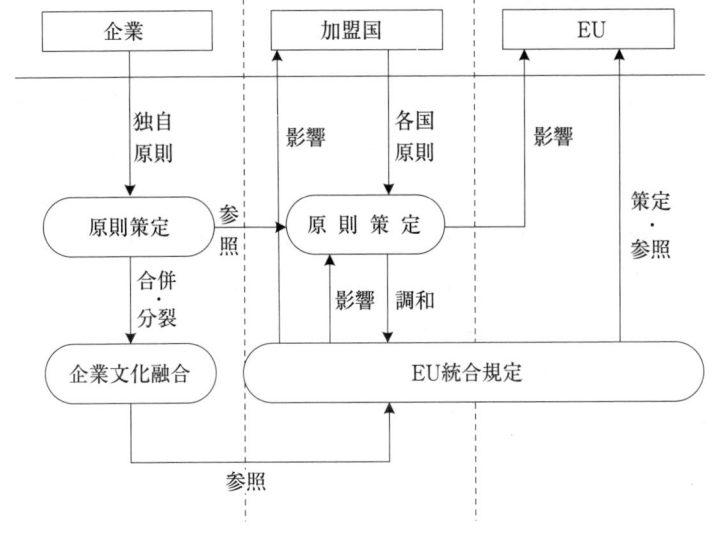

図5-5 企業・加盟国・EUのコーポレート・ガバナンス統合化

（出所）筆者作成。

定されることによって統合作業が促進される。さらに，企業が地域原則を参照してM＆Aを実施して企業文化を融合することによってコーポレート・ガバナンスの調和が進められるプロセスは，地域原則や各国内原則，MOUなどの原則によって企業間の統合作業が促進されるのである。

したがって，EUのコーポレート・ガバナンスは，図5-5に表したように，原則を利用して，加盟国のコーポレート・ガバナンスを調和した制度作りを，再度加盟国が取り入れることで進められていた。また，企業は，M＆Aによって企業の制度や文化などが融合することで，統合作業が進められるのである。くわえて，コーポレート・ガバナンス統合化の一連のプロセスのなかで，統合化の初期段階として，各加盟国のコーポレート・ガバナンスを調和することが，最も重要であるということを強調しなければならないのである。

5　おわりに

　EUにおけるコーポレート・ガバナンスは，EUレベル，加盟国レベル，企業レベル，のそれぞれでコーポレート・ガバナンスの統合作業が行われていた。まず，EUレベルでは，アクションプランなどの原則を用いて，加盟各国のコーポレート・ガバナンスを調和することで統合作業が促進されていることが明らかとなった。つぎに，加盟国レベルでは，SE法を国内法に置き換えることで，コーポレート・ガバナンスの統合作業が促進されていることが明らかとなった。そして，企業レベルでは，経営統合で原則が用いられることによって，コーポレート・ガバナンスの統合作業が行われていることが明らかとなった。

　EUにおけるコーポレート・ガバナンスは，(1)原則を参照しつつ，(2)加盟国のコーポレート・ガバナンスを調和した制度作りによって形作られ，(3)再度その制度を加盟国が取り入れ，(4)企業レベルではM＆Aによって企業の制度や文化などが融合されることで，統合作業が進められていた。これを統合地域に応用することで，EU以外の経済統合を模索する地域でもコーポレート・ガバナンスの統合を深化することができるであろう。この具体的な方策を明らかにし，統合によって業績が向上した国や企業を分析する必要があろう。

（注）
1）　EUの会社法とは，SE法，欧州有限会社法，欧州協同組合法，欧州経済利益団体規則，指令などを含むものとする。
2）　European Commission［2003］p.12.
3）　長期計画として，1977年第2号会社法指令の改正もアクションプランに組み込まれているが，これは2009年以降の中期計画の研究結果によるため，具体的な草案ではない。
4）　ECGF［2008］
5）　平田光弘［2008b］52頁。
6）　欧州委員会の調査は，2000年に実行され，2002年に発表された。
7）　たとえば，マルタは，会社法そのものがEU会社法を基礎として構築され，アイ

ルランドは，SE法を基礎とした改革によって一層型企業経営機構と二層型企業経営機構の選択性へと変化した。
8) ダイムラーとクライスラーのM&Aは，ドイツに拠点を置く企業とアメリカに拠点を置く企業のM&Aである。この事例は，制度や文化，慣習の違いによって統制することに失敗したものである。そこで，このような各国および各企業の多様性を調和することが必要なのである。
9) ArcelorMittal［2007］pp. 35-36.
10) ArcelorMittal［2007］p. 35.
11) Arcelor［2005］
12) Mittal Steel［2005］
13) ArcelorMittal［2007］
14) ここでは，各国のコーポレート・ガバナンスを調和することによる統合を明らかにするために，M&Aに焦点をあてた企業レベルの統合を明らかにした。しかし，企業レベルにおける統合は，企業独自の制度変更や取締役会の構成メンバーの変更，株主構成の変更などによってEU統合規定に沿うコーポレート・ガバナンスを実現することも可能であろう。

第6章

EUコーポレート・ガバナンスの拡大と創造
―企業競争力の強化と企業不祥事への対処―

1 はじめに

　欧州委員会は，1968年から会社法指令を制定し，域内の経営システムの調和を開始した。そして，2001年に欧州株式会社法（以下「SE法」という）[1]を制定し，EU加盟各国の会社制度を統合した。これにより，EU加盟各国の経営システムに共通性と高度な自由という息吹を埋め込んだ。このうえで，企業レベルで独自の経営システムが創造される基盤を構築したのである。一連のプロセスで，欧州委員会は，多様性を基礎としつつ，企業の経営活動の自由を最高度に尊重する経営システムを創り上げた[2]。さらに，EUの経営システムに経営の自由を埋め込んだ一方で，企業に対して独自に，持続可能な発展を可能とする「社会に信頼される企業」となるべく，「コーポレート・ガバナンス」や「企業の社会的責任」，「内部統制」，「危機管理」などの体制を整えることを期待したのである[3]。

　このように，今日の経営理論の新機軸となる可能性を秘め，あるいは，経営実践の礎となる自立性を探るという，EU地域の総合的研究は，あまりなされることがなかった。そこで，本章では，EU地域の企業経営について，同地域で最も中心的価値として存在感をあらわすコーポレート・ガバナンスを切り口として採用する。そのうえで，調和，統合，創造という3つの鍵概念を提示しつつ，EU地域における経営システムの現状と課題はもちろんのこと，企業経営が実践されるなかで，最も大きな問題として焦点をあてられつつあるコーポ

レート・ガバナンスに注目する。

2 経営システムの調和から統合へという道

(1) EUにおける地域的な会社法の調和

　EUにおいて，組織を健全かつ効率的に運営するために設定される組織の構造や制度である経営システムは，図6-1のように，調和と統合の2つを軸に発達している。この調和と統合の2つの軸は，調和を縦軸として，そして統合を横軸として位置づけられよう。具体的に，調和とは，経営システムが各国の歴史や文化のなかで形成され，やがて世界や地域レベルで経営システムの収斂

図6-1　地域統合型経営システムの調和・統合・創造

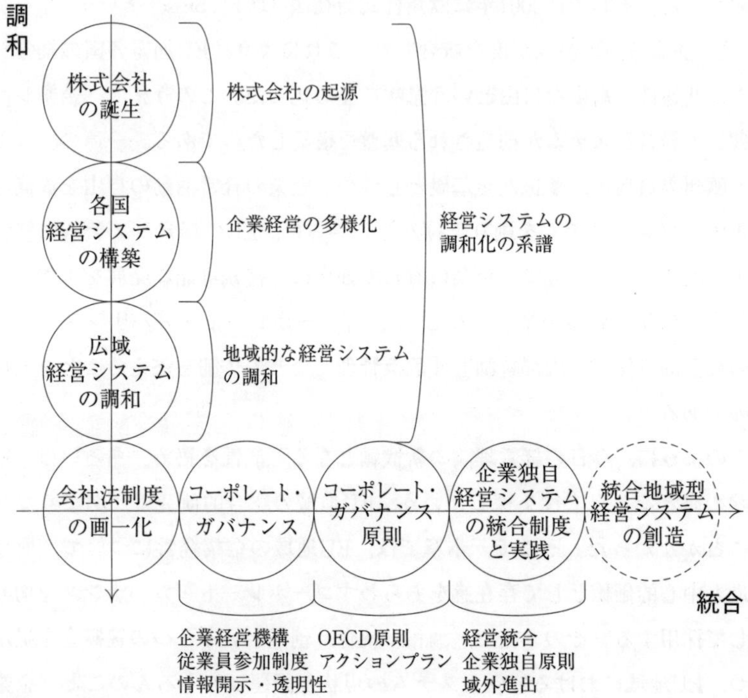

調和
- 株式会社の誕生 ── 株式会社の起源
- 各国経営システムの構築 ── 企業経営の多様化
- 広域経営システムの調和 ── 地域的な経営システムの調和

経営システムの調和化の系譜

- 会社法制度の画一化
- コーポレート・ガバナンス
- コーポレート・ガバナンス原則
- 企業独自経営システムの統合制度と実践
- 統合地域型経営システムの創造

統合

企業経営機構　　OECD原則　　　経営統合
従業員参加制度　アクションプラン　企業独自原則
情報開示・透明性　　　　　　　　域外進出

(出所)　筆者作成。

へと向かうことをいう[4]。そして，ここでは，統合は，経営システムの収斂が深化し，世界や地域レベルで共通のシステムとして構築することをいう[5]。さらに，創造は，調和，統合の過程を経て，統合地域に根付いた統合地域型の経営システムが形成されることをいう[6]。このような，調和と統合，創出の関係から，図6-1の縦軸は時間的な経過を示し，横軸は統合が求められる領域を示すのである。

まず，第1の縦軸の段階である「株式会社の誕生」では，経営システムが，17世紀にオランダにおいて，株式会社制度が誕生したことにより，ヨーロッパを起点として発展したことを示している。ここでは，誕生して間もない株式会社を如何に使いやすい制度として確立するのかが中心的論点であった[7]。つぎに，第2の縦軸の段階である「各国経営システムの構築」では，経営システムが，約400年の時をかけて，株式会社制度を中心として各国で高度に発展したことにより，各国の文化や歴史，慣習と密接に関係しながら，各国独自の経営システムとして確立したことを示している。ここでは，多様化した経営システムと企業経営を如何に様々な外部環境に対応できる制度として進化させるのかが中心的論点であった[8]。そして，第3の縦軸の段階である「広域経営システムの調和」では，多様化する企業経営とは対象的に，市場のグローバル化が進められ，企業が世界レベルで活動するようになり，地域的な経営システムの調和[9]を目指していることを示している。ここでは，多様化した経営システムを如何にEU独自の指令を用いて調和させるのかが中心的論点である。このような系譜のうえで，縦軸であるEUの会社法制度の画一化へと，今では歩を進めているのである。

ここで，満を持してEUにおける経営システムの発達は，統合という新しい軸の創出へ舵を切る。まず，第1の横軸の段階である「コーポレート・ガバナンス」では，経営システムが，画一化の会社制度を創設するために，EU型のコーポレート・ガバナンスの構築に熱心であることを示している。ここでは，EU型の企業経営機構や従業員の経営参加制度を如何に地域の価値観に適合させるのかが中心的議論である。つぎに，第2の横軸の段階である「コーポレー

ト・ガバナンス原則」では，経営システムが，コーポレート・ガバナンスを統合するために，原則策定機関による積極的な原則策定を示している。ここでは，欧州委員会が発表したたたき台としての『EUにおける会社法の現代化およびコーポレート・ガバナンスの改善（以下「アクションプラン」という）10)』を如何にEU型コーポレート・ガバナンスに形成させるのかが中心的論点である。具体的に，欧州委員会は，ヨーロピアン・コーポレート・ガバナンス・フォーラム（以下「ECGF」という）を開催してコーポレート・ガバナンスの近代化を目指した議論を進めている。ここでは，加盟各国の研究者や経営者が，近年の経営に関する問題に対処することや各国の証券取引所や公的な委員会によって策定されたコーポレート・ガバナンス・コードの先進的な取り組みを参考にしている。これにより，各国のコーポレート・ガバナンスを基礎とした改革がなされている。なお，調和や統合の難しい事項は，選択制を採用することで調節したのである。そして，第3の横軸の段階である「企業独自経営システムの統合制度と実践」では，経営システムが，EU独自型として企業に浸透し，独自のコーポレート・ガバナンスとして経験が積まれていることを示している。ここでは，企業の経営統合や分割，域外進出などを如何に企業レベルでのコーポレート・ガバナンス統合を効率化させるのかが中心的論点である11)。このような系譜のうえで横軸では，統合地域型経営システム創設へと，歩を進めるのである。EUは，統合地域型の経営システムとして，EU特有の会社形態であるSEと既存の各国法に基づいた会社形態を併用した。そして，SEは各国のコーポレート・ガバナンスを参考に構築し，各国法に基づいた会社形態は，指令や原則などを参考に改革されている。

　このようにEUにおける経営システムは，企業競争力の強化を目的として，気が遠くなるほどの道のりを経て地域型経営システムの創造へと歩を進めてきたうえに，現在も進められている。そして，今日では，経営システムの統合プロセスが，企業独自経営システムの統合制度と実践という企業レベルの統合にまで進んでいる。そこで，企業独自経営システムの統合制度と実践を，深く考察することが必要なのである。

(2) 経営システム統合に向けた政策

　経営システムを統合するプロセスのなかで，EUは，1968年から継続して指令を制定することで，加盟各国の国内法によって定められている経営システムを調和し，2001年にSE法として会社法を統合した[12]。とはいえ，EUが統合される以前から，加盟各国は，独自のコーポレート・ガバナンスを構築し，独特の発展を遂げていた。だが，企業経営がすぐさま国境をまたぐ今日において，あるいは経済統合を達成しようと意気込む地域において，各国独自の発展よりも，各国共通の経営システムを確立する道筋が，多くの者の支持を集めるのは必然である。

　そこで，市場経済の成長および利害関係者との共存を理想とした経営システムを創り上げるために，コーポレート・ガバナンスを主役に据えてEUの経営が語られることになるのである。まず，加盟各国のコーポレート・ガバナンス発展と浸透は，国内規定が，(1)上場規則に採用される，(2)会社法に取り入れられる，(3)各原則策定機関が参照する，(4)企業に直接的に影響する，などの4つの特徴を有する。つぎに，加盟各国で構築されたコーポレート・ガバナンスの統合化に向けたEUレベルの議論は，国内規定の調和に向けて，(1)欧州委員会による会議，(2)専門家ワーキング・グループの設立，(3)ECGFの開催，(4)アドバイザリーグループの設置，(5)アクションプランの作成，などの対応がなされた。そして，EUにおけるコーポレート・ガバナンスの制度的基盤の構築は，EU会社法に規定され，(1)加盟各国に対する法的拘束性，(2)大枠のみの規定による柔軟性，という性質を有している。

　このように，EUのコーポレート・ガバナンスの制度的基盤が形成されたことで，EU域内の企業は，柔軟な制度のもとで自由な経営活動が可能になった。なかでも，企業の合併や移転などによる経営システム統合では，自由度が格段に広がり，なんと企業レベルでも経営システムの統合に向けた実践が展開され始めたのである（後述のIAG，EASDの事例参照）。

(3) 企業の経営システム統合を促進する制度

企業レベルで経営システム統合に向けた実践が展開され始めた背景には，EU域内における企業の国境を越えた合併に関する制度的基盤の整備がなされたことを挙げられるのである。企業レベルでの経営システムの統合に関する制度は，おおむね，「1978年第3号会社法指令」，「2001年SEに関する規則」，「2005年有限責任会社の国境を越えた合併に関する指令」，の3つの制度的基盤による。

3つの制度には，合併計画書を作成することを規定しているという共通点がある。まず，第3号会社法指令には，図6－2の(a)，(b)，(c)，(d)，(e)，(f)，(g)などを合併計画書に記述することが規定された。また，SEに関する規則には，(h)，(i)を記述することが追加された。この背景には，SE法に，従業員の経営参加に関する規定が誕生したことで，これまで，従業員の経営参加制度が存在しなかった国でも，従業員の経営参加が可能になり，全ての加盟国で従業員の

図6－2　EUにおける企業の合併に関する制度的基盤

	1978 第3号会社法指令	2001 SE規則	2005 有限会社の国境を越えた合併に関する指令
概要	第3号会社法指令によって，各加盟国内における合併に関する制度は，共通の基盤へと改革された。	SEに関する規則によって，大規模株式会社の合併に関する制度は，異なる加盟国の国内法に規制される2社以上の国境を越えた合併によるSEの設立が可能な制度へと改革された。	有限責任会社の国境を越えた合併に関する指令によって，中小企業の合併に関する制度は，SEに関する規則において想定されていなかった中小企業の国境を越えた合併までもが可能な制度へと改革された。
合併計画に関する規程	(a)合併当事会社と新設会社の企業名と住所 (b)株式等の交換比率 (c)株式等の割当条件 (d)株主の権利の発生日 (e)合併当事会社の行為が合併交渉とみなされる日 (f)特別な権利を有する株主等に与える権利 (g)共同計画書作成者に与えられる特別な権利	(a)合併当事会社とSEの企業名と住所 (b)株式等の交換比率 (c)株式等の割当条件 (d)株主の権利の発生日 (e)会計上SEと認識される日 (f)特別な権利を有する株主等に与える日 (g)合併計画書作成者に与えられる特別な権利 (h)定款 (i)従業員の経営参加に関する事項	(a)合併当事会社と新設会社の法形式と称号，住所 (b)株式等の交換比率 (c)株式等の譲渡の詳細 (d)雇用に及ぼすと予測される効果 (e)株式または会社持分の所有者に権利を与える日 (f)合併当事会社の行為が合併交渉とみなされる日 (g)特別な権利を有する株主等に与える権利 (h)合併計画書作成者に与えられる特別な権利 (i)定款 (j)従業員の経営参加に関する事項 (k)合併後の積極財産と消極財産に関する事項 (l)合併条件決定にかかる当事会社の年度決算の期日

（出所）　筆者作成。

経営参加が可能になったことが挙げられる。そして，有限責任会社の国境を越えた合併に関する指令には，国境を越えた合併の特殊性を加味して，(d), (k), (l), がさらに追加され新しい時代を見据えた経営システムの興りを感じざるを得ないのである[13]。

だが，新しく興味深い経営事象だからこそ，まだまだ課題も多く存在することも認めなくてはならない。具体的に言及すると，EUにおいて合併が交渉される際に合併計画書が作成されるのであるが，ここに規定する事項は，会計に関する事項が多いことに触れざるを得ない。逆にいえば，企業経営機構などに関する事項は，従業員の経営参加に関する事項に留まっており，取締役の構成や社外取締役の独立性基準などに触れていない。つまり，EUの企業の国境を越えた合併の制度的基盤は，コーポレート・ガバナンスに関する規定を網羅しているとはいい難く，企業同士の交渉に委ねられているのである。これには，企業が自由に，コーポレート・ガバナンスの構造を決定できるという光の側面と，経営者が健全なコーポレート・ガバナンス構造を構築しない場合に，監視・牽制の仕組みが弱まる可能性があるという陰の側面がある。

3　企業の経営システム統合と原則の利用

(1) コーポレート・ガバナンスの構築プロセス

企業が合併し，統一したコーポレート・ガバナンスを構築するまでには，各合併当事会社が独自で構築できたコーポレート・ガバナンスを調和し統合し，そして再構築する必要がある。これが，吸収合併のように，明らかに買収企業と被買収企業が分かれている場合には，買収企業のコーポレート・ガバナンスを継続して使用することが多い。だが，合併当事会社を清算し新設合併のように新設会社を設立する場合には，新設会社の新たなコーポレート・ガバナンスの枠組みに両社が合意しなければならない。そこで，合併当事会社間で，合併計画書のほかに，『協定規約 (The Memorandum of Understanding, 以下「MOU」という)』などの合意書が交わされる。このMOUには，必然的に，コーポレー

図6-3 企業の合併におけるコーポレート・ガバナンスの構築プロセス

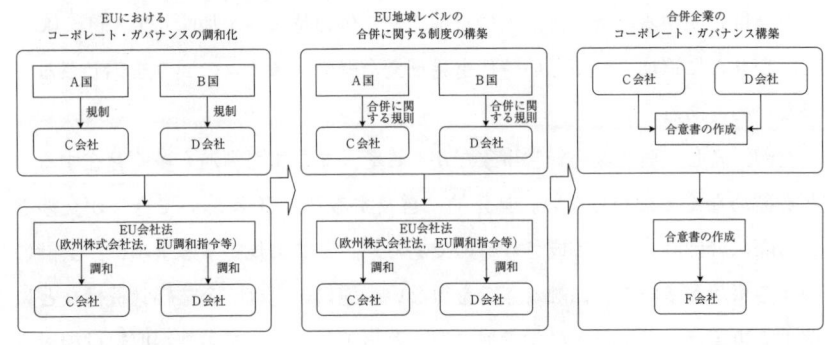

(出所) 筆者作成。

ト・ガバナンスに関する規定が盛り込まれることが多くなる。それだけではなく，取締役の構成や取締役会会長とCEOの権限の分離，社外取締役の独立性など企業経営機構の詳細な規定を有する企業も存在する。このことからも，MOUは，企業の国境を越えた合併において，企業独自のコーポレート・ガバナンスが規定され，コーポレート・ガバナンス原則としての役割を有する。

今までの論を，深みのあるものとするために，2010年末に新設会社「International Airlines Group (IAG)」を設立したブリティッシュエアウェイズ (BA) とイベリア航空 (IA) を例として取り上げる。BAとIAの2社は合併をしたことにより，業界再編が活発で企業が大規模化する傾向にある航空業界のなかで，ヨーロッパ第2位の乗客の輸送規模となる企業になった[14]。まず，BAとIAの2社は，2008年に合併交渉を開始した[15]。そして，2009年にMOUを策定し，IAGのコーポレート・ガバナンスの方向性を定めた。さらに，交渉開始から2年にも及ぶ長い交渉期間を経て，2010年に経営統合文書の調印に至ったのである[16]。

このようにしてIAGは，MOUにコーポレート・ガバナンスに関する規定を盛り込んだ。具体的に，IAGは，図6-4のように，一層型企業経営機構を採用し，取締役会を，14人で構成した。そのうち，11人は非業務執行取締役であり，BAとIAから，同割合で選出した。さらに，IAGは，MOUに取締役会内委

図6-4　企業のMOUに規定されたコーポレート・ガバナンス規程

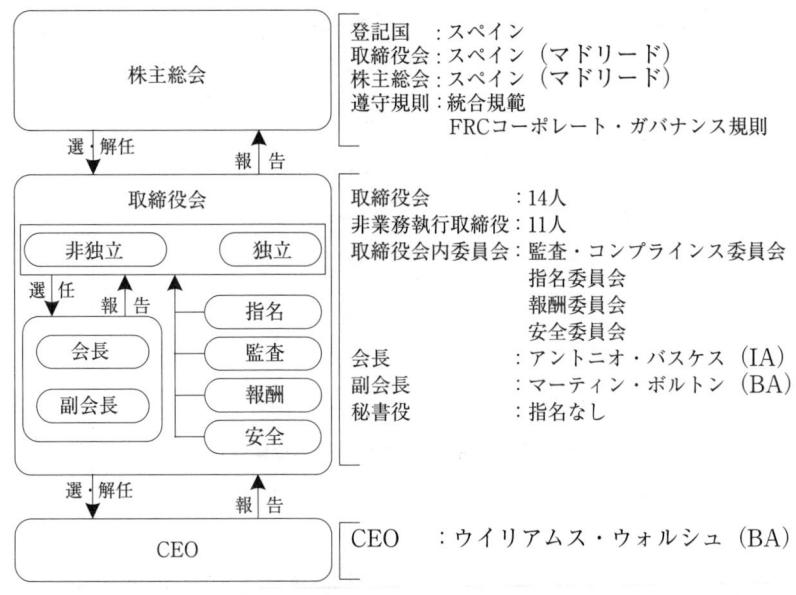

```
┌─────────────┐      登記国　　：スペイン
│   株主総会   │      取締役会　：スペイン（マドリード）
└─────────────┘      株主総会　：スペイン（マドリード）
   │選・解任  ↑報告   遵守規則　：統合規範
   ↓         │                　FRCコーポレート・ガバナンス規則
┌─────────────────────┐
│    取締役会          │      取締役会　　　　：14人
│ ┌──────┐ ┌──────┐  │      非業務執行取締役：11人
│ │非独立│ │ 独立 │  │      取締役会内委員会：監査・コンプライアンス委員会
│ └──────┘ └──────┘  │                　　　　指名委員会
│選任  報告  ┌──────┐│                　　　　報酬委員会
│ ┌──────┐ │ 指名 ││                　　　　安全委員会
│ │ 会長 │ ├──────┤│      会長　　：アントニオ・バスケス（IA）
│ └──────┘ │ 監査 ││      副会長　：マーティン・ボルトン（BA）
│ ┌──────┐ ├──────┤│      秘書役　：指名なし
│ │副会長│ │ 報酬 ││
│ └──────┘ ├──────┤│
│          │ 安全 ││
│          └──────┘│
└─────────────────────┘
   │選・解任  ↑報告
   ↓         │
┌─────────────┐      CEO　　：ウイリアムス・ウォルシュ（BA）
│    CEO      │
└─────────────┘
```

（出所）　IAG［2010］を参考に筆者作成。

員会に関しても規定を置き，監査・コンプライアンス委員会や指名委員会，報酬委員会，安全委員会などを設置した。IAGのMOUが定める内容は，取締役会内に独立社外取締役を2名含めることやCEOの責任などの法制度等で定められる以上に詳細な記述が含まれており，企業経営者自らが積極的に律する姿勢に対して，高く評価されるべきである。このように，MOUは，コーポレート・ガバナンスに関する規定を盛り込むことで，合併時に原則と同等の役割を持つルールを保有するのである。したがって，EUにおいて，EUの合併に関する制度に規定される合併計画書の内容に加え，独立社外取締役の規定や利害関係者との関係，CEOの責任などの健全で効率的な企業構造の構築を目指すコーポレート・ガバナンスに関する規定を盛り込んだMOUを策定することにより，企業独自の経営システムの基盤が生成されるのである。

(2) **企業経営統合におけるコーポレート・ガバナンス体制の変化**

2007年までは，国境を越えた合併の手続きが簡素化されたことで，EUにおける国境を越えた合併は漸増していた[17]。だが，2007年からは，サブプライムローン問題を発端とする金融危機などの影響を受け，国境を越えた合併は減少した。そして，2009年には，最低の水準を記録したが，2010年に入り，再び増加の傾向に転じたのである。揺れ動く経済のなか，ダイムラークライスラーに代表されるように，合併後に企業競争力が低迷し，最終的に分裂する事態も生じている。このような事態を少なくするために，国境を越えた合併に踏み切った企業は，合併当事会社間の経営システムの相違点をなくすために，企業独自組織の模索を目的とした実践に最大限の努力をもって取り組むべきなのである。

図6－5　企業統合による新企業経営機構の分類

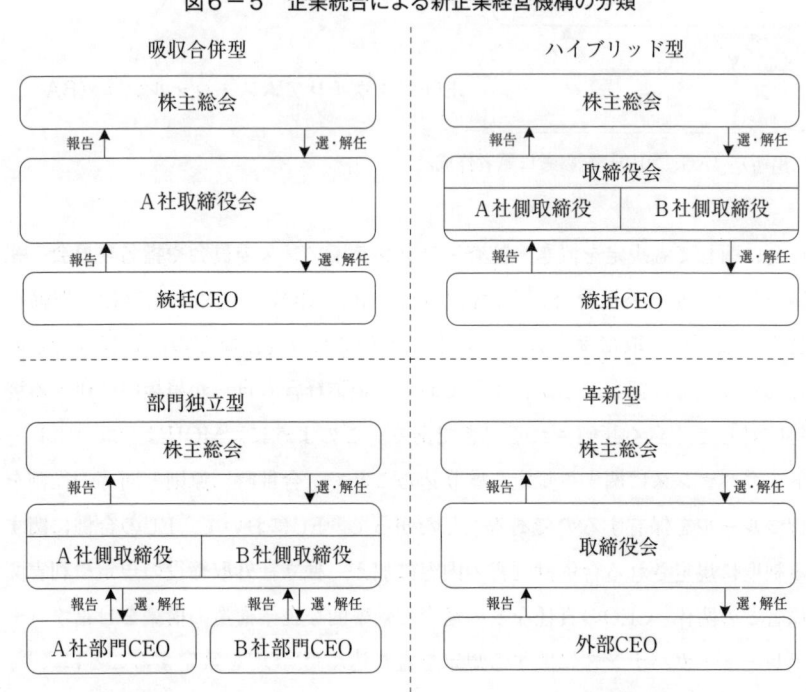

吸収合併型

株主総会 → 報告／選・解任 → A社取締役会 → 報告／選・解任 → 統括CEO

ハイブリッド型

株主総会 → 報告／選・解任 → 取締役会（A社側取締役／B社側取締役）→ 報告／選・解任 → 統括CEO

部門独立型

株主総会 → 報告／選・解任 → A社側取締役／B社側取締役 → 報告／選・解任 → A社部門CEO／B社部門CEO

革新型

株主総会 → 報告／選・解任 → 取締役会 → 報告／選・解任 → 外部CEO

（出所）　筆者作成。

そして，その中心的役割を果たすのが，コーポレート・ガバナンスなのである。コーポレート・ガバナンス体制は，合併の状況や背景，目的などにより異なるのであるが，おおむね図6－5のように分類できる。

具体的には，まず，(1)吸収合併型は，サノフィ・サンテラボによるアベンティスの吸収合併を例に挙げられよう。両社が合併して誕生したサノフィ・アベンティスの企業経営機構は，サノフィ・サンテラボが採用していた一層型企業経営機構を採用し，主要な経営者は，サノフィ・サンテラボの経営者が選出された。このように，吸収合併型は，1社が採用していたコーポレート・ガバナンスをほぼ採用するものである。

つぎに，(2)ハイブリッド型は，BAとIAの合併を例に挙げられよう。両社が合併して誕生したIAGの企業経営機構は，両社が共に採用していた一層型企業経営機構を採用し，経営者は，両社から等しい割合で選出された。このようにハイブリッド型は，各合併当事会社が構築するコーポレート・ガバナンス体制を合併交渉により，平等に構築するものである[18]。

そして，(3)部門独立型は，ダイムラーとクライスラーの合併を例に挙げられよう。両社が合併して誕生したダイムラークライスラーの企業経営機構は，ダイムラーが採用していた二層型企業経営機構を採用し，経営者は，両企業から等しい割合で選出されたが，内部では両社部門が独立しており，本社も両部門が独自で有していた。このように部門独立型は，各合併当事会社が対等な立場でありつつも，部門が独立して経営者を有するコーポレート・ガバナンスを構築するものである[19]。

さらに，(4)革新型は，ドイツに所在地を置く企業の合併を例に挙げられよう。たとえば，両社が合併してSEを設立した企業の企業経営機構が，イギリス型の一層型企業経営機構を採用し，経営者も一新され，新たな経営者が選出される場合である。このように，革新型は，これまで採用できなかった新たな企業経営機構を採用し，さらに企業独自で改革して，コーポレート・ガバナンスを構築するものである。

(3) コーポレート・ガバナンス原則の3段階の役割

EUにおける原則は，EUレベル，国内レベル，企業レベルの各段階で策定され，異なる役割を有している。まず，EUレベルで策定される原則は，各加盟国や各企業に参照され，域内のコーポレート・ガバナンスの共通基盤としての役割を持つ。また，国内レベルで策定される原則は，EUレベルで策定される原則を参照して策定され，国内会社法や上場規則に直接的に影響することで，EU型コーポレート・ガバナンスを進化させる役割を持つ。そして，企業レベルで策定される原則は，EU型のコーポレート・ガバナンスに適合しつつ，経営環境に適合したコーポレート・ガバナンスを創造する役割を持つ。このように，EUにおけるコーポレート・ガバナンスは，原則を中心として統合されているといっても過言ではないのである。このEUの原則を活用してより良いシステムを模索する経営システムの進化の過程を図に示すと図6－6のように，調和，統合，創造の過程を辿るのである。

まず，EUにおけるコーポレート・ガバナンスの構築は，EUレベルで調和が試みられる。ここでは，各国の原則や会社法，上場規則や商慣習などを調和したEU原則が，EU型経営システムの制度的基盤を形成する。具体的に，EUレベルでは，2001年のSE法や2003年のアクションプランなどが策定され，EU共通の枠組みを作りあげるのである。なお，これらのEUレベルで策定された原則によって，域内のコーポレート・ガバナンスに一定の共通性が芽生え，

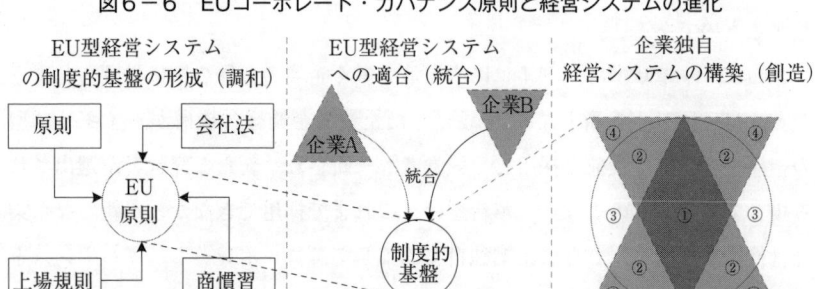

図6－6　EUコーポレート・ガバナンス原則と経営システムの進化

（出所）　筆者作成。

EUにおけるコーポレート・ガバナンスが調和されるのである[20]。これらの原則は，基本的には，企業の経営活動を縛ることが目的ではなく，企業経営を円滑化するための最低限の規定である。

つぎに，EUにおけるコーポレート・ガバナンスの構築は，加盟各国レベルで統合される。ここでは，各国の制度が，EUの制度的基盤に適合した制度を設計する。具体的に，加盟各国レベルでは，EUレベルで策定されたアクションプランなどの原則を参照し，コーポレート・ガバナンス・コードの策定や会社法などの改訂を実施し，EU型経営システムに適合させるのである。たとえば，加盟国に適用の方法が任せられている指令の適用状況は，2008年に最も適用が遅れていたチェコで約60％の適用に留まっていたが，2011年に，指令を100％適用しており，加盟国による急激な改革がなされたことを理解することができる[21]。なお，これらの各国レベルで策定された原則によって，域内のコーポレート・ガバナンスの共通性は強化され，EUにおけるコーポレート・ガバナンスが統合されるのである。これらの原則は，EUレベルで策定された原則をより具体的にした内容となり，企業に対する規制や監督をすることを目的とし，企業の効率的で健全な経営活動を促進するという性格を有している。

そして，EUにおけるコーポレート・ガバナンスの構築は，企業レベルで新たな経営システムとして創造される。ここでは，企業レベルの原則が，経営システムをEU型経営システムに適合させつつも，企業独自経営システムを構築する。具体的に，企業レベルでは，EUレベルで策定された原則と加盟各国レベルで策定された原則を参照し，合併時のMOUやコーポレート・ガバナンス改革のために策定される独自原則によって，企業独自経営システムが構築されるのである。これらの企業レベルで策定された原則によって，各企業の経営環境に適合した経営システムが創造されるのである。なお，これらの原則は，企業が個別に経営目標と企業戦略などを加味し，それぞれの経営環境に適合した経営システムの構築を目指しているという性格を有している。

くわえて，企業レベルで統合された経営システムは，図6－6に示されるように，より重なりが深い領域や重なりがない領域や，EU型経営システムに適

合しきれていない領域がある。ここで，特筆すべき領域は，③と④の領域である。まず，③に示される領域は，EU型経営システムに適合しきれていない領域であり，依然として加盟国レベルの改革が追いついておらず，継続してEU型経営システムに適合する必要がある領域である。たとえば，2008年にチェコが改革に着手していなかった透明性に関する指令や株主の権利に関する事項がこれにあたる。また，④に示される領域は，円で示したEU型経営システムには予定されていない領域であり，ここに企業の独自性が創造されるのである。

4 企業競争力を基盤とした経営システムの形成

(1) 企業競争力の強化という絶対的価値観

　EUにみられる会社システムの調和，統合，創造の各作業（会社システムの統合作業）は，最終的に企業経営に役立つものでなければならない。つまり，経営システムの改革は，企業の業績と結びつかなければならないのである。とくに，企業の経営システムの中心をなすコーポレート・ガバナンスには，企業競争力の強化と企業不祥事への対処という2つの役割がある。議論を振りかえると，まず，企業競争力の強化という役割は，営利を目的とする企業が継続して事業活動を営むために不可欠な役割である。また，企業不祥事への対処という役割は，企業の負の一面を改善もしくは防止し，正の経営活動へと戻す役割にすぎない。つまり，企業は，企業不祥事が発生すると社会からの信頼を失い，結果的に企業競争力の低下を招くため，企業不祥事への対処を疎かにしてはならないが，企業競争力の強化という役割が最も重視されるべきなのである。

　そもそも，EU統合は，1945年に幕を閉じた大戦によって低下したヨーロッパの経済を再成長させることを目的としていた。そこで，EU域内の市場を統合し，市場を拡大することで域内経済の活性化を目指したのである。この統合市場を効率的に運営する方策として，域内の会社法を統一することを模索した。しかし，企業経営機構や従業員の経営参加に関する制度の調和に苦戦したことは，共通の会社形態を創出することと域内の会社法を調和することを促進した。

そして，これらを実現するために，欧州委員会を中心として，多くの機関が原則の策定を活発化させていったのである。

たとえば，2002年に会社法専門家ハイレベル・グループによって策定された『ヨーロッパの会社法のための近代的な規制枠組み（以下「ウインター報告書」という）[22]』は，①域内市場を最大限に利用すること，②資本市場を統合すること，③現代の技術の利点を最大にすること，④EUの拡大，⑤新たな問題への対処，の5つを目的とした。いうまでもなく，議論の中心は，株式会社の域内活動の自由化である。それは，株式会社のために，市場の拡大や統合，技術革新により，企業競争力の強化が目指されたからである。

このようななかで合併を模索する企業は，おおむね，①市場のシェアを最大化すること，②中心とする市場を統合すること，③技術革新により利益を最大化すること，④市場を拡大すること，⑤最近の経営問題によって生じる課題に取り組むこと，などを目的として，合併へ踏み切るのである。いうまでもなく，企業は，営利を目的とするため，企業競争力の強化を目的として合併を模索するのである。それは，合併などによって創出される経営システムは，企業競争力を強化できなければ意味がないからである。

EU統合の背景やEUの原則，企業の合併は，最終的に企業競争力の強化を目指すものである。したがって，企業競争力の強化と同時に構築される企業不祥事への対処を目的とするシステムの構築は，企業の負の一面を払拭し，不祥事を起こさないことで，社会に信頼される企業へと昇華させ，企業競争力の強化を同時に実現するものでなければならない。そのため，EU域内の企業には，EUのコーポレート・ガバナンス構造を受け入れるかどうかの葛藤が存在している。近年では，取締役会の構成に，性別の比率や国籍の比率を考慮するべきであるというグリーン・ペーパーが策定されるなど，より詳細な内容に及んでいる。これについては，既に，コーポレート・ガバナンス・コードにより規定する加盟国が出てきているが，企業は必ずしもこれを遵守していないという現状がある。このような，葛藤のある規定に関しては，経営の自由度を確保することを目的として，遵守しない場合にコーポレート・ガバナンス報告書でその

理由を説明することが勧告により，定められている。くわえて，企業不祥事への対処を企業競争力へと転換するために，企業はあらゆる利害関係者と企業をつなぐ役割を有する情報開示を徹底し，企業内外に情報を公開することも必要である。

(2) EU型経営システム統合が加盟各国へ与える影響

市場を統合し，企業が自由に経営活動を行うことが可能になり，EU全体の経済活動に限らず，加盟各国にも影響が及んでいる。具体的に，政治レベルでの統合が難しい分野を企業レベルで達成できる可能性が出てきたことと，有力企業の流出が進んでいる加盟国が存在すること，の2つは重大な価値観の相違を生むのである。このなかでも，特に後者の相違は，政府の企業経営への関与という問題をはらんでおり，このような負の影響に対処することがEU統合の課題なのである。

まず，企業の自由な経営活動が可能になったことで，政治レベルでは難しい分野の統合を企業レベルで達成している。たとえば，EADS (European Aeronautic Defence and Space Company) の，フランス政府とスペイン政府の共同出資が挙げられる。EADSは，ヨーロッパ地域レベルで活躍する世界有数の航空宇宙防衛会社であり，兵器製造部門では，軍事航空機やミサイル，宇宙ロケットの製造・販売をしている企業である。このような軍事兵器を扱うEADSは，フランス政府所有会社であるSOGEADEとスペイン政府所有会社であるSEPIを主要株主としている。つまり，EADSは，フランス政府とスペイン政府が共同出資した軍事兵器を扱う企業なのである。EUでは，多様性を保持するために，基本的には加盟国が多くの権限を有することから，軍事政策や税制など多くの分野で統合が進んでいない[23]。しかし，企業レベルでは，軍事兵器の製造も統合が実は進んでいる。このように，政治レベルでは統合が難しい部門も，企業を中継することで，緩やかな統合を実現できる可能性を持っていることは，とても興味深いことなのである[24]。

また，企業の自由な経営活動が可能になったことで，本拠地を西ヨーロッ

パへと移転する有力企業が出てきた。たとえば，2004年にいち早くSEに転換したエルコテック（Elcoteq SE，2005年にElcoteq Network Corporation SEから改称）による，2008年のフィンランドからルクセンブルクへの本拠地の移転が挙げられる。エルコテックは，世界で活躍する電子機器製造会社である。エルコテックは，主要な顧客と地理的に遠いフィンランドから，主要な顧客と地理的に近いルクセンブルクへ移転したのである[25]。つまり，フィンランドにとっては，自国の有力企業が他国へと移転したことになる。EUでは，SE法によって，SEの登記住所を他の加盟国へ移転することが可能になったために，この移転が実現したのである[26]。SE法では，本拠地を移転する場合に，(1)登記するオフィスの提案，(2)新しい定款の提案，(3)従業員の経営参加に対する影響，(4)移転の日程表，(5)株主や債権者の権利保護のための権利，などを含む提案書を作成することが求められており，従業員や株主，債権者の権利保護が目指されている[27]。しかし，EUの統合は，いまだ税制の統合には歩を進めていないため，SEが移転することによって，移転元の加盟各国の税収に影響を及ぼし，間接的に地域住民等の生活に影響を与えているのである[28]。

　上記で示した有力企業の流出は，加盟国による企業経営への関与という問題に結びついている。たとえば，フランス企業のサノフィ・サンテラボによるフランス企業とドイツ企業の合併によって誕生したアベンティスの買収である[29]。この買収劇は，企業規模がアベンティスの半分程度であったサノフィ・サンテラボをフランス政府が支援したことによって実現した[30]。このような，企業の買収に加盟各国の政府が介入することは，市場の公平性を保持するためにも厳に慎まなければならない。このような，市場の統合によって生じる問題は，まだまだ未熟な経営システムの姿を露呈し，経営の自由が制度として確立していないことを表面化させたと評価するのである。

(3) 新たな会社制度創造の可能性

　最近では，企業が合併などにより経営システムを統合することによって，企業自体の経営システムはもちろんのこと，加盟各国にまで影響を及ぼしている。

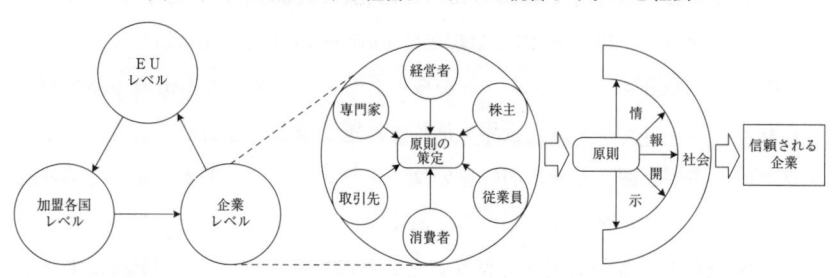

図6-7　EUにおける経営システムの統合サイクルと社会

（出所）　筆者作成。

　詳しく説明すると，EUレベルで調和されたコーポレート・ガバナンスが，加盟各国で統合され，そして企業で創出されると，加盟各国にも正の影響を与えている。つまり，企業レベルで創出された経営システムを基に，EU型の経営システムを構築するという逆現象が生じているのである。

　ここで，注目すべきなのが，企業レベルで創出される経営システムである。経営者は，会社が営利を目的として存在しているのであるから，利益最大化を目的として経営システムを構築しなければならない。そのために，企業競争力を中心とした経営システムを創出する。ここでは，社会や企業の利害関係者の権利を阻害する経営システムが構築される可能性を心配しなければならない。これを克服するために，MOUや企業独自原則を策定する際には，外部の視点を大切にする必要があろう。企業独自原則の策定には，多くの視点が必要である。つまり，企業と利害関係にある外部者の視点が必要なのである。このとき，第1義的利害関係者であるといわれている株主や債権者はもちろんのこと，一般に第2義的利害関係者をも含める必要がある。具体的には，第1義的利害関係者である①経営者，②株主，③従業員に加え，第2義的利害関係者である④消費者，⑤取引先，⑥専門家（法学，経営学，経済学）などが議論に参加して，経営システムを構築することが必要であろう。そして，第1義的利害関係者は競争力を主題として，第2義的利害関係者は監視・牽制の仕組みを主題として，議論に参加するべきなのである[31]。

　企業経営の意思決定に利害関係の薄いとされる消費者などの第2義的利害関

係者を含めることには，意見が分かれるところであろう。しかし，社会や利害関係者の権利保護は，企業の社会的責任や社会貢献などとともに，声高らかに叫ばれている。このような，企業の社会的な活動は，企業のイメージアップ戦略などに用いられ，正常な役目を発揮しない可能性がある。真に社会や利害関係者の権利を保護しようとする場合に，企業の基盤となる原則の策定において社会や利害関係者が直接的に関与できるシステムを構築する必要があるのである。とくに，歴史的に従業員の経営参加制度が存在し，社会的責任を重視するEUにおいては，十分に実現可能であると考えられる。ただし，このような社会から企業への一方的な関与だけでは，不十分である。社会や利害関係者が直接的に関与して策定された原則は，企業に根付くとともに情報開示され，社会に公開されることで，最終的に企業が社会から信頼を得なければ意味がないのである。

5 おわりに

EUにおける経営システムの統合は，原則が核となり，EUから加盟国へ，そして企業へと浸透していた。まず，EUレベルでは，加盟国が構築した既存の経営システムをSE法や指令により，EU共通の枠組みを有する制度が各国に浸透した。つぎに，加盟国レベルでは，EUレベルで統合された経営システムを加盟各国が国内法化することにより，域内の経営システムが調和された。そして，企業レベルでは，企業独自の経営システムを構築する際にコーポレート・ガバナンス原則を策定することで，EUのコーポレート・ガバナンスが浸透した。さらに，EUにおける経営システム統合を原則の活用に焦点をあてて考察すると，企業の合併やコーポレート・ガバナンス改革には，原則が積極的に用いられていることが明らかになった。

そのような，経営システムの創造は，企業が営利を目的としており，企業競争力の強化をという絶対的価値観を基盤としたものであった。くわえて，社会からの信頼を得るために，MOUや原則が策定される会議に，利害関係者が積

極的に参加できるシステムを構築し，企業不祥事への対処を実現するべきであることが明らかになった。さらに，EU市場の統合により企業の移転や合併が促進されたことは，加盟国にも有力企業の流出や加盟国レベルでの統合の促進などの多くの影響を与えていることが明らかになった。

本章での論は，企業独自の取り組みではなく，制度として利害関係者を保護しつつ，企業の経営システムを統合する方策が，企業の経営システム統合の課題であると浮かび上がる。つまり，企業の取り組みを制度として構築することが今後の課題として挙げられ，次なる論で解決に導かなければならないのである。

(注)
1) SEを規定する「SEに関する規則」と「従業員の経営参加に関するSE規則を補完する理事会指令」の2つを総称してSE法という。
2) 小島大徳 [2009a] 95頁.
3) 「社会に信頼される企業」については，平田光弘 [2008a] を参照のこと。
4) 小島大徳 [2009a] は，調和について，「国際社会が基盤となって各国は協調や調和を行うのであり，…(中略)… 1国の枠組みでは，その国の民族や文化，積み上げられてきたシステムや蓄積されてきた慣習に基づいて，国家の枠組みが形成される」と述べている (小島大徳 [2009a] 129頁)。
5) 平田光弘 [2008b] は，「欧州統合の構想は，経済統合，社会統合，政治統合，の三つからなっている」と述べている (平田光弘 [2008b] 51頁)。このことから，統合とは，領域ごとに収斂させることであることが理解できる。そして，明山健師 [2011d] は，EUの経営システムがコーポレート・ガバナンスおよび原則，企業独自の経営システムが統合に向かうプロセスを明らかにした (明山健師 [2011d] 77-86頁)。
6) 松行康夫 [1998] は，システム進化を主軸とするプロセス中心の世界観のなかでは，創造性が究極的に追求されたことを明らかにした。このことから筆者は，究極的に新たなシステムの「創造」に行きつくべきであると考えている (松行康夫 [1998] 132頁)。
7) 株式会社は，オランダ東インド会社を起源とし，資本の調達を主目的として誕生した。そして，会社を永続事業体として確立し，有限責任や準則主義など現代的な会社制度へと確立する概念が取り入れられたのである。
8) 企業は，経営の国際化により，世界各国に株主や消費者，顧客などの利害関係者を有することになり，各国の影響を受けることになった。なかでも，株主は世界各地に分散し，経営者支配状態になった後，アメリカを中心として，「物言う株

主」が誕生して，企業に影響を与えたことが，特徴的である。また，これらの世界中に分散した利害関係者との関係を良好に保つために，各国からの要求に対応した制度を構築したのである。
9) 地域的な経営システムの調和とは，EUのように，各国の経営システムに一定の共通性を持たせ，域内の経営システムの相違を小さくすることをいう。具体的に，欧州委員会は，株主の権利や企業の買収などの一定の共通性をもたせる必要がある制度に関する指令を制定し，加盟国に指令を遵守した制度の改革を求め，各加盟国の状況をwebで公開している。
10) European Commission ［2003］
11) 後述するMOUなどの企業独自原則によって，企業の経営統合が進められる。
12) SE法を定めるまでに，二層型経営機構への統一を目指すドイツと一層型経営機構を採用する加盟国との意見の対立の壁を乗り越え，前述した選択型などを採用したのである。
13) Directive 2005／56／EC, Article 20.
14) 『日本経済新聞』2009年11月13日夕刊
15) 『日本経済新聞』2008年17月30日朝刊
16) 『日本経済新聞』2010年17月5日朝刊
17) 国境を越えた合併の取引数は，Thomson Reuters ［2010］p 8.を参照のこと。
18) 企業経営機構の形態は，ハイブリッド型の企業経営機構を構築する場合であっても，最低限，法に定められた形態を採用する必要があるため，本拠地を置く加盟国の形態を選択する必要がある。
19) ダイムラークライスラーの合併は，対等合併として発表されたが，実質的にダイムラーが優勢であった。また，このように部門が分裂することで，企業内部で部門ごとに対立し，統制が図れなくなる恐れがある。
20) たとえば，チェコで策定された原則などは，アクションプランを参照して策定された。
21) 具体的に，欧州委員会ウェブサイト内「Transposition of Company Law and Anti-Money Laundering Directives」によると，チェコでは，2008年時に，透明性に関する指令や株主の権利に関する指令などを適用していなかったが2011年までに国内法を改革した。
22) The High Level Group of Company Law Experts ［2002］
23) 統合が進んでいない分野には，多様性を保護することを目的として，意図的に統合していない分野も含まれる。
24) 軍事兵器の製造が進んでいることは，軍事兵器が標準化されていることを意味し，これに加盟国が出資することは，加盟国間で高度な信頼関係が構築されていることを意味する。
25) エルコテックの本拠地の移転については，ウェブサイトを参照。
26) Council Regulation ［EC］No. 2157／2001,Artcle 8.1.
27) Council Regulation ［EC］No. 2157／2001,Artcle 8.2.

28) 市場の統合が進み企業の本拠地移転が容易になったにも関わらず，各国の財源となる税制が統合されていないために，結局制度的に格差が残り，経済的に先行する国に有利な市場が形成されてしまうのである。
29) アベンティスの合併に関しては，明山健師［2010b］172-174頁を参照のこと。
30) 奥村皓一［2007］32頁.
31) 近年の大規模な企業不祥事は，本来企業を監視・監督する役割を有するはずである社外取締役や株主，従業員が企業を擁護する場合がある。しかし，企業不祥事の被害は，消費者や地域住民が受ける場合が多い。たとえば，2011年の東京電力の原発事故は，本来企業を監督する役割を有する株主（銀行など）が東京電力に融資することで擁護したが，放射能の被害は地域，住民だけではなく世界中におよんでおり，さらに広い視点で経営を監視・監督する必要がある。

第Ⅲ部
EUコーポレート・ガバナンスと企業の実践

第7章

EUにおけるコーポレート・ガバナンス原則
―経済統合地域における企業制度改革の羅針盤―

1 はじめに

　経営者が中心となり共通した経営システムの必要性を認識し始めた1990年代後半，OECDは，コーポレート・ガバナンス原則（以下「原則」という）策定の先導役を買って出た。コーポレート・ガバナンスの世界標準化へ，思い切って舵を切ったのである。これにより，私たちは立ちはだかるグローバル化の種々の大波を漕ぎ分け，正なる針路へと導き，水平線の向こうへと到達させる海図を手に入れたのである[1]。経営の世界で海図の役割を果たす原則は，多様な主体や目的，内容を有し，まさに大航海時代を思わせる激烈な現代に不可欠な航海用具である。そうであるからこそ，船ごとに形状や機能が少しずつ違う航海用具を，普遍化し基準化する作業も，一方で進められている。
　さて，近時，原則に新たな役割と使命が加わった[2]。これにより，混沌とした政治と経営の世界に差し込む光をもたらした。政治の領域で原則は，各国間の企業法制度に関する条約としての機能をもたらした。経営の領域で原則は，企業の合併と統合をする契約としての機能をもたらした。このようにますます拡大する原則の役割を目の当たりにすると，コーポレート・ガバナンスは原則を介し，新しい時代的要請と役割を引っ提げ，政治と経営の両領域からコーポレート・ガバナンス・システムを融和し，最良なる企業経営実践の姿が露わになるはずである。
　このような一見すると漠然とした研究の羅針盤は，社会と企業の関係を重視

するEU地域に注目すると，経営学が発展してきた長い歴史のなかで，コーポレート・ガバナンスの基本的な概念を見抜くための，具体的な研究の航路を示す。そこで遥か彼方の目標地点に眼を置くと，欧州委員会は，単一市場を創出し，効率的に機能させるために，EU域内のコーポレート・ガバナンスの根底に一定の共通性を持たせることの必要性に気がついたのであろう。欧州委員会は，多様性と画一性という2つの相反した性質を単一のシステムに組み込むという苦悩を乗り越えようと，新たな方策を打ち出しそうとしているのである。ただ，いまだにEUは，隠しきれない2つの後悔を乗り越えられていない。これを克服することこそが，新時代の経営学の使命を浮き彫りにするのである。

2　政治領域におけるコーポレート・ガバナンス原則

(1) EUにおけるコーポレート・ガバナンス原則策定の系譜

　コーポレート・ガバナンス原則は，2003年頃から地域調和の潮流に突入した[3]。ヨーロッパだけではなくアジアやアフリカでも，地域各国におけるコーポレート・ガバナンスの調和を目指した原則が多く策定されてきている。そもそも経済統合地域における原則は，1つにOECDなどの国際公的機関によって策定されるものと，2つに各国政府によって策定されるものがある。特に2つ目は，各国政府自らが域内の単一市場を活性化させることを目的として策定する原則であるため，企業経営により直接的な影響を与える原則なのである。なお，このような2つの主体により，経営システムを平準化する過程を「調和」と表現する。殊にEUにおけるコーポレート・ガバナンスは，「調和」を鍵概念として展開しているのである。

　EUにおいてヨーロッパ型の経営システムを創出しようとする試みは，1968年の指令から継続的に進められてきた。当時，欧州委員会は，統一的な会社制度の創出を目指し1980年代後半まで精力的に指令を制定していたが，従業員の経営参加や経営システムを統一することに難航したために挫折した。ところが，十数年の停滞はあったが，実務界からの強い要望を背景に，粘り強い交渉と

数々の妥協の末，2001年に『欧州株式会社（SE）に関する規則[4]』と『従業員の経営参加に関するSE規則を補完する理事会指令[5]』を制定することができた。これにより，長年の懸案が一気にコーポレート・ガバナンス統合への期待へと，劇的に変化したのである。

改革は加速度的に速まり，欧州委員会は，2001年に，会社法専門家ハイレベル・グループを組織した。そして，会社法専門家ハイレベル・グループは，2002年にEUにおけるコーポレート・ガバナンスの方向性を定めるために，『ヨーロッパの会社法のための近代的な規制枠組み（以下「ウインター報告書」という）[6]』を策定した。これを受けて，欧州委員会は2003年に『EUにおける会社法の近代化およびコーポレート・ガバナンスの改善（以下「アクションプラン」という）[7]』を策定した。その後，欧州委員会は，アクションプランをコーポレート・ガバナンス構築の柱として，経営システムの総合的改革を進めるという道筋を辿る。

アクションプランに従って，欧州委員会は，ヨーロピアン・コーポレート・ガバナンス・フォーラム（ECGF）を設立した。ECGFは，加盟各国の経営システムに反映可能な実践について議論し，域内におけるコーポレート・ガバナンスの調和を目的として活動している。このECGFは，積極的に会議を開催し，EUにおいて基幹となる原則を次々と世に送っており，その一挙手一投足を注視しなくてはならない。

(2) EU機関のコーポレート・ガバナンス原則

周知の通り，EUでは，欧州委員会が中心となって，コーポレート・ガバナンスを柱とした会社制度改革を実行している。欧州委員会の取り組みのなかで，最も重要な役割を有しているのは，アクションプランである。このアクションプランは，イギリスの『統合規範[8]』や『OECDコーポレート・ガバナンス原則―1999―[9]』などの原則を参照して策定されており，グローバル化した市場に対応するコーポレート・ガバナンス構造の確立を視野に入れている。くわえて，重要な役割は，ECGFなどのコーポレート・ガバナンス改革を促進する機

関の設立を要請しつつ，その後の改革の指針を明確に指し示したことであった。

ECGF設立後は，公的機関であるECGFが『遵守か説明か[10]』をはじめとして，継続的にステートメントを策定している。その内容は，(1)『遵守か説明か』，(2)『危機管理と内部統制』，(3)『資本と支配の比例性』，(4)『国境を越えたコーポレート・ガバナンス・コード』，(5)『役員報酬』，(6)『議決権行使と株主地位』，(7)『上場企業の関係者間取引』，(8)『上場企業の重要な決定』の8つである。ここで，ステートメントの内容を総括すると，ECGFは，多様性の保護という観点から，厳格で統一的な規定は必要ないとしているが，複数の市場で上場する企業が複数のコーポレート・ガバナンス・コードを遵守することには否定的であり，原則として単一のコーポレート・ガバナンス・コードを遵守すれば良いとしていることが最大の特徴である。

ECGFの策定したステートメントは，EU会社制度に多大な影響を与えている。具体的に，このステートメントを基にして，欧州委員会によって委任された機関による調査や欧州委員会による指令の制定と改訂がされるのである。そうして，ECGFの議論が指令として制度化されることにより，加盟国の会社制度に影響を与え，加盟国のコーポレート・ガバナンスが平準化されるのである。なお，ECGFの活動は，Webで随時公開しており，誰にでも参照可能であるため，市民や他の機関からの意見を活かした原則を策定できることも近年の特徴である。

(3) 国際機関のコーポレート・ガバナンス原則

EUにおける原則は，まず，アクションプランが，OECD原則—1999—を参照して策定された。また，2008年に『EUにおけるコーポレート・ガバナンスへのアプローチ[11]』が，OECDが世界銀行グループと共同して設立したGCGF（Global Corporate Governance Forum）によって策定された。このGCGFが，今までのOECD原則などの議論の積み重ねを土台として，EUにおけるアクションプランを中心としたコーポレート・ガバナンスの動向を解析し，EU加盟国から潜在的加盟候補国まで緩やかなコーポレート・ガバナンスの統合を促して

いる。

　ここで取り上げた国際機関の原則は，EUのSE法や指令の制定状況や今後の方針を基に，EU域内およびEU加盟を表明する国に作用して，文化的で政治的な経営システムの枠組みを提示するものである。ここでは，EU型コーポレート・ガバナンスという概念は存在しない，という反論が考えられもするが，GCGFのように，加盟候補国や潜在的加盟候補国にコーポレート・ガバナンスを浸透させようとする機関が活発な活動を実施し，理念の合意が進んでいることからも，もはやEU型のコーポレート・ガバナンスが形成されたといえる。

　もちろん，国際機関の原則は，上場規則に採用されるような市場監督機関の原則を除いて，もともと拘束力を有しない。ましてや，遵守しない国や企業に対して罰則を科すことはない。そのため，国際機関の策定する原則は，企業経営に与える影響を検証することが難しく，企業に対する実効力に限界がある，と認める前に，経営システムへの適用や企業への浸透を理論的に確立することが，コーポレート・ガバナンス研究の目的を達成するためにも重要なことである。

3　経営領域におけるコーポレート・ガバナンス原則

(1) 欧州株式会社（SE）のコーポレート・ガバナンス構造

　EU域内で設立される企業には，大別して加盟国国内での活動を目的とする国内企業とEU域内での活動を目的とするSEとの2つの形態がある。前者は国内法によって設立され，後者はSE法と国内法によって設立される。ただし，国内法は，指令によって継続的に改革が進められており，一定の共通性が創出される過程に駒を進めている。ただ，ヨーロッパ型の企業経営を確立しようと模索している制度は，SEだけであるところに，SE制度の最大の特徴がある。

　SEは，域内共通の会社法を模索する過程で，欧州委員会が長い歳月を費やした挫折と妥協の産物である。このSEは，単一市場を正常に機能させるための方策として産み出され，もともと国境を越えた合併を促進するという役割を

表7-1 ノーマルSEのコーポレート・ガバナンス体制

	一層型企業経営機構	二層型企業経営機構	合　計
企業経営機構	64	99	163
経営参加方式	7	30	37

総設立数　　　　　　　　　　　　　　　　　　　　　666
Normal：Empty：UFO：Shelf　　　　　167：84：350：65
（注）　2010年11月28日現在。
（出所）　筆者作成。

有していた。ところが，SEの制度が経営者にとって扱いにくいのか，SEの設立数は2010年の時点では，SE誕生当初の想定を大幅に下回っている。この問題を解決することは，現状を理解し将来へと動き出す一歩となるため，深く検討を要するのである。

ここで，2010年のノーマルSE[12]の企業経営機構と経営参加を採用する企業とを考察すると，まず一層型企業経営機構を採用する企業が64社であるのに対し，二層型企業経営機構を採用する企業が99社存在し，二層型企業経営機構を採用する企業が多いことが読み取れる。この背景には，当時のノーマルSEの設立数がドイツの企業に片寄っているという事実があろう。ただし，ドイツ企業が必ずしも二層型企業経営機構を採用しているのではなく，一層型企業経営機構を採用する企業が多く存在することをも付言しなくてはならない。また，一層型企業経営機構を採用する企業のなかにも経営参加方式の従業員の経営参加を導入する企業もある。ここからも，EU型コーポレート・ガバナンスの1つ目の特徴は，緩やかな統合と自由選択という，一見同居不可能な概念を共存させる「自由な経営システムの選択」にあるといえよう。

(2) 企業独自コーポレート・ガバナンス原則の役割

企業が採用するコーポレート・ガバナンス体制は，EU法や国内法およびコーポレート・ガバナンス・コード等を基盤に形成する。そして，この基盤のうえで，経営者が独自のコーポレート・ガバナンス体制を構築するのであ

る。なお，ここでの主体は，あくまでも経営者である。逆にいえば，素晴らしいコーポレート・ガバナンスのシステムを企業外部者が構築しても，企業内部で運営する経営者が実践しなければ意味がない。ここから，企業独自のコーポレート・ガバナンスのシステム作りに重点を置く必要がある。コーポレート・ガバナンスを最終的に実践するのは，いうまでもなく経営者である。そのため，OECDコーポレート・ガバナンス原則などの世界の主要な原則は，企業の規模や業種等を鑑みて，原則を参照し，企業独自原則の策定を各企業に求めた。そこで，先進的な企業は，企業独自原則を自主的に策定し，コーポレート・ガバナンスを企業内システムとして定着させると同時に，Webなどを介して公開し始めた。このような動向は，1990年代後半から少しずつみられるようになった。この良き流れを定着させるために，ECGFは，2006年に策定した『遵守か説明か』によって，企業に対して，毎年，コーポレート・ガバナンス報告書を公表するべきであるとしたのである。

　そもそも企業独自原則は，その原則策定の目的や役割から，おおむね，図7-1のように，(1)設立原則，(2)統合原則，(3)改革原則，の3つに分類することができるであろう。1つ目の設立原則は定款を，2つ目の統合原則は協定規約（MOU）や合併計画書などを，3つ目の改革原則は業務改革計画書やコーポレート・ガバナンス報告書などをそれぞれ思い浮かべてほしい。

図7-1　企業独自コーポレート・ガバナンス原則の分類と役割

企業独自コーポレート・ガバナンス原則		
広義		狭義
設立原則	統合原則	改革原則
①定款	①協定規約（MOU） ②合併計画書	①業務改革計画書 ②コーポレート・ガバナンス報告書
⇩	⇩	⇩
企業の憲法として企業の基盤を構築する役割	企業の統合において両社のコーポレート・ガバナンスを調和する役割	企業コーポレート・ガバナンス改革および近代化の指針としての役割

（出所）　筆者作成。

企業独自原則のなかでも3つ目の改革原則は，企業競争力の強化を主目的とするものや，企業不祥事への対処を主目的とするものなど，2つの顔を持つ。そのうえで，改革原則は，企業が独自に強調する顔を持ち，自らがコーポレート・ガバナンス構造を判断して策定するため，実践的かつ具体的な唯一の原則となる。そのため，今後，企業経営の核心部分を担う役割を持つことになろう。ここからも，EU型コーポレート・ガバナンスの2つ目の特徴は，「即戦力としての経営実践」にあるといえよう。

(3) 企業独自コーポレート・ガバナンス原則の限界

企業独自原則の策定プロセスは，まず，取締役会が社外からの要請や助言を基に，企業独自原則を策定するための会議体を発足させることから始まる。そして，この会議体が取締役や監査委員会，公認会計士と連携して，仮企業独自原則を策定する。つづいて，各機関が原則を精査し，機関投資家への提出，市場とWeb上への公開，監査委員会や公認会計士への照会などを経て，企業独自原則を最終決定するのである。このような手順のなかで，企業独自原則が，会社法およびコーポレート・ガバナンス・コードなどに適合しているのかを検討する。つまり，企業独自原則に規定されるコーポレート・ガバナンスは，どの会社法やコーポレート・ガバナンス・コードを適用するのかによって大幅に異なるのである。

たとえば，2011年にブリティッシュエアウェイズ（BA）とイベリア航空（IA）の持株会社として誕生したIAG（International Airlines Group）は，スペイン企業として設立されたため，スペインの会社法に基づいて設立された。しかし，ロンドン証券取引所をおもな上場証券取引所とするため，FRCコーポレート・ガバナンス・コードやイギリス保険協会ガイドラインなどを遵守することを表明したのである[13]。つまり，企業は，本来遵守する必要がないとしても，すでに策定された原則の影響を受けるのである。

この問題を企業側から検討すると，経営者は，政府や外部の機関が策定する原則を遵守しなければならず，企業経営の実践は，これらの規定の範囲内での

み選択されることになるのである。ここで,コーポレート・ガバナンス・コードは,"遵守か説明かの原則"が適用されるが,遵守しない場合に詳細な理由の説明が含まれる。つまり,企業独自原則は,遵守する法律やコーポレート・ガバナンス規定を超えた構造を作るにしても,独自性を発揮しようとする狭間でもがき苦しむことが予想される。これらをまとめると,「選択」と「実践」を特徴とするEU型コーポレート・ガバナンスは,企業独自経営,つまり「独自」という意味をも含みつつあるのである。これが,EU型コーポレート・ガバナンスの3つ目の特徴になりつつある。

4　EU機関と経営者機関の協同型企業制度改革

(1) 企業法制度とコーポレート・ガバナンス原則

政治領域における原則は,より良い企業経営制度を構築するものであるのに対し,経営領域における原則は,より良い企業内部構造を構築するものである。両者は本質的に対極に位置するが,数々の段階を経てお互いに歩み寄る。原則が重層的に積み重なる過程で,政治領域では経営システムが選択され,経営領域では経営が実践され,最良の独自なるコーポレート・ガバナンスが構築されようとする。その重層的な構造をまとめると,おおむね図7－2として提示することができよう。

1つ目として,世界標準原則であるといわれるOECD原則は,最も包括的な内容を規定する。OECD原則は,参照可能性と非拘束性という柔軟な性格を有しており,最低限の内容のみを規定するものである。2つ目として,EU原則であるアクションプランは,OECD原則を参照しつつ,EU地域に根ざしたコーポレート・ガバナンス構造を提示する。アクションプランは,EUの会社法およびコーポレート・ガバナンスの近代化を目指して,その後の会社法改革の方向性を示すものである。3つ目として,EU会社法,すなわちSE法や指令などは,アクションプランを基盤として改革され,EU域内のコーポレート・ガバナンスの枠組みを規定する。EU会社法は,柔軟性を残しつつも詳細な内容を

各国法や定款自治に委ね，EU型のコーポレート・ガバナンスの骨組みのみを示すものである。4つ目として，指令によって枠組みを提供された各国会社法は，企業の基本的な構造を詳細に規定する。各国会社法は，独自で築き上げた文化や慣習などに根ざしたコーポレート・ガバナンスを詳細に規定するものである。5つ目として，各国の政府機関や市場が定めるコーポレート・ガバナンス・コードは，上場する条件をさらに詳細に規定する。コーポレート・ガバナンス・コードは，"遵守か説明かの原則"が広く適用されるため，各国会社法より詳細で監視力の強い内容を規定するものである。6つ目として，これまでの原則を全て遵守して企業独自原則は，最も実践的で詳細な内容を規定する。企業独自原則は，最終的に企業経営に役立つものとして詳細なコーポレート・ガバナンス構造を提示するとともに，一般公開されることで，社会からの信頼を得ることができ，企業の持続的な発展に寄与するものなのである。

このように，企業が最終的に企業独自原則を策定するまでには，幾重にも折り重なる原則を遵守し，制限された範囲のなかで，より実践的なコーポレート・ガバナンス構造を構築しなければならない。だが，経営者が参加することのできない場で作られた制度が，企業にとって有意義な制度であるとは言い難い。つまり，企業経営に関する制度である限りにおいて，経営者に使いやすい制度を構築しなければならない。そこで，経営者が主体となって，より実践的な枠組みを構築するために，経営実践を通して得た知識を基に制度作りに参加

図7-2　世界標準コーポレート・ガバナンス原則から企業独自原則へ

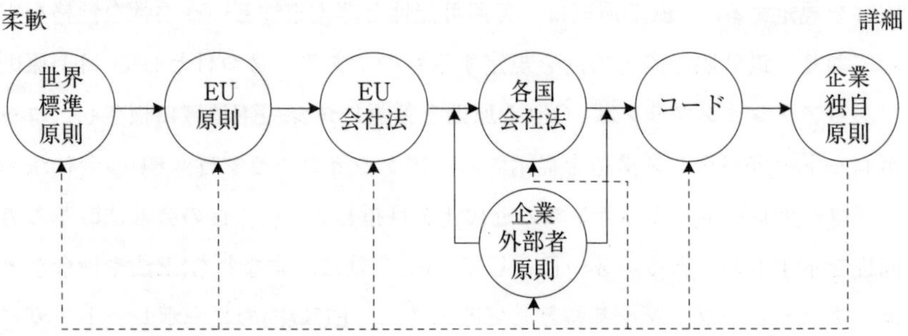

柔軟　　　　　　　　　　　　　　　　　　　　　　　　　　　　　　詳細

世界標準原則 → EU原則 → EU会社法 → 各国会社法 → コード → 企業独自原則

企業外部者原則

(出所)　筆者作成。

できるシステムが構築されなければならないのである。

(2) 経営者機関とEU機関の協力・提携

経営者が制度作りに参加した実践的なシステムを構築する動きは，EUでは，加盟国間の国境を越えている。たとえば，2005年に組織された取締役協会のヨーロッパ連盟であるecoDaは，図7-3のように，主としてEUの制定する指令や公表する文書に対してコメントやポジションペーパーなどを策定し意見表明をしている。さらに，ecoDaは，積極的に欧州委員会やECGFに対してコメントなどを作成し，2006年から19もの原則を策定したのである。

図7-3 欧州取締協会連盟のコーポレート・ガバナンス改革へのアプローチ

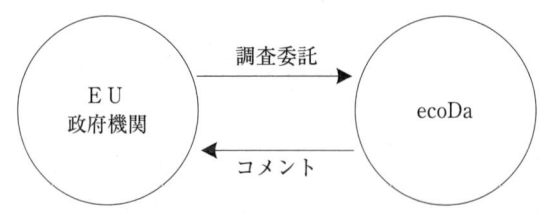

```
  ┌─────┐  調査委託  ┌─────┐
  │  EU  │ ─────→ │     │
  │ 政府機関 │         │ ecoDa │
  │     │ ←───── │     │
  └─────┘   コメント  └─────┘
```

（出所） 筆者作成。

くわえて，ecoDaは，リスク・メトリクス・グループを中心としてビジネスヨーロッパやランドウェル・アソシエと共同して，欧州委員会に委任されたコーポレート・ガバナンスの監視と実施方法に関する調査を実施し，最終的に報告書として公表した[14]。これらの取り組みは，政府機関と国際機関が協力して調査を実施したものであり，EUの制度に影響を与え始めた先駆けと評価することができる。

このようなecoDaをはじめとした国際機関とEU政府との連携は，EU政府の制度設計に，外部者からの意見が加えられ，市場の意向と経営者の指向に準じるシステムの構築に役立つ。それに，政府機関の委託によって，経営者機関や法律事務所が連携して企業法制度に関する調査を実施し，これを一般公開する例は，世界からみると先進性を有し，EU地域からみると市民社会的価値観を有すると評価もできる。この先を見通すならば，経営者が原則を通じて，会社

制度の骨格作りに関与できるようになり，理念と実践を重ね合わせた，最良であり理想的なコーポレート・ガバナンスに大きく近付くことになるのである。

(3) 会社制度生成への経営者および専門家の参加

経営者が実際に政府機関からの委託によって会社制度作りに参加することを実現可能にするためには，透明性の高い議論が必要である。コーポレート・ガバナンスの大きな鍵概念の1つが，情報開示・透明性であるから，これを原則策定の過程においても実施することを歓迎すべきである。欧州委員会の会社制度に対する取り組みは，Webを通して世界中に公開している。そのため，ecoDaのように，私的機関が，法案や勧告に対して，コメントやポジションペーパーで意見表明することが可能なのである。

また，欧州委員会と協力・連携する国際機関であるECGI（European Corporate Governance Institute）は，2002年に設立されたコーポレート・ガバナンスに関する研究を普及させることを目的とする研究機関である。このECGFもecoDaと同様に，欧州委員会に調査を委託されISS（Institutional Shareholder Services）やシャーマン＆ステアリング社（Sherman & Sterling LLP）と協力して，『EUにおける比例性の原則に関する報告書』を公表した。このようにEUにおける会社法の制定や改定作業では，外部機関による意見を積極的に取り入れる体制ができているのも大きな特徴である。

そこで，図7-4に表したように，経営者機関をはじめとする利害関係者が，企業法制度の制定にかかるプロセスに参加できるように，協同型企業制度改革のシステムとして確立させることを提案する。これを詳しく説明すると，まず，EUの機関が法律事務所をはじめとする民間組織やecoDaのような経営者機関，そしてECGIのような研究機関に，コーポレート・ガバナンスに関する調査を委託する。つぎに，委託された機関が報告書や提案書などに調査結果をまとめることで，調査内容を原則化する。そして，この報告書や提案書などを基に企業法制度を制定・改定することで，より実践的な制度として構築するのである。ただし，より開かれた制度作りをすることで，多様化か収斂化かの判断を下す

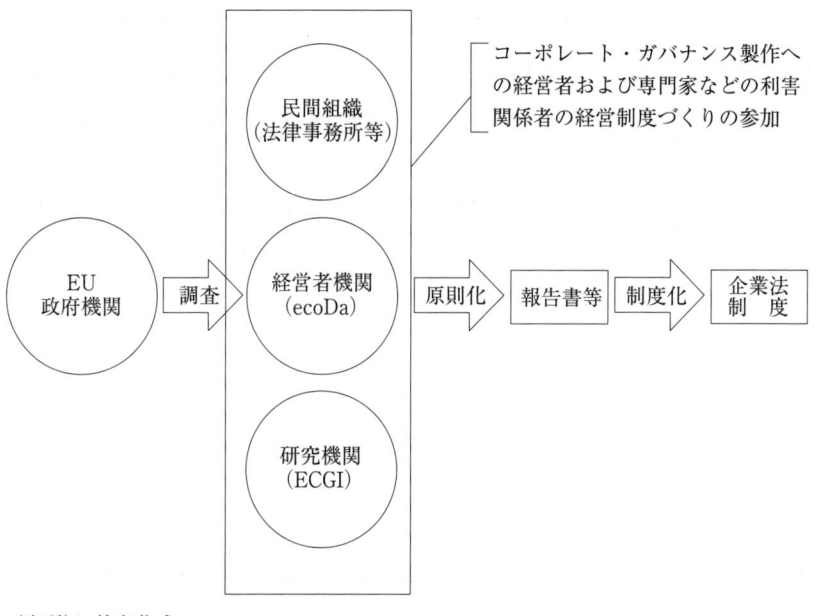

図7-4 利害関係者の企業法制度改革への参加

民間組織（法律事務所等）→ コーポレート・ガバナンス製作への経営者および専門家などの利害関係者の経営制度づくりの参加

EU政府機関 →調査→ 経営者機関（ecoDa） →原則化→ 報告書等 →制度化→ 企業法制度

研究機関（ECGI）

（出所）筆者作成。

には，もうしばらく原則を取り巻く環境を注視する必要があるだろう。

5 おわりに

　原則は，把握しきれないほどの機関で策定され，原則の種類や目的，役割も非常に多岐にわたっていた。これらの原則が企業経営に浸透する過程を考察すると，政治領域で策定される原則と経営領域で策定される原則には，それぞれに限界が存在した。そこで，このような限界を打破する方策として，EUにおける政治領域と経営領域が連携して原則策定し，会社法制度を制定・改定するシステムを取り上げたのである。

　ここで取り上げたEUにおける取り組みは，欧州委員会と経営者機関が連携して推し進める会社法制度改革であった。具体的には，まず，欧州委員会や

ECGFが，会社法制度の改定にかかるプロセスをWeb公開することで開かれた議論を実施していた。これに対して，ecoDaを代表する取締役協会が，欧州委員会やECGFの公表する法案や勧告に対して，コメントを公表するなどして積極的にアプローチしていた。さらに，欧州委員会は，ecoDaをはじめとする経営者機関や研究機関，法律事務所に調査を委託し，協同して会社法制度改革を実施するための基盤を固めた。これにより，欧州委員会は，分離しがちな政治領域と経営領域の会社制度に対するアプローチを調和することを可能にして，より経営者の意見を反映した実践的な制度作りを実施したのである。

　本章では，日本を含む世界中の原則やコーポレート・ガバナンスの構築にかかるシステムは，まだ十分に検討できていない。また，日本における日本経済団体連合会による政治献金を用いた政治への干渉が与える影響力や，EUにおける献金などの事実があるのかに関して考察していない。しかし，今後の研究では，原則の周辺分野に関する研究を通してより具体的な研究が必要であると考えられるため，世界中のecoDaやECGIなどの政治領域に関与する機関に対するインタビュー調査などを含めた機関ごとの取り組みを次なる研究課題として設定されよう。

（注）
1）　コーポレート・ガバナンスは，「企業競争力の強化」と「企業不祥事への対処」という2つの役割がある。
2）　小島大徳［2009a］126-168頁．
3）　明山健師［2009a］53-55頁．
4）　European Commission［2001a］
5）　European Commission［2001b］
6）　The High Level Group of Company Law Experts［2002］
7）　European Commission［2003］
8）　FRC［1999］
9）　OECD［1999］
10）　ECGF［2006a］
11）　GCGF［2008a］
12）　ノーマルSEについては，第9章を参照のこと。
13）　IAG［2010］
14）　RiskMetrics Groupe［2009］

第8章

コーポレート・ガバナンスとEU企業の実践
―欧州株式会社の成功事例3社の比較研究―

1 はじめに

　EUのコーポレート・ガバナンス統合という長い夢は，1960年代から続いている。EUは，この数十年もの夢のなかで，常に最良のコーポレート・ガバナンスを求めて，共通会社形態の創出や各国における制度の調和など，斬新な策を試みる旅を続けているのである。そのようななか，さらに新たな挑戦に着手した。国際的な市場に対応し得るコーポレート・ガバナンスを構築するために，多様性を制度として組み入れる準備を始めたのである。

　欧州委員会が，より大きな視点でコーポレート・ガバナンスの改革に着手している目的は，競争優位の獲得や内部統制の維持など，企業経営に役立つコーポレート・ガバナンスを構築することにある。しかし，システムの改革を始めると，最高のシステムを追求するあまり，時に企業経営の自由を拘束し過ぎる危険性がある。これを防ぐために，企業経営の多様性を制度自体に組み込む方策もとられたのである。

2 EUにおける各国モデルから全域モデルへの進化

(1) EU加盟各国におけるコーポレート・ガバナンスの構築

　コーポレート・ガバナンスは，1990年代から世界各国で競争力の強化と不祥事への有用性が社会的に認知され，国レベルで構築されてきた。これらの認識

は，各国の意識の高まりとともにコーポレート・ガバナンス原則（以下「原則」という）として表されることとなる。そして，企業経営の健全化と効率化を達成し得るものとして，各国で独自に構築されてきた。この取り組みの積み重ねが，現代のEU経営システムの基礎を形作っているのである。

そもそも，EU加盟各国では，コーポレート・ガバナンスを強く意識して経営システムを運用しており，各国独自のコーポレート・ガバナンスが構築されてきた。加盟各国のコーポレート・ガバナンスは，主要3ヵ国であるイギリス，ドイツ，フランスを比した表8－1をみただけでも全く異なるものといえる。たとえば，この3ヵ国のコーポレート・ガバナンス体制は，企業経営機構の形

表8－1　コーポレート・ガバナンスの国際比較

	日　本	イギリス	ドイツ	フランス
経営機構の形態	一層型	一層型	二層型（監督役会の半数が労働者から選任）	一層型と二層型の選択制
権限の分離	事実上，会長や社長が後任や取締役，監査役を選任するため，経営者支配状態	会長とCEOが完全に分離し，CEOは指名委員会が指名	CEO，監視・経営機能が完全に分離	会長とCEOの兼務によって，権限が1人に集中
株式所有	法人や銀行に集中していたが，今日，個人投資家が少しずつ増加	機関投資家や個人（経営者含む）に分散	銀行や法人，個人（経営者含む）などの少数に集中	銀行や法人，個人（経営者含む）などの少数に集中
役員の報酬	役員の総額報酬のみ開示	他の国に比べ高額であるが，全企業が年次報告書で個別に役員報酬を開示	個別に役員報酬を開示	個別に役員報酬を開示
従業員の経営参加	なし	なし	あり	定款によって定める

（出所）　小島大徳［2008a］80頁。

態の相違にある。まず，イギリスの企業経営機構は，一層型企業経営機構と呼ばれ，意思決定機関である取締役会（Board of directors）と業務執行機関である執行役（Managing directors）から構成される。また，ドイツの企業経営機構は，二層型企業経営機構と呼ばれ，取締役会が執行機関（Vorstand）と監督機関（監督役会，Aufsichtsrat）に分かれ，監督機関の半数を従業員から構成される。そして，フランスの企業経営機構は，一層型企業経営機構と二層型企業経営機構のどちらかを選択できるとしている。これら3つの企業経営機構の形態は，EU加盟各国に強い影響を与えており，各国で採用されている。逆をいえば，既に企業経営機構は，根強く各国に浸透していたため，EU域内のコーポレート・ガバナンスを統合しようとした際に，各国間の主張が最も衝突した領域である[1]。

　コーポレート・ガバナンスを統合することが困難なのは，「歴史，社会，文化，制度，慣習などを異にするそれぞれの国に制度化され，その社会に根ざすもの[2]」だからに他ならない。そして，それがあってこそ，「それぞれの国と社会に最も適合し得る企業統治制度が育まれ[3]」るという。したがって，第一義的には，各国でコーポレート・ガバナンスを，国内で活躍する企業にとって利用しやすい制度にすることが肝要である。もちろん，市場のグローバル化に伴い，グローバルに活躍する企業にも，対応した制度も整えなければならない。なぜならば，EU域外に目を向けると，OECDが，『OECDコーポレート・ガバナンス原則[4]』を策定し，コーポレート・ガバナンスの世界標準を定め，市場経済先進諸国だけではなく市場経済発展途上国までもが制度を見習うという動きとなった。国という枠組みを超えて単一市場を完成させたEUだからこそ，国際的な問題に対処しつつ，地域に根ざしたコーポレート・ガバナンスを構築するという経営の理想を追い求め，そして実現することができるはずなのである。

(2) EUにおけるコーポレート・ガバナンス改革

『ヨーロッパの会社のための近代的な規制枠組み（以下「ウインター報告書」と

いう）5)』が，コーポレート・ガバナンスを，EUの経営に関する課題のなかで最も重要であると指摘した。そして，EU域内の会社法とコーポレート・ガバナンスの国際化および地域統合化を目指している欧州委員会は，特に21世紀に入ってから，EUのコーポレート・ガバナンスを積極的に改革してきている。

そして，2003年に『EUにおける会社法の現代化およびコーポレート・ガバ

図8-1　EUにおけるコーポレート・ガバナンスの議論

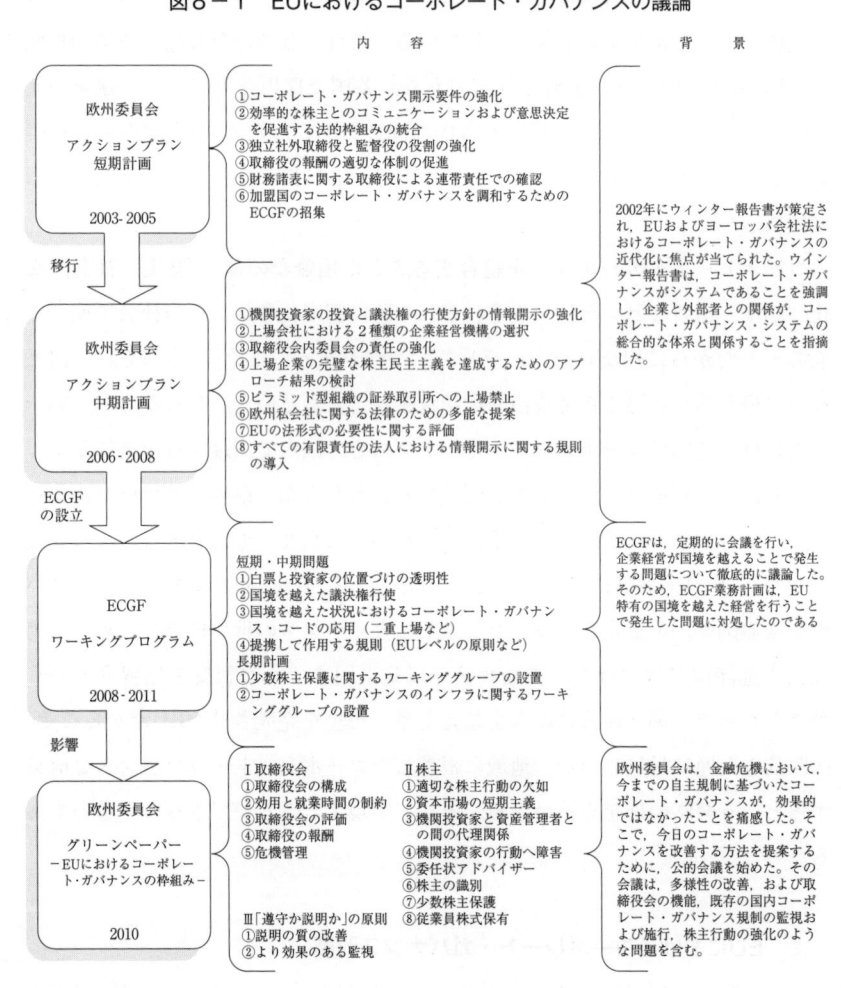

	内　容	背　景
欧州委員会 アクションプラン 短期計画 2003-2005	①コーポレート・ガバナンス開示要件の強化 ②効率的な株主とのコミュニケーションおよび意思決定を促進する法的枠組みの統合 ③独立社外取締役と監督役の役割の強化 ④取締役の報酬の適切な体制の促進 ⑤財務諸表に関する取締役による連帯責任での確認 ⑥加盟国のコーポレート・ガバナンスを調和するためのECGFの招集	2002年にウィンター報告書が策定され，EUおよびヨーロッパ会社法におけるコーポレート・ガバナンスの近代化に焦点が当てられた。ウィンター報告書は，コーポレート・ガバナンスがシステムであることを強調し，企業と外部者との関係が，コーポレート・ガバナンス・システムの総合的な体系と関係することを指摘した。
移行		
欧州委員会 アクションプラン 中期計画 2006-2008	①機関投資家の投資と議決権の行使方針の情報開示の強化 ②上場会社における2種類の企業経営機構の選択 ③取締役会内委員会の責任の強化 ④上場企業の完璧な株主民主主義を達成するためのアプローチ結果の検討 ⑤ピラミッド型組織の証券取引所への上場禁止 ⑥欧州私会社に関する法律のための多能な提案 ⑦EUの法形式の必要性に関する評価 ⑧すべての有限責任の法人における情報開示に関する規則の導入	
ECGFの設立		
ECGF ワーキングプログラム 2008-2011	短期・中期問題 ①白票と投資家の位置づけの透明性 ②国境を越えた議決権行使 ③国境を越えた状況におけるコーポレート・ガバナンス・コードの応用（二重上場など） ④提携して作用する規則（EUレベルの原則など） 長期計画 ①少数株主保護に関するワーキンググループの設置 ②コーポレート・ガバナンスのインフラに関するワーキンググループの設置	ECGFは，定期的に会議を行い，企業経営が国境を越えることで発生する問題について徹底的に議論した。そのため，ECGF業務計画は，EU特有の国境を越えた経営を行うことで発生した問題に対処したのである
影響		
欧州委員会 グリーンペーパー －EUにおけるコーポレート・ガバナンスの枠組み－ 2010	Ⅰ取締役会 ①取締役会の構成 ②効用と就業時間の制約 ③取締役会の評価 ④取締役の報酬 ⑤危機管理　　Ⅱ株主 ①適切な株主行動の欠如 ②資本市場の短期主義 ③機関投資家と資産管理者との間の代理関係 ④機関投資家の行動への障害 ⑤委任状アドバイザー ⑥株主の識別 ⑦少数株主保護 ⑧従業員株式保有　　Ⅲ「遵守か説明か」の原則 ①説明の質の改善 ②より効果のある監視	欧州委員会は，金融危機において，今までの自主規制に基づいたコーポレート・ガバナンスが，効果的ではなかったことを痛感した。そこで，今日のコーポレート・ガバナンスを改善する方法を提案するために，公的会議を始めた。その会議は，多様性の改善，および取締役会の機能，既存の国内コーポレート・ガバナンス規制の監視および施行，株主行動の強化のような問題を含む。

（出所）筆者作成。

ナンスの改善―進めるべき計画―(以下「アクションプラン」という)6)』を策定し，今までの論点をまとめ，次世代の課題を解決するための計画を示した。ここで，企業経営の機関をおもに取り扱った短期計画と，くわえて利害関係者の権利にまで焦点をあてた中期計画に分けられる。これは，EUのコーポレート・ガバナンスにとって，大きな成果であり，ターニングポイントなのである。

アクションプランの要請を受けて2008年，ヨーロピアン・コーポレート・ガバナンス・フォーラム (ECGF) は，『ECGFワーキングプログラム2008-2011 (以下「ECGFワーキングプログラム」という)7)』を策定した。ここでは，企業経営が国境を越えることで発生する近年の問題についての対応や解決策を示したことが特筆すべき点である8)。

ECGFの議論を基にして2010年，欧州委員会は，『グリーン・ペーパー：コーポレート・ガバナンスの枠組み』を策定した。ここでは，利害関係者の権利を保護する内容が多く，金融危機において，今までの自主規制に基づいたコーポレート・ガバナンスが，効果的ではなかったことを反省し，システムとして確立させていくための基盤を作ったことが特筆すべき点である9)。

(3) EUコーポレート・ガバナンスの枠組みと改革案

欧州委員会は，グリーン・ペーパーにおいて，コーポレート・ガバナンスの定義と枠組みを示すとともに，今後の在り方を検討した。まず，欧州委員会は，コーポレート・ガバナンスを，「会社を管理し監督するシステムおよび会社の経営陣と取締役会，株主およびその他の利害関係者との包括的な関係10)」と定義付けた。また，上場企業のコーポレート・ガバナンスの枠組みを，「立法および勧告とコーポレート・ガバナンス・コードを含むソフト・ローの組み合わせ11)」と定義付けた。そして，グリーン・ペーパーの具体的な検討内容に，取締役会および株主，「遵守か説明か」の枠組み，を3つの柱と位置づけたのである。

第1の柱である取締役会に関する提言は，取締役会の構成における多様性の確保と監視機能の強化に焦点をあてられている。そのなかでも，特に重要な提

言は,バランスのとれた性別の構成である。この背景には,女性の大学卒業者が増加しているにも関わらず,女性取締役が増加していないことが挙げられる[12]。

　第2の柱である株主に関する提言は,大多数の株主が短期的な利益を求めていることに焦点をあてられている。そのなかでも,特に重要な提言は,少数株主に対する取締役会で異議を唱える権利の付与である。この背景には,既にイタリアをはじめとする加盟国において,少数株主に対して数名の取締役の選任権を与えており,高い効果が認められていることが挙げられる。

表8-2　グリーン・ペーパー：コーポレート・ガバナンスの枠組みの概要

分類	項目	内容	詳細
取締役会	取締役会の構成	専門的な多様性	ヨーロッパにおける取締役会の48％には,営業部門やマーケティング部門の出身者が含まれていない。しかし,経営の複雑化に対応するために,様々な専門知識を有する取締役が必要である。
		国際的な多様性	委託調査では,国際的な経営に外国籍の取締役の重要性が高いにも関わらず,ヨーロッパの上場企業における外国人を有する取締役会は29％のみであった。
		バランスのとれた性別の構成	欧州委員会の調査によると,EUの上場企業のうち取締役会に女性が含まれる割合は,わずか12％である。そこで,取締役会内のジェンダー・バランスを保証する必要がある。
	効用と就業時間の制約	非業務執行取締役の監視への十分な時間の確保	加盟国は,非業務執行取締役が責務を全うするために十分な時間の確保を求める原則を策定するとともに,取締役が保持する権限を制限する必要がある。
	取締役会の評価	監督役会による取締役会の権限や有効性,業績目標の達成度の評価	外部ファシリテーターの利用は,実行目標の達成を促進し,他社の最善慣行を共有することにより,取締役会の評価を改善する。
	取締役の報酬	株主と業務執行取締役のエー	欧州委員会は,おもに報酬方針の開示,執行機関の個別報酬,株主の報酬に関する議

第8章　コーポレート・ガバナンスとEU企業の実践　141

		ジェンシー問題の解決	決権，報酬委員会の独立性，適切なインセンティブ，上場企業の長期的価値創成，などに取り組んだ。
	危機管理	リスクカルチャーや体制の発達	全てのケースに対応する危機管理モデルの提案はできないが，取締役会の危機管理プロセスを保証することは重要である。
株　主	適切な株主行動の欠如	機関投資家による議決権の行使方針および記録の公表	株主行動のコスト，株主行動のリターンを評価する難しさ，フリー・ライダー行動を含む行動による結果の不確実性は，ほとんどの機関投資家に影響を及ぼす。
	資本市場の短期主義	規定の先入観	投資家は，短期主義が長期的投資家の投資戦略を妨害するという「規定の先入観」について不満を訴えた。
	機関投資家と資産管理者との代理関係	短期主義と資産管理契約	資産管理者の業績を評価する方法と報酬，インセンティブが，資産管理者に短期の利益を促進するように助長する可能性が高い。
		信認義務の履行に関する透明性の欠如	長期的な機関投資家は，運用資産取引高キャップを導入し，資産管理者に対して，被投資会社に対して，より活動的な管理者であることを要求する資産管理契約を再交渉するべきである。
	機関投資家の行動への障害	利益相反	金融セクター内の利益相反は，機関投資家か資産管理者が被投資会社に経済的利害関係を有する場合に発生する。
		株主協力への障害	高度に分散した運用資産を持つ機関投資家は，株主行動の行いにくさに直面している。株主協力は，これを効率化することに役立つ。
	委任状アドバイザー	委任状アドバイザーの影響力	高度に多様な株式運用資産を持つ機関投資家は，委任状アドバイザーのサービスを利用する。その委任状アドバイザーは，議決権行使に多大な影響を与え，コーポレート・ガバナンス・コンサルタントを兼任する場合に利益相反を生じさせる場合がある。
	株主の識別	投資家の情報開示・透明性	被投資会社への投資者透明性の強化，つまり，株主がコーポレート・ガバナンス問題

			に関与できるようにする要求がある。これは，被投資会社への株主の関与を増加させる。
	少数株主保護	支配株主が"遵守か説明かの原則"に役割を果たす余地	加盟国（たとえばイタリア）は，株主の権利を強化するために，少数株主に対し，数名の取締役の選任権を与えている。
		濫用の可能性からの保護	関係者間取引の諸条件に関する公平な見解を少数株主に与えるため，取締役会が独立した専門家を任命するべきことが示唆された。
	従業員株式保有	従業員株式保有のリスクへの対処	従業員株式所有権は，労働者の熱意とやる気を増加させ，生産性を向上し社会的緊張を軽減する手段と見なされる。
"遵守か説明か"の枠組み	説明の質の改善	コーポレート・ガバナンス・コードからの逸脱の説明とその解決策の開示	スウェーデンのコーポレート・ガバナンス・コードに規定されるように，企業は，コーポレート・ガバナンス報告書において，明白に遵守しない理由と代替策を説明する必要がある。
	より効果のある監視	コーポレート・ガバナンス報告書の監視体制の強化	多くの加盟国において，コーポレート・ガバナンス報告書を公表するべき義務を強制する責任は，投資家に任せられる。しかし，投資家は，加盟国の文化および慣行に依存しており，処置をほとんど講じていない。

（出所） European Commission［2010c］を基に筆者作成。

　第3の柱である"遵守か説明かの原則"の枠組みに関する提言は，コーポレート・ガバナンス報告書の質向上と遵守状況の監視体制の強化に焦点をあてられている。そのなかでも，特に重要な提言は，"遵守か説明かの原則"の利点を改めて柔軟性であると認めたうえで，"遵守か説明かの原則"が，EUにおけるコーポレート・ガバナンスの枠組みの効率を縮小し，システムの有用性を制限する可能性を指摘したことである。この背景には，2009年に公表された『加盟国のコーポレート・ガバナンスの監視と施行の実践に関する調査[13]』において，コーポレート・ガバナンス報告書の質が不十分であることが明らかに

なったことが挙げられる[14]。

3 企業独自のコーポレート・ガバナンス構築と説明責任

(1) 企業によるコーポレート・ガバナンス報告書の策定

　EUでは、経営システムを構築するだけではなく、企業自身にも積極的な関与を求めている。ECGFは、『遵守か説明か』を策定し、域内の上場企業に、コーポレート・ガバナンス報告書を毎年策定することを求めた。ECGFは、具体的な開示内容を、詳細に定めず、企業の裁量に任せている。そのため、情報開示する内容や範囲は、企業間で温度差がある。そこで、ECGFは、図8-2に表したようにコーポレート・ガバナンス報告書をチェックする仕組みを構築する必要性を提唱しているのである。

　コーポレート・ガバナンス報告書をチェックする仕組みは、(1)EU、(2)加盟国・証券取引所、(3)企業、の3段構造で構成される。まず、EUレベルでは、欧州委員会が、一定のコーポレート・ガバナンスの水準を満たす枠組みを構築する。つぎに、加盟国・証券取引所では、各機関が、EUが定めた制度をさらに具体化して、コーポレート・ガバナンス・コードを策定する。そして、企業では、各企業が、コーポレート・ガバナンス・コードを参照し、独自でコーポレート・ガバナンスを改革するのである。

　こうして企業が独自に構築したコーポレート・ガバナンスは、業務執行取締役がコーポレート・ガバナンス報告書を作成し、非業務執行取締役の承認を経て、株主に報告書として開示される。その後、加盟国・証券取引所は、各企業が開示したコーポレート・ガバナンス報告書を分析し、コーポレート・ガバナンス・コードの遵守状況を監視する。最終的に、コーポレート・ガバナンス・コードの遵守状況から、拘束力の強弱を確定し、将来のEUが構築すべきコーポレート・ガバナンス像を導出するのである。

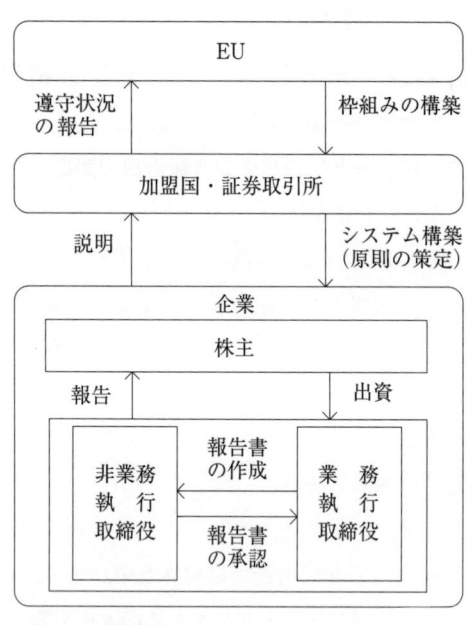

図8-2　コーポレート・ガバナンス報告書をチェックする仕組み

```
            ┌─────────────────────┐
            │         EU          │
            └─────────────────────┘
       ↑ 遵守状況            │ 枠組みの構築
         の報告              ↓
            ┌─────────────────────┐
            │  加盟国・証券取引所  │
            └─────────────────────┘
       ↑ 説明                │ システム構築
                             ↓ （原則の策定）
        ┌───────────────────────────────┐
        │           企業                 │
        │   ┌───────────────────────┐   │
        │   │        株主           │   │
        │   └───────────────────────┘   │
        │     ↑ 報告      │ 出資        │
        │   ┌─────┐  報告書  ┌─────┐    │
        │   │非業務│ の作成   │業　務│   │
        │   │執　行│ ←─────  │執　行│   │
        │   │取締役│ 報告書   │取締役│   │
        │   │     │ の承認   │     │   │
        │   └─────┘ ─────→   └─────┘    │
        └───────────────────────────────┘
```

（出所）　筆者作成。

(2) 企業が遵守しないコーポレート・ガバナンス・コード

　企業は，自由な企業構造を構築している代わりに，コーポレート・ガバナンス報告書を通して，コーポレート・ガバナンス体制を開示している。そこで，EU共通の会社形態であるSEのうち，欧州委員会が成功したSEとして挙げたなかからアリアンツとエルコテック，ポルシェを取り上げて，SEの成功とコーポレート・ガバナンス・コードの遵守状況の関係を分析する。

　第1のケースとして，アリアンツは，アニュアルレポートを作成し，コーポレート・ガバナンスに関する説明をしている[15]。アリアンツは，遵守していないコーポレート・ガバナンス・コードの内容と理由を，アニュアルレポートに記載している箇所を明記して，わかりやすく説明している。具体的には，「監督役の報酬額を，企業の経済状態および実績，責任とタスクの範囲を考慮して決定しなければならない」ということを遵守していない[16]。報告書の内容を検

表8-3　企業によるコーポレート・ガバナンス・コードの遵守状況

	アリアンツ	エルコテック	ポルシェ
遵守法	ドイツ法	ルクセンブルク法	ドイツ法
遵守原則	ドイツ・コーポレート・ガバナンス・コード	フィンランド・コーポレート・ガバナンス・コード	ドイツ・コーポレート・ガバナンス・コード
記載方法	報告書に記載される箇所を明記して説明	各項目の説明部分のみフォントを変更することでわかりやすく説明	コーポレート・ガバナンス報告書の最後にまとめて説明
遵守しない規程	監督役の報酬額を，企業の経済状態および実績，責任とタスクの範囲を考慮して決定しなければならない。	① 株主総会の情報を利用可能にするための予定表をオンライン開示しなければならない。② 取締役会で男女両方が代表を務めなければならない。③ 取締役会は，取締役の指名および報酬に関係する問題を改善するために指名委員会を設立しなければならない。	① 監督役会は，企業の海外活動および潜在的な利益相反，監督役が規定する定年と多様性を考慮に入れ，適切な程度の女性の代表を規定しなければならない。② 会社の株式売買は，法令より厳格だが，発行された株式の1％を超える場合に情報を開示しなければならない。
遵守しない理由	会社の目標達成と関係がなくて公平な固定報酬が，監督役会の制御機能に適している。	① エルコテックは，その定款およびルクセンブルクの法に従う。② 指名委員会は，性別に関わらず，絶えず能力および経験，技術を考慮する。③ エルコテックの指名委員会は，取締役会の構成員以外で構成される。	① フォルクスワーゲンとの合併が予定されており，先に監督役会への新株主代表の選任をすることは適切ではなかった。② 法令は，資本市場および株主に対して十分な情報の開示を規定している。

（出所）　各社アニュアル・レポート等を参考に筆者作成。

討すると，アリアンツは，「会社の目標達成と関係がなくて公平な固定報酬こそが，制御機能を有する監督役会の報酬に適している」と説明している。この説明では，報酬額の算定基準が不明であるため，さらに詳細な説明があると株

主にとって理解しやすいであろう。このように，アリアンツは，コーポレート・ガバナンス・コードを遵守していない項目が，1つしかなく健全なコーポレート・ガバナンス体制を構築する姿勢を高く評価できるが，説明の内容をさらに充実させる必要がある。

　第2のケースとして，エルコテックは，『コーポレート・ガバナンスと危機管理[17]』を作成し，コーポレート・ガバナンスに関する説明をしている[18]。そして，エルコテックは，遵守していないコーポレート・ガバナンス・コードの内容と理由を，各項目の説明部分のみフォントを変更することで見やすく説明している。具体的には，①「株主総会の情報を利用可能にするための予定表をオンライン開示しなければならない」こと，②「取締役会で男女両方が代表を務めなければならない」こと，③「取締役会は，取締役の指名および報酬に関係する問題を改善するために指名委員会を設立しなければならない」ことを遵守していない[19]。報告書の内容を検討すると，②に関しては，取締役会の候補を提案する場合に，「指名委員会は，性別に関わらず，絶えず能力および経験，技術を考慮する」と説明している。この説明では，エルコテックは，遵守しない理由を，その代替案として独自の基準を明記して説明している。このように，エルコテックは，コーポレート・ガバナンス・コードを遵守していない項目が3つあるものの，遵守しない内容の代替案を示して株主に説明する姿勢を高く評価できる。

　第3のケースとして，ポルシェは，『コーポレート・ガバナンス報告書[20]』を作成し，コーポレート・ガバナンスに関する説明をしている[21]。そして，ポルシェは，遵守していないコーポレート・ガバナンス・コードの内容と理由を，コーポレート・ガバナンス報告書の最後にまとめて説明しているため，若干わかりにくいという欠点がある。具体的には，①「監督役会は，企業の海外活動および潜在的な利益相反，監督役が規定する定年と多様性を考慮に入れ，適切な程度の女性の代表を規定しなければならない」こと，②「会社の株式売買は，法令より厳格だが，発行された株式の1％を超える場合に情報を開示しなければならない」ことを遵守していない[22]。報告書の内容を検討すると，②に

関しては，「法令は，資本市場および株主に対して十分な情報の開示を規定している」として，それ以上の開示はしないと説明している。このような説明では，なぜ法令の基準で株主が十分な情報を得ているといえるのかが理解できない。このように，ポルシェは，コーポレート・ガバナンス・コードを遵守していない項目が2つのみで少ないが，情報開示に積極的ではなく，株主に対する説明する姿勢も不十分であると評価せざるを得ない。

(3) 企業の自由を確保するためのコーポレート・ガバナンス

本章で取り上げた3社は，各企業の経営に適したコーポレート・ガバナンスを採用するために，遵守していないコーポレート・ガバナンス・コードの規程を有していた。各社が遵守していない項目の内容は，おおむね，①報酬の方針，②取締役会の構成，③情報開示の内容，にまとめられる。このように，取締役の指名基準や報酬の決定などの領域で，これを利用することで，実はより自由な経営が可能になるのである。この意義を最大限に高めるためにも企業は，報告書における説明の質を，より向上させる努力が必要なのである。

このようにいうのは，コーポレート・ガバナンス・コードは，欧州委員会がグリーン・ペーパーにおいて指摘するように，EUのコーポレート・ガバナンスの枠組みの効率を低下させ，コーポレート・ガバナンス・システムの有用性を制限する恐れがあるためである。たとえば，EUの『グリーン・ペーパー：コーポレート・ガバナンスの枠組み』にも盛り込まれた性別のバランスがとれた取締役会の構成については，エルコテックとアリアンツが遵守していない。つまり，SEの成功例として挙げた3社中2社が遵守していないのである[23]。この結果から性別のバランスを確保することを強制することは，企業の実態とかけ離れている可能性がある。なぜならば，企業にとって真に重要であることは，性別に関係なく有能な人材を指名することだからである。

そのため，筆者は，このような規定にコーポレート・ガバナンス・コードを用いつつ，企業に経営の自由を与えることが重要であると主張するのである。ただし，多くの企業が規定を遵守せず，形骸化してしまう問題を生じる可能性

があることを付言しなければならない。この制度と実態の差を埋める作業が残されているのである。

4　コーポレート・ガバナンスの段階的アプローチを目指して

(1)　コーポレート・ガバナンスの分野別アプローチ

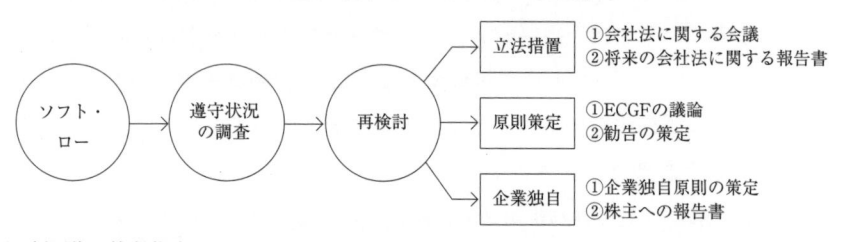

　欧州委員会は，コーポレート・ガバナンス・コードが形骸化する問題を防止するために，継続的にコーポレート・ガバナンス・コードが現代経営に適合し得るのかを検討しなければならない。したがって，EUにおけるコーポレート・ガバナンスの枠組みを段階的に分割し，制度と実態のベクトルを計る必要があろう。そこで図8－3のように，コーポレート・ガバナンス構築までの道のりを，①ソフト・ロー，②遵守状況の調査，③再検討，④各対応の段階に分けてアプローチすることを提案するものである。

図8－3　コーポレート・ガバナンスの分野別アプローチ

ソフト・ロー → 遵守状況の調査 → 再検討 →

- 立法措置：①会社法に関する会議　②将来の会社法に関する報告書
- 原則策定：①ECGFの議論　②勧告の策定
- 企業独自：①企業独自原則の策定　②株主への報告書

（出所）　筆者作成。

　このアプローチは，既に述べたように，まず，加盟国や証券取引所などがコーポレート・ガバナンス・コードなどのソフト・ローにより，企業経営に関する詳細な内容を規定する。つぎに，加盟国や証券取引所などがソフト・ローで規定した内容を厳しく調査するとともに遵守状況を分析し，企業の実態を明らかにする。最終的に，EUレベルで委員会を設置し，企業の実態に合わせて，強制力を有する立法措置，非拘束性を有する原則策定，高度に自由な企業独自原則の3分野に分けるものである[24]。

これにより，EUにおけるコーポレート・ガバナンスの枠組みは，多様性を制度に組み込みつつも，より詳細な内容を規定することが可能になるだろう。多様な企業が，同じ市場の同じシステム上で，効率的に経営するためには，段階的なアプローチにより，多様性を制度に組み込むことが必要なのである。ただし，現代の経営問題は，画一的ではなく，企業の規模や種類によって異なる性質を有している。そこで企業の規模や種類ごとにコーポレート・ガバナンスを構築する必要もあろう。

(2) 企業の規模および種類別アプローチ

　EUにおけるコーポレート・ガバナンスの議論は，おもに上場企業全般を対象としていた。それは，大規模な上場企業が社会に強い影響力を持っていたからである。しかし，近年の経営問題を検討すると，上場企業を対象とする既存のコーポレート・ガバナンスで対処できていないことが顕在化するのである。そこでコーポレート・ガバナンスを分類して，各企業に適した原則の策定がなされ始めたのである。

　欧州委員会は，企業の規模別にコーポレート・ガバナンスを分類する方針を明らかにしている。まず，既に中小規模の上場企業に適用するコーポレート・ガバナンス・コードを策定した加盟国があることを背景に，中小上場企業のコーポレート・ガバナンスを構築することを提案している。また，欧州委員会は，上場企業に対してのみコーポレート・ガバナンスを要求することにより，上場するメリットがなくなることを危惧し，非上場企業のコーポレート・ガバナンスを構築することを提案している。これらのように，これまでのコーポレート・ガバナンスの対象は，大規模な上場企業であった。だが今日のEUでは，企業の規模ごとに異なるコーポレート・ガバナンスを構築することが強く求められていることと理解されよう。

　そのほかにも欧州委員会やOECDなどが，コーポレート・ガバナンスを種類別に分類することを提案している。まず，アメリカやギリシャなどの金融危機に際して，既存のコーポレート・ガバナンスが機能していなかったことが露見

表8－4　コーポレート・ガバナンスの規模別・種類別の分類

分　類	背　　景	特　　徴
大規模上場企業	これまでEUにおけるコーポレート・ガバナンスの議論は，上場企業全般を対象としたものが中心であった。	大規模上場企業のコーポレート・ガバナンスは，多くの国や機関によって原則が策定されている。ただし，既存の原則は，策定する機関によって，重要視する内容が異なる。
中小規模上場企業	既に中小規模の上場企業に適用するコーポレート・ガバナンス・コードを策定した加盟国がある。	ヨーロッパでは中小規模の上場企業が大多数を占めるにも関わらず，これまで，大規模な上場企業を中心にコーポレート・ガバナンスが構築されてきたため，中小規模に対処されてこなかった。
非上場企業	欧州委員会は，上場企業に対してのみコーポレート・ガバナンスを要求することにより，上場するメリットがなくなることを危惧している。	非上場企業は，株主が分散しておらず，オーナー企業や同族会社などがあり，株主によるチェック機能がないため，上場企業のコーポレート・ガバナンスとは異なる監視方法が必要である。
金融機関	アメリカやギリシャなどの金融危機にコーポレート・ガバナンスは十分な効果を発揮しなかった。	金融危機により金融機関が相次いで破綻したことにより，納税者が金融機関の潜在的な債権者であり利害関係者となった。このような特殊事情に伴い，金融機関のコーポレート・ガバナンス問題は複雑である。
国有企業	発展途上国では，依然として国有企業に深く依存しており，民間企業と同様にコーポレート・ガバナンスの構築が求められる。	国有企業は，所有と経営が明確に分離していなく，国が企業の所有者として健全な経営をする方策に重点が置かれるべきである。
特殊企業	2011年に日本で発生した原発爆発事故後は，企業だけでは手におえない問題に発展した。	原発爆発事故は，世界中に放射性物質を撒き，世界中の生命を脅かし，近隣住民に一番の被害を与えた。最も被害を受ける利害関係者を企業の意思決定に参加させるなどの対処が必要である。
その他	今後，上記の企業以外にも，大規模上場企業のコーポレート・ガバナンスから切り離す必要がある企業は増えるであろう。	既存のコーポレート・ガバナンスでは対処できない問題を抱える企業は，無数に存在するはずである。特に不祥事によって人びとの生命や財産を奪う可能性がある企業は，特別に原則を策定するべきであろう。

（出所）　筆者作成。

したため，金融機関のコーポレート・ガバナンスを構築することを提案しているのである[25]。つぎに，OECDは，発展途上国において，依然として国有企業に深く依存しており，民間企業と同様にコーポレート・ガバナンスの構築が求められることから，国有企業のコーポレート・ガバナンスを構築することを提案している[26]。そして，筆者は，2011年に日本で発生した原発爆発事故が，企業だけでは手におえない問題に発展したことから，特殊な業種または使命を持った企業（電力会社など）のコーポレート・ガバナンスを検討する必要があると考えている[27]。このように，企業の規模だけではなく，企業の業種ごとにコーポレート・ガバナンスを構築することが求められている。

(3) コーポレート・ガバナンスの段階的アプローチのマトリックス

コーポレート・ガバナンスは，いまや大規模上場企業にのみ適用されるのではない。コーポレート・ガバナンスは，規模別や業種別に，それぞれの企業により適した体制が構築されている。そして，コーポレート・ガバナンスは，ソフト・ローを用いた段階的なアプローチにより，今まで以上にそれぞれの企業に適したコーポレート・ガバナンスを構築することが必要である。

コーポレート・ガバナンスは，種類や規模別に構築すると企業の規模や種類が，複雑に重なり合い，図8－4のように重層的な体系となる。種類別の分類は，さらに規模別に分類することができ，コーポレート・ガバナンスは，より一層細分化されることで，より企業に適した体制を構築する段階にあろう。そして，多様性を制度に組み込んで構築することで，コーポレート・ガバナンス・コードが形骸化するリスクを軽減し，企業経営をより効率的かつ健全にするのである。

多様性を制度に組み込んで構築することは，EUのコーポレート・ガバナンスをEU以外の地域への応用可能性をさらに増大させる。たとえば，既存のコーポレート・ガバナンスから派生した国有企業のコーポレート・ガバナンスに関する問題は，アジアの発展途上国にもみられる問題であり，アジアにも受け入れやすいものになるはずである。このことからもEUにおけるコーポレー

152　第Ⅲ部　EUコーポレート・ガバナンスと企業の実践

図8－4　コーポレート・ガバナンスの規模と種類のマトリックス

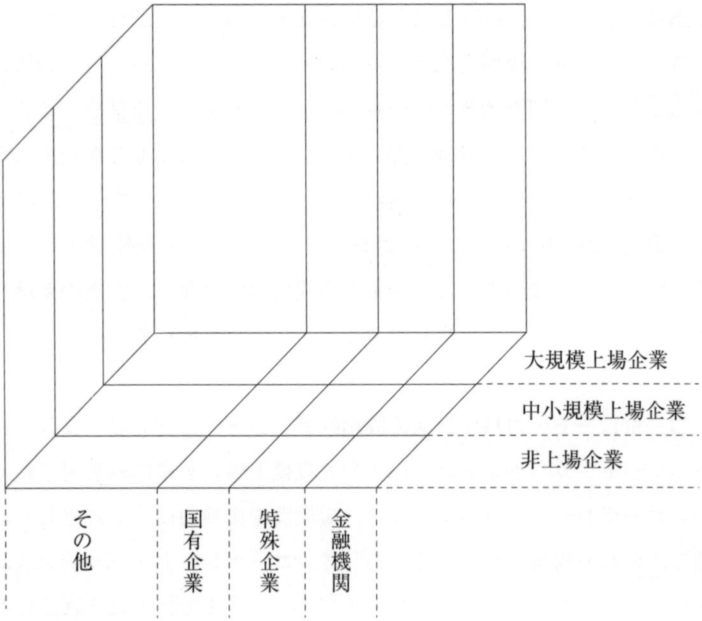

大規模上場企業
中小規模上場企業
非上場企業

その他
国有企業
特殊企業
金融機関

（出所）　筆者作成。

ト・ガバナンス統合という夢は，着々と実現し，EU以外の地域が率先して取り入れたいと思えるモデルへと近付いているのである。

5　おわりに

　EUは，夢から現に移行する段階にある。その道のりは長くて険しい。だが，夢は儚く消えるのではなく，必ず成果として達成されるべきなのだとするEUの強さを感じる。本章は，EUの奥深い理念のなかでも，経営の自由と制度の統一という異なる性質が衝突する領域を扱い，EUという世界を形にするため企業活動に焦点をあてて検討をしたのであった。

　まず，EUにおける文化的背景および経営的特殊性を深く念頭に置き，複数

国間で経営システムを統合するというコーポレート・ガバナンスの基礎的枠組みを表した。その検討の過程で，2010年に策定されたグリーン・ペーパーが，EUの経営システムの将来を決定的に形作ったことを突き止めた。ここでは，より詳細な内容に踏み込みつつも多様性自体を制度に組み込むという新たな動きがあることを感じ取り，ソフト・ローを用いた手法がEUにおいて多様性を制度に組み込むための羅針盤であることを主張したのであった。

　さて，上述の主張を裏付けるために，アリアンツ，エルコテック，ポルシェの3社のコーポレート・ガバナンス報告書を詳細に分析した。特に興味深い事例として，EUの制度が取締役会のバランスのとれた性別の構成や国籍の多様性などの詳細な内容を規定する一方で，企業は，男女比率よりも取締役の能力を重視すると表明し，ここではEUの理想像よりもさらに進んだ桃源郷を感じることになったのである。実際には，性別のバランスがとれた取締役会の構成のように遵守されないケースが多い規定があるなど，遵守しない理由の説明がわかりにくく，不十分な企業が存在したことに対した手だても必要だと，次なる課題の一端を感じたのであった。

　そうはいうものの，多様性をより制度に組み込むために，コーポレート・ガバナンスを段階的に構築する必要があることが明らかになった。つまり，EUの制度が取締役会のバランスのとれた性別の構成や国籍の多様性などの詳細な内容をソフト・ローによって規定し，遵守状況によって拘束力の強弱を画定する方法である。このようなEUの制度は，EU以外の地域が率先して模範にしたいと意思を表明するであろう。

　当初の解は，ここでいうところのソフト・ローを用いて多様性を制度に組み込む場合，EU以外の地域でも企業経営の効率化へとつながるということである。本研究の道の果てには，日本を含むアジア地域でも多様性を制度に組み込むことで，企業経営の新たな発展段階へと歩を進めることになろう。

(注)
1) SEが誕生するまでに,欧州委員会や会社法専門家グループは,企業経営機構に一層型と二層型のどちらを採用するのかを激しく議論し,長年の議論の末に選択制という妥協案を採用した。
2) 平田光弘 [2008a] 53頁
3) 平田光弘 [2008a] 53頁
4) OECD [1999・2004]
5) The High Level Group of Company Law Experts [2002]
6) European Commission [2003]
7) ECGF [2008]
8) EU市場が安定し,企業の国境を越えた活動が活発になった。これにより,近年,EU特有の経営問題として国境を越えた活動の問題が浮び上がってきたのである。
9) 今後のEUにおけるコーポレート・ガバナンスは,利害関係者の権利保護を強化し,より詳細な内容を共有する機運にあるということができよう。
10) European Commission [2010c] p.2
11) European Commission [2010c] p.2
12) スペインやフィンランドなどで,すでにコーポレート・ガバナンス・コードに性別の多様性が規定されていることも,EUレベルでの取り組みへと導いたと考えられる。
13) RiskMetrics Group [2009]
14) 欧州委員会は,グリーン・ペーパーで,企業が公表するコーポレート・ガバナンス報告書の60%で十分な説明がなされていないと指摘している。
15) アリアンツは,ドイツに本社を置いているため,ドイツ法を遵守している。また,アリアンツは,ドイツのフランクフルト証券取引所に上場しているため,ドイツ・コーポレート・ガバナンス・コードを遵守している。
16) アリアンツは,遵守していない規程が1つしかないことが特徴的である。
17) Elcoteq [2010]
18) エルコテックは,ルクセンブルクに本社を置いているため,ルクセンブルク法を遵守している。また,エルコテックは,フィンランドのナスダックOMXヘルシンキに上場しているため,フィンランド・コーポレート・ガバナンス・コードを遵守している。
19) エルコテックは,3つの項目を遵守していないため,アリアンツと比較すると遵守しない項目が多いということができる。
20) Porsche [2010]
21) ポルシェは,ドイツに本社を置いており,ドイツ法を遵守している。ポルシェは,フランクフルト証券取引所に上場しているため,ドイツ・コーポレート・ガバナンス・コードを遵守している。
22) ポルシェは,2つの項目を遵守していないが,比較的少ないといえるだろう。
23) マイノリティに関する条項を制度に織り込むことは,社会的な背景や歴史的な

背景を考慮すると重要なことである。
24) 立法措置の分野は，会社法に関する会議や将来の会社法に関する報告書によってまとめられ，拘束力を持つ法として規定される。原則策定の分野は，ECGFの議論や勧告の策定などにより非拘束的な企業経営の指針となる。企業独自の分野は，企業独自原則の策定や株主への報告書を通して，独自のコーポレート・ガバナンスとして構築されるのである。
25) 欧州委員会は，『グリーン・ペーパー：金融機関のコーポレート・ガバナンスと報酬方針（European Commission［2010a］）』を策定し，金融機関のコーポレート・ガバナンスに取り組み始めている。
26) OECDは，『国有企業のコーポレート・ガバナンス原則』を策定しており，世界的にも国有企業のコーポレート・ガバナンスに取り組み始めているといえる。
27) 現在，電力企業のコーポレート・ガバナンスを切り離す試みに早期に乗り出し，早急に対応する必要がある。

第9章

欧州株式会社のコーポレート・ガバナンス
―EU加盟国27カ国における企業経営機構の実態と将来像―

1 はじめに

　2001年以降に，EUレベルでの会社制度の改革が急激に進められた。とくに，世界的な企業不祥事の多発を背景として，コーポレート・ガバナンスに関する制度の改革が進められた。そこで，EUの行政機関である欧州委員会は，EUにおけるコーポレート・ガバナンスを，①株主およびその他の利害関係者への平等な保護，②EU全域における会社設立の自由，③ビジネスの効率化および競争力の強化，④国境を越えた企業間の協力，を目的とし，EUレベルの議論を通して，会社法を近代化する刺激的な議論をすることを表明した。この目的を達成するために，会社法およびコーポレート・ガバナンスに関する専門家機関であるヨーロピアン・コーポレート・ガバナンス・フォーラム（ECGF）を設置し，コーポレート・ガバナンスの活発な議論を促進したのであった[1]。

　ECGFによるコーポレート・ガバナンスの議論が展開されている間，EU加盟各国の国内法を如何に調和するのかが議論の中心であった。そのため，ほとんどのSEに関する先行研究は，制度の評価に関するものであった。ところが，近年SEの設立数が大幅に増加し，SEの実態に迫ろうとする研究が，EU域内で増えてきている。そこで，本章では，SEにおけるコーポレート・ガバナンスの実態を明らかにし，今後のEUにおけるコーポレート・ガバナンスがより画一的な統合の段階へと進むべきであることを証明することを目的とする。

2　EUにおけるコーポレート・ガバナンスの分類

(1) 歴史や制度，文化や慣習に基づくコーポレート・ガバナンス

　EUは，27の加盟国の制度を単一の制度として統一することを中断し，それぞれの歴史や制度，文化や慣習を尊重し，柔軟な制度としてEUの制度である指令やSE法などを制定した。まず，指令とは，おもに，加盟各国に対し国内制度の改革を求めるものである。また，SE法とは，EU共通の会社形態を規定したものである。これらのEUの制度は，最終的に国内法が詳細な内容を規定するという「補完性の原則[2)]」に基づいている。そこで，加盟各国のコーポレート・ガバナンスの特徴を比較すると表9－1のように表すことができる。

　加盟各国の企業経営機構を比較すると，一層型企業経営機構と二層型企業経営機構，その両者の選択型の3つに分類することができる。さらに，今日の企業経営機構とSE法制定直後の企業経営機構を比較すると，オーストリア，デンマーク，ハンガリー，ルクセンブルク，スロベニアの6ヵ国が，選択型に変更している。このように，選択型を採用する加盟国が増加した理由は，EUがSEの企業経営機構に選択型を採用したことが影響していると考えられる。

　加盟各国の従業員の経営参加に関する制度を考察すると，スウェーデンのように，一層型企業経営機構を採用しながら従業員の経営参加を認めている国や，エストニア，ラトビア，リトアニア，ポーランドのように，二層型企業経営機構を採用しながら従業員の経営参加を認めていない国が存在している。このように，従業員の経営参加制度は，二層型企業経営機構特有の制度ではなく，各国により独立した制度として制定されているのである。

表9−1　EU各国における国内企業の経営システム

U＝一層型，D＝二層型，C＝選択型

加盟国	2010年の企業経営機構	2000年の企業経営機構	従業員参加に関する規定
オーストリア	C	D	あり
ベルギー	C	C	なし
ブルガリア	C	C	なし
キプロス	U	U	なし
チェコ	D	D	あり
デンマーク	C	D	あり
エストニア	D	D	なし
フィンランド	C注1	C	あり
フランス	C	C	あり
ドイツ	D	D	あり
ギリシャ	C	C	なし注2
ハンガリー	C	D	あり
アイルランド	U	U	なし注2
イタリア	U注3	U注3	なし
ラトビア	D	D	なし
リトアニア	D	D	なし
ルクセンブルク	C	U	あり
マルタ	U	U	なし
オランダ	D	D	あり
ポーランド	D	D	なし注2
ポルトガル	U注3	U注3	なし注2
ルーマニア	C	C	なし
スロバキア	D	D	あり
スロベニア	C	D	あり
スペイン	U	U	なし注2
スウェーデン	U	U	あり
イギリス	U	U	なし

（注1）　フィンランドは，選択型であるが，ほとんどの企業が一層型を選択している。
（注2）　国営会社もしくは旧国営企業などで従業員の経営参加がみられる。
（注3）　監査役会の設置も要求される。その場合，二層型と判断する文献も場合もある。
（出所）　European Commission [2002a] p. 44, [2010b] p. 23, および国内法を参考に筆者作成。

(2) EUにおけるコーポレート・ガバナンスの6分類

　EU加盟各国のコーポレート・ガバナンスは，表9－2に表したように，イギリス型，スカンジナビア型，旧社会主義型，ドイツ型，南ヨーロッパ型，フランス型の6つに分類できる。第1にイギリス型は，一層型企業経営機構を採用し，従業員の経営参加を認めていないものである。第2に，スカンジナビア型は，一層型企業経営機構を採用し，従業員の経営参加を認めているものである。第3に，旧社会主義国型は，二層型企業経営機構を採用し，従業員の経営参加を認めていないものである。第4に，ドイツ型は，二層型企業経営機構を採用し，従業員の経営参加を認めているものである。第5に，南ヨーロッパ型は，選択型を採用し，従業員の経営参加を認めていないものである。第6に，フランス型は，選択型を採用し，従業員の経営参加を認めているものである。

　それぞれの歴史的背景の概要は，以下の通りである。イギリス型は，1600年に設立されたイギリス東インド会社の取締役会を起源とするものである[3]。スカンジナビア型は，フランスおよびドイツ，イギリスなどの影響をそれぞれから受けたものである。旧社会主義国型は，社会主義から資本主義へと体制転換をする際に，ドイツにおけるコーポレート・ガバナンスの影響を強く受けたものである。ドイツ型は，1843年にフランス商法典に範をとりドイツで制定されたプロイセン株式法の影響を受けたものである[4]。南ヨーロッパ型は，各国の共通した背景は多くないが，戦前・戦後に，フランスやドイツの影響を受けている国が多い。フランス型は，1807年のフランス商法典を起源とするものである。

　コーポレート・ガバナンスの背景を考察すると，ほとんどの国がイギリスやドイツ，フランスなどの市場経済先進国から少なからず影響を受けているものであることがわかる。つまり，ヨーロッパの歴史は，複雑に重なっており，歴史的・文化的な背景だけでコーポレート・ガバナンスの背景は明らかにならないのである。そこで，歴史的な背景以外の要素を検討する必要があるのである。

表9-2　EU加盟27ヵ国におけるコーポレート・ガバナンス体制の6分類

分類	企業経営機構	従業員の経営参加	加盟国	歴史的・文化的背景
イギリス型	U	なし	キプロス，アイルランド，イタリア，マルタ，ポルトガル，スペイン，イギリス	イギリス型は，1600年に設立されたイギリス東インド会社を起源とするものである。そして，イギリス以外の多くは，元イギリス領国であり，イギリスによる支配によって制度が形成されたものである。ただし，イタリアは，フランス商法典に影響を受けたが，ファシズムのなかで自由主義経済体制を採用したことにより，イギリス型のコーポレート・ガバナンス構造に発展したものである。
スカンジナビア型	U	あり	スウェーデン，フィンランド注1	スカンジナビア型は，フランスおよびドイツ，イギリスなどの影響をそれぞれから受けたものである。とくに，従業員の経営参加制度は，1970年にドイツの影響を受けたデンマークが取り入れ，その後スウェーデンやフィンランドに拡大したものである。
旧社会主義国型	D	なし	エストニア，ラトビア，リトアニア，ポーランド	旧社会主義国型は，社会主義から資本主義へと体制転換をする際に，ドイツにおけるコーポレート・ガバナンスの影響を強く受けたものである。しかし，従業員の経営参加に関する制度は，ドイツ型と異なり市場経済へ移行する際に従業員の権限を制限するためになくなったものである。
ドイツ型	D	あり	チェコ，オランダ，スロバキア，ドイツ	ドイツ型は，1843年にフランス商法典に範をとり，ドイツで制定されたプロイセン株式法の影響を受けたものである。ただし，オランダは，フランス法の影響を直接受け，その後，ドイツに占領されたことにより制度が伝播したものである。
南ヨーロッパ型	C	なし	ベルギー，ルーマニア，ギリシャ，ブルガリア	南ヨーロッパ型は，各国の共通した背景は多くないが，戦前・戦後に，フランスやドイツの影響を受けている国が多いものである。
フランス型（EU型）	C	あり	オーストリア，デンマーク，ハンガリー，ルクセンブルク，スロベニア，フランス	フランス型は，1807年のフランス商法典を起源とするものである。ただし他のタイプから移行したオーストリアやデンマーク，ハンガリー，ルクセンブルク，スロベニア，は，2002年以降にSEの誕生を受けて，選択型に改革したものである。

（注1）　フィンランドは，選択型を採用しているが，実質的に一層型をほとんどの国が採用しているため，スカンジナビア型に含めることにする。
（出所）　筆者作成。

(3) コーポレート・ガバナンスの6分類と地理的な勢力の伝播

コーポレート・ガバナンスの6分類を基に地図を作製すると，図9－1のように表すことができる。イギリス型は，イギリスからフランスを挟んで西と南に分散しているが，スカンジナビア型やドイツ型，旧社会主義型や南ヨーロッパ型，フランス型は，それぞれほぼ地域ごとに集中している。つまり，コーポレート・ガバナンスは，歴史的背景や制度的背景，文化的背景や慣習的背景などに基づくとはいえ，地理的に近い加盟国間で伝播する傾向にあることが理解できる。EUが，国境を接する国を対象に拡大を繰り返しているように，コーポレート・ガバナンスの在り方も，隣国に強い影響を発揮し得るのである。

SEのコーポレート・ガバナンスは，制度を設計するための議論のなかで，経済的な豊かさによりEU域内の高いプレゼンスを示していたドイツのコーポレート・ガバナンスを基礎としている規定が多い。このような，経済的な先進国は，多国間会議や二国間会議などの国際会議の場で，周辺国に対してコーポレート・ガバナンスの構築を求めることにより，影響を及ぼす場合がある[5]。つまり，地域ごとに類似したコーポレート・ガバナンスの制度が構築された要因は，周辺国がEUに加盟することを望むように，経済的な豊かさに裏打ちされた影響力にある。

このことが明確に現れているのは，旧社会主義国型とドイツ型の関係である。旧社会主義国は，旧社会主義国型が誕生した1990年頃から急激に市場経済化に向けて改革をした。旧社会主義国のなかでも，大幅な経済成長に成功した国であるチェコは，1995年頃から市場経済先進国を模倣してコーポレート・ガバナンスを改革した。この時，OECDのコーポレート・ガバナンスとともにアメリカ型のコーポレート・ガバナンス改革の導入を検討したが，最終的に，EUにおける経済的リーダーであり，度重なる占領によって自然と制度が類似しているドイツのコーポレート・ガバナンスを採用したのである。つまり，コーポレート・ガバナンス構造は，各国間の経済的な豊かさを背景とした勢力と均衡の関係のもとに伝播しているのである。

図9－1　EUにおけるコーポレート・ガバナンスの分類地図

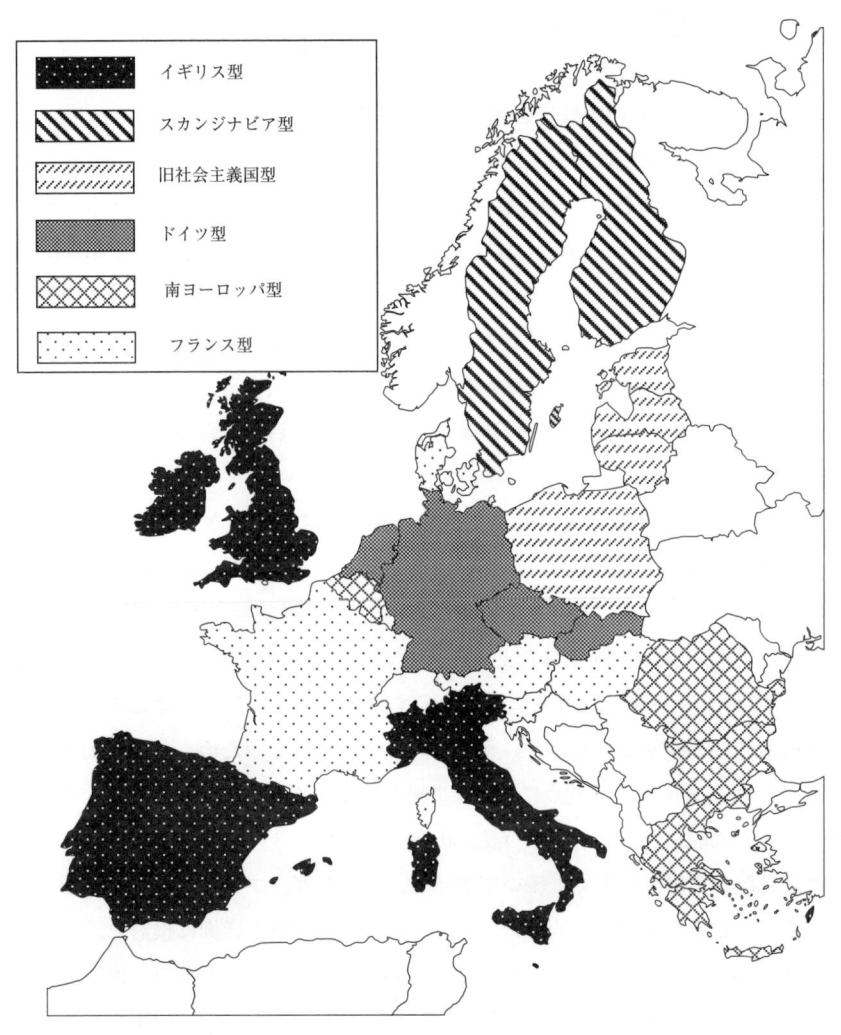

凡例：
- イギリス型
- スカンジナビア型
- 旧社会主義国型
- ドイツ型
- 南ヨーロッパ型
- フランス型

（出所）　筆者作成。

3 欧州株式会社（SE）の現状とその問題点

(1) EUにおける欧州株式会社（SE）の設立状況

　EU共通の会社形態であるSEのコーポレート・ガバナンスは，「SEに関する規則」と「従業員の経営参加に関するSE規則を補完する理事会指令」が骨格を規定し，EU共通の制度に定めのない規程を各国法が補完する関係にある。これにより，SEのコーポレート・ガバナンスは，企業に経営システムの選択を容認しているという特徴を有している。具体的には，一層型企業経営機構と二層型企業経営機構の2種類から企業経営機構を選択することができる。くわえて，情報提供・協議方式と経営参加方式から従業員の経営参加制度を選択することができる。

　このような二重構造の制度のなかで，各国が構築してきたコーポレート・ガバナンス構造に想定されていない構造を有する企業の設立が可能になった。たとえば，イギリスに登記するSEでありながら二層型企業経営機構を選択し，従業員の経営参加を認める企業などである。経営の自由度が増す一方で，SEは，EU共通の制度を各国の制度が補完する関係にあるため，登記する国により適用される制度が異なるというジレンマがある。そのため，各国の制度設計によってSEを活用する利点に差が生じる可能性がある。

　ETUIの調査によると，SEの設立状況は，表9-3に示したようにチェコでの設立数が突出して多く，続いてドイツ，オランダ，フランス，ルクセンブルクで多く設立されている。また，ETUIは，SEの実態を詳細に検討し，ノーマルSE，マイクロSE，エンプティSE，未確認SE，シェルフSEの4種類に分類した。ノーマルSEとは，5人超の従業員を雇用し活動しているSEをいう。マイクロSEとは，5人以下の従業員を雇用し活動しているSEをいう。エンプティSEとは，従業員を雇用せずに活動しているSEをいう。未確認SEとは，おそらく活動しているが，登記や官報の情報しか得られず，従業員を雇用しているのかさえ不明なSEをいう。シェルフSEとは，そのまま売れる会社を意味し，

第9章 欧州株式会社のコーポレート・ガバナンス　165

表9-3　欧州株式会社（SE）の国別設立数と種類

	ノーマル	マイクロ	エンプティ	未確認	シェルフ	合　計	実効法人税率
オーストリア	9 (8)	4 (4)	6 (6)	0 (0)	0 (0)	19 (18)	25.0
ベルギー	3 (0)	0 (0)	1 (2)	3 (4)	0 (0)	7 (9)	34.0
ブルガリア	0 (0)	0 (0)	0 (0)	0 (0)	0 (0)	0 (0)	10.0
キプロス	5 (6)	0 (0)	3 (3)	4 (4)	1 (1)	13 (14)	10.0
チェコ	43 (44)	87 (63)	5 (5)	601 (454)	33 (110)	769 (676)	19.0
デンマーク	1 (1)	0 (0)	1 (1)	2 (2)	0 (0)	4 (4)	25.0
エストニア	3 (3)	0 (0)	0 (0)	2 (2)	0 (0)	5 (5)	21.0
フィンランド	1 (1)	0 (0)	0 (0)	0 (0)	0 (0)	1 (1)	26.0
フランス	10 (12)	0 (0)	7 (7)	3 (3)	1 (1)	21 (23)	34.4
ドイツ	98 (95)	21 (20)	37 (33)	32 (29)	16 (17)	204 (194)	30.2
ギリシャ	0 (0)	0 (0)	0 (0)	0 (0)	0 (0)	0 (0)	20.0
ハンガリー	4 (4)	0 (0)	1 (1)	0 (0)	0 (0)	5 (5)	19.0
アイスランド	0 (0)	0 (0)	0 (0)	0 (0)	0 (0)	0 (0)	20.0
アイルランド	3 (3)	1 (1)	4 (4)	2 (2)	0 (0)	10 (10)	12.5
イタリア	1 (1)	0 (0)	0 (0)	0 (0)	0 (0)	1 (1)	27.5
ラトビア	2 (2)	0 (0)	1 (1)	2 (2)	0 (0)	5 (5)	15.0
リヒテンシュタイン	1 (1)	0 (0)	0 (0)	4 (4)	0 (0)	5 (5)	12.5
リトアニア	1 (1)	0 (0)	0 (0)	1 (1)	0 (0)	2 (2)	15.0
ルクセンブルク	7 (5)	0 (0)	9 (9)	10 (9)	0 (0)	26 (23)	28.8
マルタ	0 (0)	0 (0)	2 (1)	2 (1)	0 (0)	4 (2)	35.0
オランダ	12 (12)	0 (0)	13 (13)	8 (7)	0 (0)	33 (32)	25.0
ノルウェー	3 (3)	0 (0)	2 (2)	0 (0)	0 (0)	5 (5)	28.0
ポーランド	0 (0)	0 (0)	1 (1)	1 (1)	0 (0)	2 (2)	19.0
ポルトガル	0 (0)	0 (0)	0 (0)	1 (1)	0 (0)	1 (1)	26.5
ルーマニア	0 (0)	0 (0)	0 (0)	0 (0)	0 (0)	0 (0)	16.0
スロバキア	3 (2)	20 (13)	2 (2)	21 (22)	1 (5)	47 (44)	19.0
スロベニア	0 (0)	0 (0)	0 (0)	0 (0)	0 (0)	0 (0)	20.0
スペイン	0 (0)	0 (0)	1 (1)	1 (1)	0 (0)	2 (3)	30.0
スウェーデン	1 (1)	0 (0)	0 (0)	1 (1)	3 (3)	5 (5)	26.3
イギリス	1 (2)	2 (2)	11 (12)	11 (9)	10 (0)	35 (25)	26.0
全　体	212 (210)	135 (103)	107 (104)	712 (559)	65 (137)	1,231 (1113)	22.5

（注1）　2012年5月19日現在。カッコ内は2012年3月1日現在のSE設立数を表す。
（出所）　The European Trade Union InstituteおよびJETRO，OECDのデータベースを参考に筆者作成。

転売することを目的とするSEである。

全1,231社のSEのなかで，ノーマルSEが212社，マイクロSEが135社，エンプティSEが107社，未確認SEが712社，シェルフSEが65社設立されている。SEの設立数を検討すると，ノーマルSEが全体の17.2％にすぎず，未確認SEが57.8％にも及ぶ。しかし，SEは，本来EU域内において国境を越えて活動する大規模企業を対象としている。そのため，ノーマルSE以外のSEは，SE本来の目的とかけ離れた利用法である。

(2) チェコにおける欧州株式会社（SE）の転売

SEが最も多く設立されているチェコでは，未確認SEとシェルフSEが異常に多く設立されている。チェコで多くのSEが設立されている背景を考察すると，必ずしもチェコでSEを設立する利点が多いというわけではない。たとえば，チェコの実効法人税率は，19.0％であり，他国と比較しても税率が低いものではない。また，チェコには，優遇減税制度が存在するが，外国資本の製薬・化学品製造，機械製造，電子・光学機器製造，自動車その他の輸送機械製造部門に限られており，SEの優遇減税を目的としているものではない[6]。

むしろ，法人税率だけでみれば，ブルガリアとキプロスが10.0％で最も低く，アイルランドとリヒテンシュタインが12.5％で次に続いている。とくに，アイルランドは，アップルやグーグルなどの大規模企業が節税対策に利用したことで有名である[7]。そのようななかで，あえて節税対策でチェコにSEを設立しているとは考えにくい。そこで，チェコの経済状況に目を向けると，チェコは，やや鈍化していたEU経済のなかで，2005年から2008年の間6％以上の経済成長を達成し，2008年から物価上昇とチェココルナ高の影響により2年間低迷したものの，2010年から2％の経済成長をしている[8]。このような背景から，チェコにおいて，起業活動が活発化しており，起業にかかる時間コストを削減するために，シェルフSEの転売が流行していると考えられる。

だが，チェコで多数設立されたシェルフSEは，表9－3で示したように，ETUIが調査をまとめた2012年3月から筆者が調査した2012年5月の間に激減

している。そして，シェルフSEが減少した代わりに，未確認SEが劇的に増加している。つまり，シェルフSEが転売され活性化されたが，経営が小規模であるため，企業情報をほとんど開示していない状況にあると考えられる。株式会社が乱立して売買の対象とされており，まさに，南海の泡沫事件を彷彿とさせる現状である。しかし，SEは，本来大規模株式会社を対象とした企業形態であり，国境を越えた経営を促進する役割を有するものである。それにもかかわらず，小規模で情報開示さえほとんどしていない会社が多数を占めているのである。このように制度的に想定されていない状況には，迅速に対処すべきである。

(3) 欧州株式会社（SE）の課題とコーポレート・ガバナンスの関係性

　SEの情報開示・透明性に関する制度は，「SEに関する規則」により，「年次決算，連結決算，アニュアル・レポート，監査，情報開示などに関しては，登記された加盟の国内法の株式会社に適用される法律が適用される」ことのみが定められている。しかし，SEは，非上場企業でも設立することもできるが，国境を越えて経営活動をする大規模企業を対象としていることを忘れてはならない。SEが大規模企業として設立されるならば，企業と利害関係者の関係をつなぐ情報開示は，必ず実施されなければならないのである。

　EUにおいて，情報開示・透明性の問題は，長年議論されており，EUのコーポレート・ガバナンスに多大な影響を与えた2003年のアクションプランでも，強化するべきである項目に含まれている。ただし，EUにおけるコーポレート・ガバナンス改革は，上場企業を対象としており，非上場企業にコーポレート・ガバナンスの強化を求めるものが少ない。そもそも，コーポレート・ガバナンスは大規模上場企業を対象としているため，非上場企業にコーポレート・ガバナンスの強化を求めることが少ないことも一因である。これにより，SEにおける情報開示・透明性に関する制度の抜け道になっているのである。

　しかし，SEは，国内企業と異なり，複数国間で自由に運営することができる。このような大規模企業の一部が，非上場であることを理由に恣意的な経営に走

ると,域内全体のモラルが低下する恐れがある。EUでは,非上場企業が,比較的大規模な経営を展開している国が多く存在しており,社会的な影響力は大きい。そのため,本来SEにおけるコーポレート・ガバナンスに関する制度を強化し,SEの実態にあわせて対応する必要がある。とくに,SEが非上場企業を対象に含むのであれば,非上場企業に対するコーポレート・ガバナンスの強化を含むSE改革をしなければならないのである。

4 欧州株式会社(SE)のコーポレート・ガバナンスと新たな統合段階

(1) 加盟各国における欧州株式会社(SE)の企業経営機構

SEの企業経営機構は,一層型企業経営機構と二層型企業経営機構の2種類から選択することが特徴であることは既に述べた。これにより,一層型企業経営機構と二層型企業経営機構の選択ができなかった加盟国でも両方の企業経営機構から選択することができるようになった。このような意味でSEの誕生は,EU域内の企業経営に大きな変化をもたらした。ただし,企業経営機構は,「歴史,社会,文化,制度,慣習などを異にするそれぞれの国に制度化され,その社会に根ざすもの[9]」であるから,新しい制度が各国の企業に受け入れられない可能性がある。

そこで,SEの企業経営機構の実態を表に示したものが表9-4である。全体的にみると,一層型企業経営機構を223社が,二層型企業経営機構を932社が採用しており,二層型企業経営機構を採用するSEの方が圧倒的に多いことがわかる。ただし,この結果は,もともと二層型企業経営機構のみが存在するチェコで,取締役に関する規定が甘い二層型企業経営機構のSEが753社設立されているためである。そこで,国内の制度で選択型である国およびチェコを除いた加盟国を考察してみると,41.9%のSEが,国内の制度で定めのない企業経営機構を採用していることが明らかになった[10]。このように,国内法に定めのない企業経営機構を構築している企業が,半数弱も存在することは,驚くべ

表9－4　EU加盟各国の企業経営機構と欧州株式会社（SE）の企業経営機構

U＝一層型，D＝二層型，C＝選択型

	国内企業の経営機構	一層型	二層型	N／A	合計
オーストリア	C	15	4	0	19
ベルギー	C	7	0	0	7
ブルガリア	C	0	0	0	0
キプロス	U	7	3	3	13
チェコ	D	13	753	3	769
デンマーク	D	2	1	1	4
エストニア	D	1	3	1	5
フィンランド	C	0	0	1	1
フランス	C	15	5	1	21
ドイツ	D	84	98	22	204
ギリシャ	C	0	0	0	0
ハンガリー	C	4	1	0	5
アイスランド	U	0	0	0	0
アイルランド	U	6	1	3	10
イタリア	U注1	0	1	0	1
ラトビア	D	1	3	1	5
リヒテンシュタイン	U	2	0	3	5
リトアニア	D	1	0	1	2
ルクセンブルク	C	21	5	0	26
マルタ	U	4	0	0	4
オランダ	D	17	10	6	33
ノルウェー	C	5	0	0	5
ポーランド	D	0	1	1	2
ポルトガル	U注1	1	0	0	1
ルーマニア	C	0	0	0	0
スロバキア	D	5	41	1	47
スロベニア	C	0	0	0	0
スペイン	U	1	1	0	2
スウェーデン	U	4	1	0	5
イギリス	U	7	0	28	35
合　計		223	932	76	1231

（注1）　2012年5月19日現在。
（出所）　The European Trade Union InstituteのSEデータベースを基に筆者作成。

き結果である。したがって，国内で定められたコーポレート・ガバナンスに関する制度に不満や不便さを感じている経営者が存在すると言わざるを得ない。

さらに，一層型企業経営機構と二層型企業経営機構を分けて考察すると，国内法に一層型企業経営機構しか存在しない加盟国のなかで二層型企業経営機構を選択したSEの割合は，14.3％である。全体に占める国内法に一層型企業経営機構しか存在しない加盟国のなかで二層型企業経営機構を選択したSEの割合は，かなり少ないことが理解できる。逆に，国内法で二層型企業経営機構しか存在しない加盟国において，一層型企業経営機構を選択したSEの割合は，46.2％である。全体に占める国内法に二層型企業経営機構しか存在しない加盟国のなかで二層型企業経営機構を選択した割合は，約半数にのぼることが理解できる。このような結果から，経営者は，一層型企業経営機構を選択する傾向にあることが理解できる。

(2) 欧州株式会社（SE）の従業員の経営参加の現状

従業員の経営参加制度は，加盟国ごとに方式が異なる。そのため，既に述べたようにSEの従業員の経営参加は，従業員側への情報提供をする方法と従業員側との協議を行う方法，監督機関への経営参加をする方法の3つから選択することができる[11]。さらに，それまで従業員の経営参加が認められていなかった加盟国に設立する場合も，基本的に記述の3つの方法から選択し定款に定めなければならず，基本的に従業員の経営参加を認めなければならない。ただし，イギリス企業のように，もともと従業員の経営参加制度が存在しない企業がSEに転換する場合は，従業員の経営参加を認めないことを定款に定めることができる。

そのような，もともと従業員の経営参加制度を認めていない企業がSEに転換する場合の例外規定は，悪用される場合がある。一例を挙げると，ドイツ型のように従業員の経営参加を必ず認めなければならない加盟国の企業が，従業員の経営参加を回避することに利用するケースである。具体的に，ドイツ企業が従業員の経営参加を回避するために，イギリスで株式会社を設立し，その株

式会社をSEに転換すると，従業員の経営参加制度を有さないSEを設立できる。その後，既存のドイツ企業の従業員を新規に設立されたSEと新規に契約させることにより，合法的に従業員の経営参加を回避することができるのである。

そのような手法が用いられる場合は，経営者の視点に立てば，従業員の経営参加制度が非効率的な制度であることを意味する。たしかに，企業競争力の強化の視点からみれば，経営意思決定に専門経営者ではない従業員が参加することは，意思決定を遅らせ，企業競争力を低下させる可能性がある。しかし，企業不祥事への対処の視点からみれば，経営外部からの監視機能を有する従業員代表を意思決定から排除することにより，経営者が恣意的な経営をする可能性があるだろう。そのため，このような手法への評価は難しいが，企業を監視・牽制する役割を企業外部からするためにも，対処していかなければならない。

(3) 欧州株式会社（SE）の本来の目的と今後の課題

SEの制度は，多様なEUのコーポレート・ガバナンスを調和し，EUにおける企業経営の幅を広めた。SEが多様なEUのコーポレート・ガバナンスを調和することを可能にしたのは，EUレベルにおける制度と加盟国レベルにおける補完性を有する規定である。だが，EUレベルと国内法レベルの二段階の規定を設けたことにより，結局登記する加盟国ごとに企業構造が異なるというジレンマが生じたのである。これにより，加盟国によっては，SEを設立する利点が少ないという問題や従業員の経営参加を回避するために使用されるという問題が発生した。

EUの会社制度は，SE以外の制度でも指令により一定規定を共有しており，加盟国ごとの制度も徐々にではあるが，統合が強化されている。そこで，EUのコーポレート・ガバナンスは，新たな統合段階に歩を進める必要がある。その核となるのが，SEである。SEはもともと，EU統合の象徴となり得るものとして期待されていた。しかし，加盟各国による数々の主張により，妥協的な制度として完成したものである。そうであるならば，EUの統合が市民に定着し，経済的にも政治的にも新たな問題が発生している今，SEをよりEUによる規則

によって詳細に規定し，完全なるEUの会社制度として完成させるべきである。

既に述べたように，SEを完全なるEUの会社制度として完成させるためには，より詳細なコーポレート・ガバナンスの規定が必要である。そのためには，法人関連税制の統合を含む関連制度の統合も進める必要があろう。今回の調査では，法人税とSEの設立数に深い関係性を考察していないが，加盟各国は，アイルランドに対して長年法人税の引き上げを要求している。このような要求は，法人税率の格差が加盟国の利害に影響を与えているからであると言わざるを得ない。そのような，加盟国間で利害が衝突している状態では，SE誕生の歴史をみても加盟各国が自国に企業を誘致する方策を見いだすために，加盟国間で制度的な競争が続くであろう。そこで，統合範囲をSEに限定して税制を統合し，詳細な規定を有する真のEU共通会社形態の構築を目指すべきなのである。ただし，現行のSEの特徴である選択可能性を残し，各選択肢の詳細な規定を定め，より健全で効率的なコーポレート・ガバナンスを構築するべきであろう。

5 おわりに

EU加盟各国のコーポレート・ガバナンスは，多様でありながらも，類似性を示しており，おおむね6つのタイプに分類することができた。それぞれの6タイプの背景には，歴史や文化，慣習などが複雑に関係していた。とはいえ，歴史的にEU加盟各国が，統合・分裂を繰り返していたために，地理的に近い加盟国間で比較的近いコーポレート・ガバナンスを構築していた。このように，EU加盟国間のコーポレート・ガバナンスは，多様でありながら類似性を示していたのである。

EUでは，多様なコーポレート・ガバナンスが混在するなかで，コーポレート・ガバナンスを徐々に統合することで，市場の効率化を模索したのである。そのようななかで，2001年に制定された「SEに関する規則」と「従業員の経営参加に関するSE規則を補完する理事会指令」により，SEが誕生した。そこで，SEの実態を検討すると，本来の目的とは，異なる利用のされ方をなされ

ていることが発覚したのである。このような，問題は，SEのコーポレート・ガバナンスに関する制度が，妥協的に決定したものであり，EUレベルにおける詳細な規程が存在しないことが原因であることが明らかになったのである。

現行のSEにコーポレート・ガバナンスの実態を検討すると，EUにおけるコーポレート・ガバナンスの統合が次のステージへと進むための課題が浮き彫りとなった。まず，SEの企業経営機構の現状を分析すると，各国間の詳細な規程が異なることにより，登記する国によりSEを設立する利点に格差が存在した。つぎに，従業員の経営参加制度においても，従業員の経営参加を実質的に回避する方法が存在することが明らかになった。そして，SEのコーポレート・ガバナンスを，より詳細に規定し，統合の次なる将来像を見据えて歩を進めるべきなのである。

(注)
1) ＥＣＧＦの議論は，明山健師［2013］，正井章筰［2009］などを参照のこと。
2) 補完性の原則とは，リスボン条約に規定されているＥＵの法令に規定されていない事項を，国内法が補うことを定めたものである。
3) 及川宜生［1981］117頁。
4) 吉森賢［2000］によるとドイツの二層型企業経営機構は，「フランス商法典に範を取り1843年11月プロイセン政府は，プロイセン株式会社法を制定した。…（中略）…その後記述のフランスの1856年7月17日－23日法により株式合資会社に対して二層型取締役会が義務づけられ，これがドイツの二層型取締役会の規範となった」のである。
5) 小島大徳［2008a］72-77頁。
6) ジェトロホームページ（http://www.jetro.go.jp/indexj.html，最終更新日：2012年3月23日）
7) 日本経済新聞2005年11月2日付。
8) 外務省ホームページ（http://www.mofa.go.jp/，最終更新日：2012年3月23日）
9) 平田光弘［2008a］53頁。
10) 本章のＳＥの割合において，特別な断りがない場合，設立されたＳＥのほとんどがシェルフＳＥや未確認ＳＥであるチェコは，サンプルから除外するものとする。
11) ＥＵにおける従業員の経営参加が選択制となった経緯は，平田光弘［2008b］を参照のこと。

結
研究の結論と今後の課題

1 本書における各部の知見

(1) 第Ⅰ部で得られた知見

　本書では，EUのコーポレート・ガバナンスに関する研究を第Ⅰ部「EU統合とコーポレート・ガバナンス」，第Ⅱ部「EU加盟27ヵ国のコーポレート・ガバナンス」，第Ⅲ部「EUコーポレート・ガバナンスと企業の実践」，として論じてきた。ここで各章の結論をまとめる。

　第1章では，統合地域としてのヨーロッパの使命と加盟国の権利保護の闘いを体系化することを試みた。まず，会社法に関する指令の系譜は，1960年から1990年までの統一期，1990年から2000年までの調和期，2000年からの統合期の3つに分類することができた。また，会社法に関する指令のなかでも，議論を収束させることに多くの時間を割いた第5号会社法指令の議論を考察すると，1990年頃に，1つの理想のコーポレート・ガバナンス構造を追求するものから，加盟各国の制度を考慮し，選択肢を与えた柔軟な制度を追求するものへと変化したことが明らかになった。そして，2000年以降から，EUのコーポレート・ガバナンスは，SEの誕生をきっかけに，さらなる会社制度およびコーポレート・ガバナンスの統合を深化させることを解明したのである。

　第2章では，EU加盟国の歴史的，文化的背景により形成されたコーポレート・ガバナンスの特徴を明らかにすることを試みた。まず，ヨーロッパの長い歴史のなかでローマ法を基盤としたヨーロッパの概念が誕生し，大学教育を通して形成されたヨーロッパ的な法体系の基盤が，東ヨーロッパを含むヨーロッ

パ全体に浸透していた。また，東ヨーロッパ諸国のコーポレート・ガバナンスは，ヨーロッパの経済のなかでリーダーシップを発揮していたドイツの経営を参考にしている国が圧倒的に多く，市場経済先進諸国に牽引されて発展していた。そして，東ヨーロッパにおける利害関係者との関係がドイツの制度と一線を画しており，市場経済化の過程で従業員の経営参加制度を廃止した国が多く，二層型企業経営機構でありながら，従業員の経営参加制度を有さないという，特殊な構造を構築したという特徴を有することを解明したのである。

第3章では，EU共通の会社形態であるSEが誕生したことによる影響を明らかにすることを試みた。まず，EU共通の会社形態であるSEの制度と加盟各国の制度の関係は，基本的な会社の構造などの規程にSE法が適用されるが，SE法に規定されていない内容に加盟各国の国内法が適用され，SE法を加盟国法が補完している。また，SEのコーポレート・ガバナンスは，企業経営機構を，一層型企業経営機構と二層型企業経営機構の2つから，従業員の経営参加を，情報・協議方式と経営参加方式の2つから選択でき，企業経営機構と従業員の経営参加に選択肢を与えていることに特徴があった。そして，EU共通の会社形態としてSEが誕生したことにより，SE法がSEのみを規定するにもかかわらず，SEの規定に合わせて国内会社法を改正する国が出てきており，域内の制度の潜在的な画一化が進んでいることを解明した。

(2) **第Ⅱ部で得られた知見**

第4章では，EUにおけるコーポレート・ガバナンスが統合に対する障害を克服し普遍的で詳細なコーポレート・ガバナンスを構築したことを明らかにすることを試みた。まず，アクションプランの計画により設立されたECGFが，コーポレート・ガバナンス・コードを用いて加盟各国のコーポレート・ガバナンスを収斂させる作業を進めていた。また，ECGFは，コーポレート・ガバナンスのさらなる収斂化を目指し，8つのステートメントを策定し，コードを利用したコーポレート・ガバナンス統合の強化を目指したのであった。そして，EUのコーポレート・ガバナンスが，新たな段階として，SEに関する制度を加

盟各国の制度に依存した制度から，完全なEU型の制度へと改革する必要があることを解明したのである。

第5章では，EUにおけるコーポレート・ガバナンスが，EUレベル，加盟国レベル，企業レベル，の3つの観点から統合されていることを明らかにすることを試みた。まず，EUレベルでは，アクションプランなどの原則を用いて，加盟各国のコーポレート・ガバナンスを調和することで統合作業が促進されていることが明らかとなった。つぎに，加盟国レベルでは，SE法を国内法に置き換えることで，コーポレート・ガバナンスの統合作業が促進されていることが明らかとなった。そして，企業レベルでは，経営統合で原則が用いられることによって，コーポレート・ガバナンスの統合作業が行われており，EUにおけるコーポレート・ガバナンスが，原則を利用して加盟国のコーポレート・ガバナンスを調和した制度をEUで構築し，そのEUで構築された制度を再度加盟国が取り入れられることで進められていたことを解明したのである。

第6章では，EUにおいて国境を越えた経営が促進されたことで加盟国に与えた影響を明らかにすることを試みた。まず，EUレベルでは，加盟国が構築した既存の経営システムをSE法や指令により，EU共通の枠組みを有する制度が各国に浸透した。つぎに，加盟国レベルでは，EUレベルで統合された経営システムを加盟各国が国内法化することにより，域内の経営システムを調和した。そして，企業レベルでは，企業独自の経営システムを構築する際にコーポレート・ガバナンス原則を策定することで，EUのコーポレート・ガバナンスが浸透したことを解明したのである。

(3) 第Ⅲ部で得られた知見

第7章では，世界のコーポレート・ガバナンス原則がEUにおける企業経営に与えた影響を明らかにすることを試みた。まず，ecoDaを代表する経営者機関が，欧州委員会やECGFの公表する法案や勧告に対して，コメントを公表するなどして積極的にアプローチしていた。また，欧州委員会は，経営者機関や研究機関，法律事務所に調査を委託し，協同して会社法制度改革を実施した。

そして，欧州委員会が，分離しがちな政治領域と経営領域の会社制度に対するアプローチを調和することを可能にし，より経営者の意見を反映した実践的な制度作りを実施したことを解明したのである。

第8章では，企業の業種や規模別にコーポレート・ガバナンスを構築することで現代的なコーポレート・ガバナンスの問題に対処できることを明らかにすることを試みた。まず，EUの制度が，性別のバランスがとれた取締役会の構成や国籍の多様性を取り入れた取締役会の構成などの詳細な内容を規定する一方で，企業は，男女比率よりも取締役の能力を重視することを表明するなど，EUが描く理想と異なるコーポレート・ガバナンスを構築していた。また，コーポレート・ガバナンスは，もはや全ての株式会社が同じ構造を構築するべきものではなく，多様性をより制度に組み込むために，段階的に構築する必要があった。そして，コーポレート・ガバナンスを規模別，種類別に細分化して，企業の特質に適合した制度を作り上げる方針へとシフトする必要があることを解明した。

第9章では，全SEの実態を考察しEUのコーポレート・ガバナンスがより強い統合へと向かうことを明らかにすることを試みた。まず，SEが，EU域内で横断的に活動する大規模株式会社のために誕生したにもかかわらず，実際には本来の目的とは異なる利用のされ方をなされていることが発覚した。また，このような問題は，SEのコーポレート・ガバナンスに関する制度が，妥協的に決定したこともあり，詳細な規定が存在しないことが原因であることが浮き彫りとなった。そして，EUのコーポレート・ガバナンスが，SEのコーポレート・ガバナンスを，より詳細に規定し，加盟各国間で生じるSEを設立することで得られる効果などの格差を平準化するべきであることを解明した。

2　本書の結論

(1) EUのコーポレート・ガバナンスを応用するために

本書では，第Ⅰ部でEU加盟各国のコーポレート・ガバナンスを統合する過

程を時系列にそって考察した。第2章の歴史を踏まえた考察により，ローマ時代から続くヨーロッパ市民としての意識がEU統合の原動力になり，政治面や制度面での統合を進める推進力になっていたことが判明した。ヨーロッパという広範な地域において，市民にヨーロッパ市民という共通の認識が存在していたことは，EUの特質であり，前例のない武力によらない統合に成功した鍵であった。だが，EU統合の直接的な動機は，経済面の衝突を緩和することであった。グローバル化という言葉さえ陳腐化する今日の社会のなかで，国際的な競争力を強化したいという意識がEU統合の原動力であることは，忘れてはならない。

　EUにおけるコーポレート・ガバナンスを研究するうえで，常に念頭に置いていたことは，如何にしてEU以外の地域に応用するかということであった。そして，本研究を進めていくうえで，もっとも多く寄せられた意見が，EUにおけるコーポレート・ガバナンスをEU以外の地域に応用することは不可能だというものであった。その理由を精査すると，アジアやアフリカでは，EUよりさらに多様な文化や宗教，制度や慣習があるため，地域的な統合はあり得ないというものであった。そのため，本書では，第2章で，旧社会主義国のEUへの統合ないしEUの旧社会主義国への拡大を考察したのである。

　旧社会主義国は，計画経済を基礎とし私的財産権さえも有していない体制から，経済発展を目標に，EUおよび資本経済先進諸国に牽引されながら，市場経済体制への転換および制度的な深化を達成したのである。今では，東ヨーロッパ地域は，ヨーロッパの地方都市と比喩されることもあるが，資本経済先進国として既に十分な発展を遂げている。経済発展の過程で，市場経済先進諸国からコーポレート・ガバナンスを含む会社制度の構築が求められたことは，東ヨーロッパ諸国の今日における経営活動を論じるうえで欠かすことができない経験である。EUにおける社会主義国を有する東方諸国へ拡大した経験は，ベトナムやラオスなど社会主義国を有するアジア地域や会社制度の未熟なアフリカが，市場統合の前例として参照する価値が十分にある。

(2) EUにおけるコーポレート・ガバナンスの構築プロセス

EUにおけるコーポレート・ガバナンスをEU以外の地域に役立てるためには，EUにおけるコーポレート・ガバナンス構造をそのまま輸出するのではなく，コーポレート・ガバナンスを構築するまでの理念やプロセス，そして枠組みを応用する必要があった。そこで，本書では，多くの文面を割いて，EUにおけるコーポレート・ガバナンスの統合プロセスを論じたのである。

EUにおけるコーポレート・ガバナンスへの取り組みは，長い時間をかけて，統一化から調和化，そして統合化へと歩を進めた。そして，統合化へと歩を進めるまでの過程で，国境を越えて地域で会社制度やコーポレート・ガバナンスなどの制度を構築するためには，調和のプロセスを通して，加盟各国にとって合意可能な制度を部分的に統合することが必要であることが浮き彫りとなったのである。

部分的な統合を達成するためには，コーポレート・ガバナンス・コードを用いたアプローチや段階的なアプローチを通して，市民社会を含むより広範な利害関係者が企業経営を監視・監督することが可能な企業構造の構築を目指す必要があった。まず，コーポレート・ガバナンス・コードを用いたアプローチは，加盟各国の制度を尊重した制度作りを可能にする。また，段階的なアプローチは，企業経営の実践を最大限に考慮した企業構造を規定することを可能にする。そして，市民社会を含むより広範な利害関係者が企業経営を監視・監督することが可能な企業構造を構築することは，加盟各国の歴史や文化，慣習などを背景とした加盟各国の利害関係者をめぐる意見の相違を埋めることを可能にするのである。

(3) EUコーポレート・ガバナンスの枠組み

EUにおけるコーポレート・ガバナンスの枠組みは，立法とソフト・ローを基盤としており，この2つを中心としたEUと加盟国，そして企業の3者が協働して形成されている。この3者におけるコーポレート・ガバナンスへの取り組みは，EUから企業へとその主体が下位に進むにつれて具体的な規定を含む

ものへと変化するという特徴がある。制度を実践する主体に近付くにつれ，具体性が高まることは，日本や韓国のようなEU以外のアジアでも同様であるが，EUでは，超国家的な地域で形成された制度から実践へとおりてくることが特質である。

　3者のなかで最も上位に位置づけられるEUの制度は，域内の制度的基盤を形成する役割を有しつつも，加盟国の制度や企業の実践からわき上がってくる新たな取り組みや課題を反映したものである。EUの制度は，加盟各国により大部分を補完されており，部分的な統合に留まっている。その背景には，EU共通の会社形態として誕生したSEと加盟各国の国内企業の制度が明確に分離していないという課題が存在している。この課題を解決するために，欧州委員会が中心になり，より詳細な制度を規定するべく，改革に乗り出し始めたのである。

　3者のなかで中位に位置づけられる加盟国の制度は，EUと企業を繋ぐ役割を有しており，EUの制度を補完することで，企業に対して詳細な制度を規定したものである。加盟国の制度は，EUの制度のなかで大部分を占めており，加盟国の制度次第で大幅に異なるコーポレート・ガバナンス構造が規定されている。その背景には，加盟各国の国内で形成された制度に，従業員が権利を勝ち取るまでの努力や，経営者と株主の関係の在り方などが異なりその調整に時間を要するという課題が存在している。この課題を解決するために，コーポレート・ガバナンス・コードを用い，企業に対して遵守しないという選択肢を与えるとともに，各国間の制度的な接近を試みているのである。

　3者のなかで下位に位置づけられる企業の実践は，EUと加盟国により規定された制度を実践しレビューする役割を有しており，企業実践のなかで制度的な欠陥や矛盾を排除した構造を構築するものである。企業の実践から構築されるコーポレート・ガバナンスは，コーポレート・ガバナンス・コードによって形成されるため，遵守しない自由が認められている。このような，柔軟さを備えた制度を基盤として，企業と社会との関係を健全に保ちつつ，競争力を強化する詳細な規定を構築しなければならない。

(4) EU型コーポレート・ガバナンスの体系

　EUにおいて，コーポレート・ガバナンス改革は，3つの段階に分かれていた。第1段階では，SEの創出を目指していた1960年から2000年までの間，企業の基本構造を確立することに焦点をあてられ，経営システムが構築された。とくに，企業経営機構と従業員の経営参加に関する制度が中核をなしていた。第2段階では，コーポレート・ガバナンスの近代化を目指していた2000年から2010年までの間，企業と企業外部者との関係に焦点をあてられ，企業外部者からの監視・牽制の仕組みに関する制度が構築された。とくに，情報開示・透明性と社外取締役に関する制度が中核をなしていた。第3段階では，EU型のコーポレート・ガバナンスをより具体化することを目指して2010年以降，企業競争力の強化と企業不祥事への対処に焦点をあてられ，取締役会の構造や株主の権利，加盟国のコーポレート・ガバナンス・コードに関する制度の改革が開始された。とくに，EU域内のコーポレート・ガバナンス・コードを活用して詳細な規定を統合することが目指されている。

　EU型コーポレート・ガバナンスは，第1段階を基盤として第2段階，第3段階へと階層化されている。第1段階で構築された経営システムは，選択型を採用しつつも，EU共通の理解を得ることに成功した。これにより，EU型コーポレート・ガバナンスの基盤を形成した。第2段階で構築された監視・牽制の仕組みは，国際的な企業への経営の健全化への要求を受け入れて，社会に多大な被害を与える企業不祥事に対処することを可能にした。これにより，EU型コーポレート・ガバナンスの輪郭が形成された。第3段階で構築される企業競争力の強化と企業不祥事への対処の仕組みは，現代企業が抱える新たな問題に対処するとともに，EU市民による要求を受け入れ，社会や利害関係者の権利を詳細に制度化しようとしている。これにより，本当の意味でEU型のコーポレート・ガバナンスが構築されるのである。

　ここで，具体的な内容を総括すると，EU型コーポレート・ガバナンスは，おもに，経営システムと利害関係者との関係の2部の体系を有している。また，この2つを達成するための手段として情報開示・透明性に関する制度作りも，

並行して進められている。そして，経営システムと利害関係者との関係の2つは，既に述べた階層的なアプローチで構築されているのである。

経営システムは，まず，中核に，EUが選択肢を有する企業経営機構と従業員の経営参加制度など，企業経営の基礎的な構造がある。つぎに，社外取締役の役割や人数，構成など，各会社機関の詳細な構造がある。そして，取締役会の業務を評価する方法や危機管理体制の構築などの各機関をつなぐ詳細な構造がある。経営システムは，このような3つの階層に分かれている。なお，この経営システムの3つの階層は，徐々に詳細な構造へと深化するものである。

利害関係者との関係では，まず，中核に，従業員の経営参加制度がある。つぎに，会社の最高のリスク負担者として，株主議決権行使や株主行動を円滑にする法的枠組みなどがある。そして，国境を越えた議決権行使方法の整備や少数株主の保護，長期的な投資の促進，取締役会の構成における男女の平等，国籍の多様化など，より詳細で広範な利害関係者の権利の保護がある。利害関係者との関係は，このような3つの階層に分かれている。ただし，利害関係者との関係における3つの階層は，利害関係者の優先順位を示すものではなく，EU諸国が共通の制度を必要とした順を示すものである。

3　今後の課題

(1) EUにおけるコーポレート・ガバナンス研究の各領域の課題

本書により，EUにおけるコーポレート・ガバナンスを体系化し，EU以外の地域への応用可能性を見いだしたからといって，検討を要する問題がないわけではない。そのため，序で示したEUにおけるコーポレート・ガバナンス研究の領域ごとに今後の課題を提示することにする。

第Ⅰ部では，第1に，2000年以降，EUのコーポレート・ガバナンスは，統合の段階に進んだが，2010年から，より詳細にコーポレート・ガバナンスを規定する潮流にある。これにより，EUの新たなステップを予定している可能性があり，継続した検討が必要である。第2に，指令の制定は，会社法指令の制

定が終了したあとも続いている。今後制定される指令についても詳細に検討する必要がある。第3に，ヨーロッパ諸国にローマ法が浸透していたことがヨーロッパの概念を形成したことを明らかにしたが，ローマ時代から現代にかけての長い歴史を考察していない。そこで，ローマ法以外の歴史的，文化的背景を考察する必要がある。第4に，EUの加盟国候補国には，アジア文化が流入しているトルコが含まれており，トルコが如何にしてEUの要求に対応しているのかを考察する必要がある。第5に，多様性と画一性が共存するシステムは，加盟各国の合意を得ることに成功したが，果たして企業が運営されるうえで如何なる影響を与えたのか，実証的研究により検証していく必要がある。第6に，EUでは，SEだけでなく，中小企業を対象とした欧州私会社（SPE）に関する議論も進められている。EUで数多く設立されている中小規模の上場企業のコーポレート・ガバナンスが如何に構築されるのか，議論に注視する必要がある。

　第Ⅱ部では，第1に，EUレベルで原則を策定することにより，域内の制度は普遍化されていくが，EUで策定された原則が世界でどのような役割を果たすのかを考察する必要がある。第2に，ECGFが解散した2011年以降，EUのコーポレート・ガバナンスを最新の経営環境に合わせて改革するために，どのような機関によって議論が実施されるのか考察する必要がある。第3に，EU以外の経済統合を模索する地域でもコーポレート・ガバナンスの統合を深化することができるであろう。この具体的な方策を明らかにし，統合によって経済が向上した国や競争力が強化された企業を分析する必要がある。第4に，SEがEU域内に浸透し，より詳細な内容が規定された場合，さらに加盟各国に影響を及ぼす可能性があるため継続した検討が必要である。第5に，EUの制度は，一歩間違うと集権的で独裁的になる可能性がある。これを危惧して加盟各国はそれぞれが自立的であろうとする。この絶妙なパワーバランスを如何に保つのかを考察する必要がある。第6に，本書では，EU域内の国境を越えた経営を分析した。EU域外から域内へ，もしくはEU域内から域外への国境を越えた経営についても分析する必要がある。

第Ⅲ部では，経営者は，政治領域との連携の他にも，制度的な調和を働きかけている可能性がある。第1に，経営者がEUのコーポレート・ガバナンスに与える影響をさらに検討する必要がある。第2に，EUにおける原則は，常に新しく策定・改訂されるとともに，新たな役割が与えられるなど目を離すことができない。継続してEUにおける原則を考察する必要がある。第3に，取締役会内の男女比のように遵守されないケースが多い規程があるなど，遵守しない理由の説明がわかりにくく，不十分な企業が存在したことに対する手立てが必要である。第4に，本書でコーポレート・ガバナンスを細分化する必要性を明らかにしたが，その詳細な規定の内容や期待できる効果を検討する必要である。第5に，本書では，大規模企業の経営システムを中心としたコーポレート・ガバナンスを検討したため，その周辺概念に関する研究も検討する必要がある。第6に，地域型コーポレート・ガバナンスの新たな段階としてより詳細な規定の必要性を主張するものであるが，その詳細な規定の内容を検討する必要がある。

表結－1　今後の課題

研究領域	おもな研究課題と目的	今後の課題
EUシステム（第1章, 第2章, 第3章）	① 調和から統合へ	① 2000年以降，EUのコーポレート・ガバナンスは，統合の段階に進んだが，2010年からはより詳細にコーポレート・ガバナンスを規定する潮流にある。これにより，EUの新たなステップを予定している可能性があり，継続した検討が必要である。
	② 会社法指令制定の系譜	② 指令の制定は，会社法指令の制定が終了したあとも続いている。今後制定される指令についても詳細に検討する必要がある。
	③ 歴史や文化，慣習	③ ヨーロッパ諸国にローマ法が浸透していたことがヨーロッパの概念を形成したことを明らかにしたが，ローマ時代から現代にかけての長い歴史を考察していない。そこで，ローマ法以外の歴史的，文

			化的背景を考察する必要がある。
	④	旧社会主義国の加盟	④ EUの加盟国候補国には，アジア文化が流入しているトルコが含まれており，トルコが如何にしてヨーロッパ化してきたのかを考察する必要がある。
	⑤	多様性と画一性	⑤ 多様性と画一性が共存するシステムは，加盟各国の合意を得ることに成功したが，果たして企業が運営されるうえで如何なる影響を与えたのか，実証的研究により検証していく必要がある。
	⑥	SEの特徴	⑥ EUでは，SEだけでなく，SPEに関する議論も進められている。EUで最も設立されている中小企業のコーポレート・ガバナンスがいかに構築されるのか，議論に注視する必要がある。
EU加盟国 (第4章, 第5章, 第6章)	①	普遍的制度の追求	① EUレベルで原則を策定することにより，域内の制度は普遍化されていくが，EUで策定された原則が世界でどのような役割を果たすのかを考察する必要がある。
	②	ECGFの議論	② ECGFが解散した2011年以降，EUのコーポレート・ガバナンスを最新の経営環境に合わせて改革するために議論が，どのような機関によって実施されるのか考察する必要がある。
	③	マネジメント・システム	③ EU以外の経済統合を模索する地域でもコーポレート・ガバナンスの統合を深化することができるであろう。この具体的な方策を明らかにし，統合によって業績が向上した国や企業を分析する必要がある。
	④	SE規則の隠れたる役割	④ SEがEU域内に浸透し，より詳細な内容が規定された場合，さらに加盟各国に影響を及ぼす可能性があるため継続した検討が必要である。

結　研究の結論と今後の課題　　187

		⑤ 加盟国の均衡	⑤　EUの制度は，一歩間違うと集権的で独裁的になる可能性がある。これを危惧して加盟各国はそれぞれが自立的であろうとする。この微妙なパワーバランスを如何に保つのかを考察する必要がある。
		⑥ 国境を越えた経営	⑥　本書では，EU域内の国境を越えた経営を分析した。EU域外から域内へ，もしくはEU域内から域外への国境を越えた経営についても分析する必要がある。
EU企業(第7章, 第8章, 第9章)		① 経営者の要求	①　経営者は，政治領域との連携の他にも，制度的な調和を働きかけている可能性がある。経営者がEUのコーポレート・ガバナンスに与える影響をさらに検討する必要がある。
		② 原則の役割と活用	②　EUにおける原則は，常に新しく策定・改訂されるとともに，新たな役割が与えられるなど目を離すことができない。継続してEUにおける原則を考察する必要がある。
		③ 企業の実践	③　取締役会内の男女比に関する規定のように遵守されないケースが多い規定があるなど，遵守しない理由の説明がわかりにくく，不十分な企業が存在したことに対する手立てが必要である。
		④ コーポレート・ガバナンスの細分化	④　本書でコーポレート・ガバナンスを細分化する必要性を明らかにしたが，その詳細な規定の内容や期待できる効果を検討する必要がある。
		⑤ SEの実態	⑤　本書では，大規模企業の経営システムを中心としたコーポレート・ガバナンスを検討したため，その周辺概念に関する研究も検討する必要がある。
		⑥ 新たなコーポレート・ガバナンスの課題	⑥　地域型コーポレート・ガバナンスの新たな段階としてより詳細な規定の必要性を主張するものであるが，その詳細な規定の内容を検討する必要がある。

(2) EUにおけるコーポレート・ガバナンス研究の全体的な課題

ここで，本書における全体的な今後の課題を提示することにする。本書では，EUという超国家的な地域において，コーポレート・ガバナンスを統合することを求めたが，これを実施していく主体は，経営者である。しかし，経営者問題に深く論述していないことが，第1の課題点である。本課題が残されたのは，EUにおけるコーポレート・ガバナンスを論じる際に，企業の実践を検討する前に，制度的な取り組みを解明する必要があると考えたためである。そこで，今後の研究では，経営者の視点からEUのコーポレート・ガバナンスを検討する必要がある。

第2の課題は，EUにおけるコーポレート・ガバナンスの統合化が，果たしてどこまで企業経営に対して成果を上げられるのか不透明であることである。本課題が残されたのは，EUにおける地域統合および市場統合を含む全ての取り組みを，地域のあらゆる分野における発展を目指すという高尚な理想を実現するための壮大な実験として捉えているためである。そこで，今後の研究では，コーポレート・ガバナンスが企業経営にもたらす成果を検討する必要がある。

第3の課題は，本書は，アジアやアフリカなどで応用されることによって本質的な価値を見いだすことができるため，EU以外の地域にも言及する必要があることである。本課題が残されたのは，アジアやアフリカなどに応用する前段階として，EUにおけるコーポレート・ガバナンスを多角的に研究する必要があると考えたからである。そこで，今後の研究では，アジアやアフリカで構築するコーポレート・ガバナンスの構造にまで論究できるように，アジアやアフリカの企業経営を検討する必要がある。

第4の課題は，本書において，EUに地域を限定してコーポレート・ガバナンスの在り方を論じてきたが，企業は何のために存在するのか，企業の主要な利害関係者は誰かなどの普遍的なコーポレート・ガバナンスの在り方を深く論じていない点である。これは，企業は何のために存在するのか，企業の主要な利害関係者は誰かなどの議論は，域内の歴史や文化が多様であるEUでは，重要視されていないためである。そこで，今後の研究では，アジアやアフリカな

どの地域を研究する過程で，コーポレート・ガバナンスの本質に迫る研究を実施する必要がある。

　第5の問題点は，コーポレート・ガバナンスの周辺分野について，必要最低限でしか論究していないことである。これは，CSRや企業倫理などの問題は，制度的な構造を考察した本研究よりも，企業実践のなかから企業内部で形成されるものだからである。そこで，今後の研究では，経営者の視点を取り入れた研究を通してCSRや企業倫理などの周辺分野について検討する必要がある。

　さて，本書で論を進めていくにあたり，いくつか慎重に考慮して論じてきた問題がある。それは，まず，「EUの統合は成功なのか」という疑問に対する結論を急がなかったことである。本書のなかで，筆者は見解を明記しているが，近年明るみに出たギリシャやアイルランド，イタリアにおける金融危機の問題を取りあげて，EU統合の是非を問うことをしていない。本書では，あくまでも，EU統合に対する逆風が吹く場合にも，どのように対処して問題を乗り越えるのか，もしくは乗り越えようとしたのかを検討した。

　また，本書で特に慎重になったのが，EUが統合されたことにより活発化してきた企業業績と企業経営機構をはじめとするコーポレート・ガバナンスに関する実態調査との差別化である。EUの制度を如何に構築するのかを真剣に議論している段階で，企業経営の業績や実態から評価することは意味がなく，経済的な潮流のなかで，業績の数値が変動し，それに対応して企業が対処したにすぎない。本書では，あくまでも，EUにおけるコーポレート・ガバナンスを制度的に考察し，企業実践が制度に反映されるプロセスを考察した。

　このように，EUにおけるコーポレート・ガバナンスについて研究を実施してきたわけであるが，こうして本書をまとめている間にも，新たな経営環境の変化に対処するための議論が実施されている。今後もEUにおけるコーポレート・ガバナンスの動向を注視するとともに，EU以外の地域を対象とした研究を実施する必要がある。また，当然のようにグローバル化した今日の市場のなかで，一国に留まらないコーポレート・ガバナンスの問題は，ますます増加するであろう。今後も，継続してコーポレート・ガバナンスを様々な学問や様々

な地域など広い視点から研究を深めていくことを決意し，本書の論を閉じることにしたい。

　本書は，多くの先生方の御指導により，どうにか完成にこぎつけることができた。最後に，諸先生方に深謝の微意を表したい。特に，恩師である小島大徳先生には，研究に必要な知識や心構えだけではなく，かけがえのない経験を通じて，ものごとの本質を教授していただいた。私に研究の道を与え，本書の完成まで粘り強く御指導頂いた学恩は，筆舌に尽くせないものであるが，心より感謝と御礼を申し上げたい。

　また，一橋大学名誉教授・星城大学名誉教授・中央学院大学大学院特任教授の平田光弘先生には，研究のあらゆる面にわたって，まるで弟子のように御指導を賜り，研究者として多くのチャンスを頂いた。そして，コズミンスキ大学教授の鈴木輝二先生には，図々しくも毎年ワルシャワに伺う私に時間を割いて，多くの先生や学会を紹介していただくとともに，研究の世界観を広げていただいた。さらに，神奈川大学の榊原貞雄先生，丹野勲先生，照屋行雄先生には，本書の執筆にあたって将来の研究活動を見越した指導を賜り，今後の研究の方向性を示していただいた。諸先生方からは，これ以上ないほどの御指導を頂き，生涯忘れることのできない学恩を受けた。ここに記して深く感謝申し上げる。

　私ごとであるが，人と違う道を相談もなく選んだ私に，博士号の取得まで成功を信じて最後まで好きなことをさせてくれた父・明山本行，温かい気持ちでいつも応援してくれた兄・明山武嗣，祖母・明山恵美子，祖母・中村伊津子，には，心から感謝を申し上げる。最後に，本書の完成を見ずに他界した祖父・中村志郎，そして，いつも私を信じ，これ以上ない愛情で私を育ててくれた亡き母・明山志津子に感謝の意を示すとともに，本書を捧げたい。

2013年6月10日

明山　健師

参 考 文 献

1 著　　書

〔あ行〕

石川真作・渋谷努・山本須美子［2012］『周縁から照射するEU社会―移民・マイノリティとシチズンシップの人類学』世界思想社.
遠藤ひとみ［2011］『経営学を学ぶ』勁草書房.
大島美穂［2007］『EUスタディーズ3　国家・地域・民族』勁草書房.
大塚久雄［1969］『大塚久雄著作集　第1巻　株式会社発生史論』岩波書店.
岡村堯［2010］『新ヨーロッパ法―リスボン条約体制下の法構造』三省堂.
小川栄治［2007］『EUスタディーズ2　経済統合』勁草書房.
奥島孝康編著［2007］『企業の統治と社会的責任』金融財政事情研究会.
奥村皓一［2007］『グローバル資本主義と巨大企業合併』日本経済評論.
奥村宏［2005］『法人資本主義の構造』岩波書店.
奥村宏［2002］『エンロンの衝撃』NTT出版.
奥村宏［2000］『株式会社はどこへ行く』岩波書店.

〔か行〕

加藤義喜・青木一能［2001］『グローバリゼーションの光と影―21世紀世界の経済・政治・社会―』文眞堂.
海道ノブチカ［2005］『ドイツの企業体制―ドイツのコーポレート・ガバナンス―』森山書店.
海道ノブチカ・風間信隆編著［2009］『コーポレート・ガバナンスと経営学―グローバリゼーション下の変化と多様性―』ミネルヴァ書房.
菊澤研宗［2004］『比較コーポレート・ガバナンス論―組織の経済学アプローチ―』有斐閣.
菊池敏夫・平田光弘編著［2000］『企業統治の国際比較』文眞堂.
菊池敏夫・平田光弘・厚東偉介編著［2008］『企業の責任・統治・再生』文眞堂.
小島大徳［2009a］『企業経営原論』税務経理協会.
小島大徳［2007a］『市民社会とコーポレート・ガバナンス』文眞堂.
小島大徳［2004a］『世界のコーポレート・ガバナンス原則―原則の体系化と企業の実践―』文眞堂.
小島愛［2008］『医療システムとコーポレート・ガバナンス』文眞堂.

小松一郎［2011］『実践国際法』信山社.

〔さ行〕

佐久間信夫編著［2006a］『コーポレート・ガバナンスの国際比較』税務経理協会.
佐久間信夫編著［2005］『アジアのコーポレート・ガバナンス』学文社.
佐久間信夫編著［2003］『企業統治構造の国際比較』ミネルヴァ書房.
櫻井克彦［1991］『現代の企業と社会』千倉書房.
科野孝蔵［1984］『オランダ東インド会社—日欄貿易のルーツ—』同文舘.
鈴木輝二［2004］『EUへの道—中東欧における近代法の形成』尚学社.
関孝哉［2008］『コーポレート・ガバナンスとアカウンタビリティー論』商事法務.
関孝哉［2006］『コーポレート・ガバナンスとアカウンタビリティー』商事法務.

〔た行〕

高巌［2000］『企業倫理のすすめ ECS 2000と倫理法令遵守の仕組み』麗澤大学出版会.
高巌・T・ドナルドソン［1999］『ビジネス・エシックス—企業の市場競争力と倫理法令遵守マネジメント・システム—』文眞堂.
高田馨［1989］『経営の倫理と責任』千倉書房.
高橋俊夫編著［2008］『EU企業論—体制・戦略・社会性—』中央経済社.
高橋俊夫編著［2006］『コーポレート・ガバナンスの国際比較—米，英，独，仏，日の企業と経営—』中央経済社.
辰巳浅嗣編著［2012］『EU—欧州統合の現在—』創元社.
田中照純［1998］『経営学の方法と歴史』ミネルヴァ書房.
田中俊郎［1998］『EUの政治』岩波書店.
谷本寛治編著［2004］『CSR経営—企業の社会的責任とステイクホルダー—』中央経済社.
谷本寛治［2002］『企業社会のリコンストラクション』千倉書房.
丹野勲・榊原貞雄［2007］『グローバル化の経営学』実教出版.
丹野勲［2004］『アジア太平洋の国際経営—国際比較経営からのアプローチ—』同文舘.
チャールズ・グラント著・伴野文雄訳［1995］『EUを作った男—ドロール時代十年の秘録』日本放送出版委員会.
出見世信之［1997］『企業統治問題の経営学的研究』文眞堂.

〔な行〕

仲田正機編著［2005］『比較コーポレート・ガバナンス研究—日本・英国・中国の分析—』中央経済社.
永積昭［2000］『オランダ東インド会社』講談社.
中島要［2007］『ユーロ時代の企業経営—在ドイツ日系企業の実態調査—』白桃書房.

中西優美子 [2012]『法学叢書EU法』新世社.
中村瑞穂編著 [2003]『企業倫理と企業統治―国際比較―』文眞堂.
中村民雄・須網隆夫 [2010]『EU法基本判例集』日本評論社.

〔は行〕

東アジア共同体評議会 [2009]『東アジア共同体会議会報』第6巻第4号通巻第21号,東アジア共同体評議会.
藤井敏彦 [2012]『競争戦略としてのグローバルルール』東洋経済新報社.
藤川信夫 [2007]『国際経営法学―コーポレート・ガバナンス,米国企業改革法,内部統制,企業防衛策ならびに金融コングロマリット・金融商品取引法など国際的企業経営をめぐる法制度の現代的課題と実践―』信山社.
平田光弘 [2008a]『経営者自己統治論―社会に信頼される企業の形成―』中央経済社.
平田光弘 [1982]『わが国株式会社の支配』千倉書房.

〔ま行〕

松井芳郎・佐分晴夫・坂本茂樹他 [2007]『国際法[第5版]』有斐閣.
藻利重隆 [1984]『現代株式会社と経営者』千倉書房.
藻利重隆 [1965]『経営管理総論(第二新訂版)』千倉書房.
森本滋 [1984]『EC会社法の形成と展開』商事法務研究会.
森本三男 [1994]『企業社会責任の経営学的研究』白桃書房.

〔や行〕

吉森賢 [2007a]『企業統治の企業倫理』放送大学教育振興会.
吉森賢 [2005]『経営システムⅡ―経営者機能―』放送大学教育振興会.

〔ら行〕

ライナー・ツーゲヘア著・風間信隆監訳 [2008]『ライン型資本主義の将来―資本市場・共同決定・企業統治―』文眞堂.

2 邦語論文

〔あ行〕

赤川元章 [2004]「チェコスロバキアにおけるバウチャー方式民営化の構造と問題点」『三田商学研究』第47巻第3号,慶應大学商学部,37-65頁.
赤川元章 [2001]「チェコスロバキアにおける国有企業の民営化プロセスについて」『三田商学研究』第43巻第6号,慶應大学商学部,1-28頁.

明山健師 [2013a]「EUにおける合意可能な会社制度の形成」『日本EU学会年報』第33号，有斐閣，277-297頁．

明山健師 [2013b]「EUにおけるコーポレート・ガバナンスの体系と拡大－EU・加盟国・企業の3者協働―」『経営教育研究』第16巻第1号，学文社，65-75頁．

明山健師 [2012a]「コーポレート・ガバナンスとEU企業の実践―欧州株式会社の成功事例3社の比較研究―」『国際総合研究学会報』第8号，国際総合研究学会，23-32頁．

明山健師 [2012b]「EU型コーポレート・ガバナンス原則―経済統合地域における企業制度改革の羅針盤―」『研究年報』第16号，神奈川大学大学院経営学研究科，1-11頁．

明山健師 [2012c]「EU経営システムの歴史的経緯と現実的課題―東ヨーロッパ諸国のコーポレート・ガバナンス改革―」『経営哲学』第9巻1号，経営哲学学会，32-44頁．

明山健師 [2011a]「コーポレート・ガバナンスを核とした戦略的統合政策」『国際ビジネス研究』第3巻第2号，国際ビジネス研究学会，99-113頁．

明山健師 [2011b]「EU型マネジメント・システム―戦略的M＆A戦略とコーポレート・ガバナンス―」『マネジメント・ジャーナル』第3号，神奈川大学国際経営研究所，51-66頁．

明山健師 [2011c]「EUコーポレート・ガバナンスの壮大な挑戦―多様性と統一性を保持した経営システムの創出―」『経営教育研究』第14巻第1号，学文社，29-38頁．

明山健師 [2011d]「EUコーポレート・ガバナンス研究の特徴と課題」『研究年報』第15号，神奈川大学大学院経営学研究科，77-86頁．

明山健師 [2010a]「コーポレート・ガバナンスの役割と地域協調」『研究年報』第14号，神奈川大学大学院経営学研究科，35-51頁．

明山健師 [2010b]「EUにおける経営統合とコーポレート・ガバナンス」『研究年報』第14号，神奈川大学大学院経営学研究科，167-179頁．

明山健師 [2009a]「EUにおけるコーポレート・ガバナンス統一への道」『マネジメント・ジャーナル』創刊号，神奈川大学国際経営研究所，49-60頁．

明山健師 [2009b]「EUにおける少数株主の保護とコーポレート・ガバナンス」『研究年報』第13号，神奈川大学大学院経営学研究科，59-77頁．

イオリ・クリスティーナ [2006]「最近のEU会社法の現代化とコーポレート・ガバナンスの強化」『国際商事法務』Vol.34, No.1, 国際商事法研究所，1-6頁．

五十嵐清 [1990]「大陸法序説」『札幌法学』1巻1号，札幌大学，1-31頁．

今西宏次 [2007]「コーポレート・ガバナンス」『同志社商学』第59巻第3・4号，同志社大学，115-118頁．

今西宏次 [2003]「利害関係者理論と共同体主義―Etzioniの所論の検討を中心として―」『大阪経大論集』第54巻第3号，大阪経済大学，65-88頁．

今西宏次 [1996]「株式会社の権力とガバナンス」『同志社商学』第48巻第1号，同志社大

学商学会，212-238頁．
上田廣美［2005］「共同体法における会社法の基本問題とその課題—ヨーロッパ会社と開業の自由を中心に—」『慶應法学』慶應義塾大学大学院法務研究科，第3号，1-35頁．
上田廣美［2004］「「EUにおける会社法の現代化と企業統治（gouvernementd'enteprise）の強化」に関する欧州委員会報告書」『亜細亜法學』第38巻第2号，亜細亜大学，75-102頁．
占部都美［1977］「経営参加の意義と諸形態」『国民經濟雜誌』第135巻第4号，神戸大学，1-21頁．
占部都美［1975］「取締役会の無機能化について」『国民經濟雜誌』第132巻第6号，神戸大学，1-15頁．
占部都美［1974］「企業の社会的責任にたいする経営学的考察」『国民經濟雜誌』第129巻第6号，神戸大学，25-37頁．
及川宣生［1981］「取締役会の成立過程—18世紀までのイギリス東インド会社を事例として—」『彦根論叢』第210号，滋賀大学経済学会，116-132頁．
奥村皓一［2008］「21世紀初頭におけるグローバルM&Aの構造（上）」『経済系』第234集，関東学院大学，109-131頁．
奥村皓一［2004a］「EUにおけるM＆Aの高揚と「欧州株式会社」の変革（完）」『経済系』第221集，関東学院大学，45-66頁．
奥村皓一［2004b］「EUにおけるM＆Aの高揚と「欧州株式会社」の変革（下）」『経済系』第220集，関東学院大学，62-92頁．
奥村皓一［2001］「EUにおけるM＆Aの高揚と「欧州株式会社」の変革（上）」『経済系』第206集，関東学院大学，45-66頁．

〔か行〕

海道ノブチカ［2004］「ドイツ型コーポレート・ガバナンスと利害集団」『商學研究』第52巻第2号，関西学院大学，1-17頁．
海道ノブチカ［2003a］「ヨーロッパ会社（SE）創出の歴史」『商學研究』第51巻第2号，関西学院大学，1-19頁．
海道ノブチカ［2003b］「ヨーロッパ会社（SE）と経営参加」『商學研究』第51巻第3号，関西学院大学，17-32頁．
風間信隆［2002］「21世紀経営学の課題—企業統治改革と共生型経営—」『明大商學論叢』第85巻1号，明治大学商学研究科，7-20頁．
菊池敏夫［1998］「民営化企業のパフォーマンスと経営管理」『産業経営研究』第20号，日本大学経済学部産業経営研究所，1-9頁．
菊池敏夫［1991］「最高経営組織と会社統治の構造—国際比較からみた日本の課題—」『經營學論集』第61巻，日本経営学会，267-273頁．

クラウス・J・ホプト［2006］「EUにおける取締役会の改革―企業統治と企業の社会的責任―」『月刊監査役』No.516，日本監査役協会，5－17頁．
クラウス・J・ホプト著・釜田薫子訳［2004］「コーポレート・ガバナンスの基本問題―EUの行く手にある者はなにか―」『旬刊商事法務』商事法務研究会，15－26頁．
小島大徳［2012］「原発爆発は経営システムの問題なのである」『国際経営論集』第43号，神奈川大学経営学部，137－144頁．
小島大徳［2011］「原則という響きから」『国際経営論集』第41号，神奈川大学経営学部，71－76頁．
小島大徳［2010a］「新しい株式会社制度の創設―資本主義と法人制度のウソから始まる新経営学」『国際経営フォーラム』第21号，神奈川大学国際経営研究所，23－38頁．
小島大徳［2010b］「経営学者の無力感と孤立感，そして嘘」『国際経営フォーラム』第21号，神奈川大学国際経営研究所，125－144頁．
小島大徳［2010c］「コーポレート・ガバナンスの地域調和化」『プロジェクトペーパー』No.20，神奈川大学国際経営研究所，49－86頁．
小島大徳［2010d］「時をかけるコーポレート・ガバナンス原則―20年の軌跡」『国際経営論集』第39号，神奈川大学経営学部，77－92頁．
小島大徳［2009b］「営利企業と公益企業の論理―自由の「対立」「留保」「自制」―」『国際経営フォーラム』第20号，神奈川大学国際経営研究所，21－37頁．
小島大徳［2009c］「公益法人改革とコーポレート・ガバナンス」『国際経営フォーラム』第20号，神奈川大学国際経営研究所，149－162頁．
小島大徳［2009d］「企業倫理の視座」『国際経営論集』第37号，神奈川大学経営学部，59－66頁．
小島大徳［2009e］「社会的責任の基礎理論」『国際経営論集』第37号，神奈川大学経営学部，67－83頁．
小島大徳［2008a］「EUの企業行動と企業統治改革」『企業の責任・統治・再生―国際比較の視点―』文眞堂，78－95頁．
小島大徳［2008b］「自由の対立」『国際経営論集』第36号，神奈川大学経営学部，119－134頁．
小島大徳［2008c］「コーポレート・ガバナンス原則の隠れたる任務と使命」『国際経営フォーラム』第19号，神奈川大学国際経営研究所，55－77頁．
小島大徳［2008d］「市民社会論と利害関係者論―研究者からの批判と意見への回答―」『国際経営フォーラム』第19号，神奈川大学国際経営研究所，163－186頁．
小島大徳［2008e］「コーポレート・ガバナンス政策論とコーポレート・ガバナンス原則論」『国際経営論集』第36号，神奈川大学経営学部，63－78頁．
小島大徳［2008f］「経営学と株式会社論」『国際経営論集』第35号，神奈川大学経営学部，13－25頁．

小島大徳［2007b］「市民社会による企業統治」『国際経営論集』第33号，神奈川大学経営学部，33-51頁．
小島大徳［2006a］「コーポレート・ガバナンス原則論の確立に向けて」『国際経営論集』第32号，神奈川大学経営学部，39-60頁．
小島大徳［2006b］「コーポレート・ガバナンス原則」佐久間信夫編著『現代企業論の基礎―現代経営基礎シリーズ2―』学文社，114-136頁．
小島大徳［2006c］「世界標準コーポレート・ガバナンス原則の誕生と概念―国際会議のコーポレート・ガバナンスに関する合意と役割―」『国際経営フォーラム』第17号，神奈川大学国際経営研究所，109-126頁．
小島大徳［2006d］「コーポレート・ガバナンスと機関投資家―役割と責任を果たす制度整備に焦点をあてて―」『国際経営論集』第31号，神奈川大学経営学部，169-195頁．
小島大徳［2006e］「アジアにおける企業統治」『経営教育研究9―経営教育と経営の新課題』学文社，131-153頁．
小島大徳［2005a］「コーポレート・ガバナンスと情報開示・IR活動」『国際経営論集』第30号，神奈川大学経営学部，1-36頁．
小島大徳［2005b］「タイのコーポレート・ガバナンス」佐久間信夫編著『アジアのコーポレート・ガバナンス』学文社，168-193頁．
小島大徳［2005c］「コーポレート・ガバナンス原則の新展開」『アジア経営学会誌』第11号，アジア経営学会，129-137頁．
小島大徳［2005d］「新OECDコーポレート・ガバナンス原則」『国際経営論集』第29号，神奈川大学経営学部，93-118頁．
小島大徳［2005e］「国際機関におけるコーポレート・ガバナンス問題への取り組み―世界標準原則の構築に向けて―」『国際経営フォーラム』第16号，神奈川大学国際経営研究所，89-110頁．
小島大徳［2004b］「企業におけるコーポレート・ガバナンス実践の現状と展望」『国際経営論集』第28号，神奈川大学経営学部，23-42頁．
小島大徳［2004c］「企業におけるコーポレート・ガバナンス原則の実践」『経営行動研究年報』第13号，経営行動研究学会，63-68頁．
小島大徳［2004d］「21世紀におけるコーポレート・ガバナンス原則の研究課題」『東洋大学大学院紀要』第40集，東洋大学大学院，357-374頁．
小島大徳［2003a］「コーポレート・ガバナンス原則と企業の実践―企業独自原則の策定を目指して―」『日本経営学会誌』第9号，千倉書房，26-40頁．
小島大徳［2003b］「世界のコーポレート・ガバナンス原則―原則の策定系譜，類型と役割―」『経営実践と経営教育理論―経営教育研究6―』学文社，129-163頁．
小島大徳［2003c］「企業におけるコーポレート・ガバナンス原則の実践―企業独自原則の形成―」『経営行動研究学会第13回全国大会要旨集』経営行動研究学会，25-27頁．

小島大徳［2003d］「コーポレート・ガバナンス原則の体系化-企業への浸透と企業の実践-」日本経営学会編『IT革命と企業経営』千倉書房，258-259頁．

小島大徳［2003e］「コーポレート・ガバナンスと議決権行使のIT化―企業による実践と課題―」『経営情報学会誌』第11巻第4号，経営情報学会，33-46頁．

小島大徳［2003f］「国際機関と機関投資家のコーポレート・ガバナンス原則」『横浜経営研究』第23号第4号，横浜国立大学経営学会，89-108頁．

小島大徳［2003g］「コーポレート・ガバナンス原則策定の新潮流-世界標準原則の策定と会計制度領域関与-」『経営会計研究』第3号，経営会計学会，107-120頁．

小島大徳［2002a］「企業経営機構とコーポレート・ガバナンス―米国と日本の国際比較による現状と今後の展望―」『東洋大学大学院紀要』第38集，東洋大学大学院，225-244頁．

小島大徳［2002b］「日本のコーポレート・ガバナンス原則―原則策定の背景と課題―」『新企業体制と経営者育成―経営教育研究5―』学文社，33-52頁．

小島愛［2006a］「イギリスの病院経営における経営参加とコーポレート・ガバナンス―ファンデーション・トラストの情報開示・透明性―」『医療と社会』Vol.16, No.2, 医療科学研究所，213-226頁．

小島愛［2006b］「イギリスの病院経営におけるコーポレート・ガバナンスの新展開―ファンデーション・トラストの経営機構改革―」『商学研究論集』第25号，明治大学大学院商学研究科，223-236頁．

小島愛［2006c］「日本における病院経営とガバナンス―メディカル・ガバナンスの基礎的研究―」『明大商学論叢』第88号特別号，明治大学商学研究所，103-114頁．

小島愛［2006d］「病院経営とメディカル・ガバナンス―コーポレート・ガバナンス論の応用―」『商学研究論集』第24号，明治大学大学院商学研究科，339-354頁．

小関藤一郎［1997］「オール一法と企業内労使関係」『関西学院大学社会学部紀要』第77号，関西学院大学，27-39頁．

小山明宏［2003］「コーポレイト・ガバナンスの課題―エンロン・ワールドコムの破綻から何を学ぶか―」『四国大学経営情報研究所年報』第9巻，四国大学，190-191頁．

〔さ行〕

佐久間信夫［2006b］「外部監視と日本の企業統治」『創価経営論集』第30巻第2・3合併号，創価大学，1-16頁．

櫻井克彦［1999］「コーポレート・ガバナンスに関する一考察―企業の社会的責任との関連を中心に―」『経済科学』第46巻第4号，名古屋大学大学院経済学研究科，29-42頁．

ジャクリーン・マクレナン・アンナ・ベズロウグロウ［2004］「EUにおけるコーポレート・ガバナンスの新しい動き―コーポレート・ガバナンスの世界的展開とEUおよび

同加盟国における試み―」『国際商事法務』Vol. 32, No. 9, 国際商事法研究所, 1157
  －1163頁.
ジャクリーン・マクレナン著・三浦哲男監訳［2006］「EUにおけるコーポレート・ガバナ
  ンスの新しい動き―EUレベルでの企業の社会的責任のインパクト―」『国際商事法
  務』Vol. 33, No. 1, 国際商事法研究所, 94－101頁.
ジャクリーン・マクレナン著・三浦哲男監訳［2004a］「EUにおけるコーポレート・ガバ
  ナンスの新しい動き―取締役―その変貌―」『国際商事法務』Vol. 32, No. 10, 国際
  商事法研究所, 1355－1362頁.
ジャクリーン・マクレナン著・三浦哲男監訳［2004b］「EUにおけるコーポレート・ガバ
  ナンスの新しい動き―株主―その行動, 情報および情報の開示―」『国際商事法務』
  Vol. 32, No. 11, 国際商事法研究所, 1541－1547頁.
ジャクリーン・マクレナン著・三浦哲男監訳［2004c］「EUにおけるコーポレート・ガバ
  ナンスの新しい動き―会計監査―」『国際商事法務』Vol. 32, No. 12, 国際商事法研
  究所, 1689－1693頁.
鈴井清巳［2005］「FTA（自由貿易協定）再考―EUの対地中海通商政策を手がかりに―」
  『調査研究報告書　開発研究センター2004－Ⅳ－20　開発戦略と地域経済統合―エ
  ジプトを中心に―』アジア経済研究所, 91－105頁.
信夫隆司［2004］「コヘインの国際制度論」『総合政策』第5巻第1号, 岩手県立大学,
  75－118頁.
関孝哉［2008a］「欧州会社法と主要欧州企業の対応」『旬刊商事法務』第1829号, 商事法
  務研究会, 33－43頁.
関孝哉［2008b］「欧州委員会によるコーポレート・ガバナンスの取り組み（上）」『監査
  役』No. 545, 日本監査役協会, 46－54頁.
関孝哉［2008c］「欧州委員会によるコーポレート・ガバナンスの取り組み（下）」『監査
  役』No. 546, 日本監査役協会, 62－73頁.
関孝哉［2000a］「コーポレート・ガバナンス規範に対する英国企業の対応とディスクロー
  ジャー」『商事法務』No. 1570, 9月5日号, 商事法務研究会, 15－21頁.
関孝哉［2000b］「外国人株主による議決権行使の実態と対応」『商事法務』No. 1555, 3
  月25日号, 商事法務研究会, 29－35頁.
関孝哉［1998］「ドイツのコーポレート・ガバナンスおよびオランダのペータース報告
  書」『取締役の法務』No. 46, 1月号, 商事法務研究会, 92－93頁.

〔た行〕

高巖［1998］「日本におけるビジネス・エシックスの制度化―主要日本企業の倫理制度化
  調査の結果を踏まえて―」『産業経営』第25号, 早稲田大学産業経営研究所, 19－52
  頁.

高橋英治・山口幸代 [2004]「欧州におけるコーポレート・ガバナンスの将来像―欧州委員会行動計画書の分析―」『旬刊商事法務』1697号,商事法務研究会,101-112頁.
高橋俊夫 [2008a]「現代企業論―株式会社試論―」『経営論集』第55巻第1号,明治大学経営学研究所,1-48頁.
高橋俊夫 [2008b]「企業の社会性―上場会社の情報開示―」『経営論集』第55巻第2・3号,明治大学経営学研究所,43-62頁.
高橋俊夫 [2004]「グローバリゼーションとコーポレート・ガバナンス」『経営論集』第51巻第3号,明治大学経営学研究所,1-24頁.
田中照純 [2006]「企業倫理学に潜む三つの陥穽」『立命館経営学』第45巻第3号,立命館大学経営学会,55-66頁.
田中宏司 [2000]「コーポレート・ガバナンス議論の経営倫理からの考察―「経営倫理志向型経営」による革新―」『日本経営倫理学会誌』第7号,日本経営倫理学会,3-12頁.
出見世信之 [2007]「『会社支配』・『企業統治』・『企業の社会的責任』―株主・経営者・利害関係者関係からの考察―」『明治商学論叢』第87巻,明治大学商学部,131-152頁.
出見世信之 [2003]「経営から見たコーポレート・ガバナンス」『Research Papers』40巻,大東文化大学,1-6頁.

〔な行〕

仲田正機 [1999]「コーポレート・ガバナンスの基本的性格と主要論点」『同志社商学』第51巻第1号,同志社大学,111-132頁.
仲田正機 [1997]「企業統治構造の比較分析―その基本視角と若干の課題―」『立命館経営学』第36巻第3号,立命館大学経営学会,1-13頁.
内藤徹雄 [2006]「欧州統合の提唱者,クーデンホーフ・カレルギーの思想と行動」『共栄大学研究論集』第4巻,共栄大学,163-173頁.
中野常男 [2003]「株式会社と経営管理機構:その歴史的考察―オランダ・イギリス両東インド会社にみる企業統治システム―」『松山大学論集』第15巻2号,松山大学総合研究所,101-133頁.
中野常男 [2002]「イギリス東インド会社と企業統治―最初期の株式会社にみる会社機関の態様と機能―」『国民経済雑誌』第186巻4号,神戸大学経済経営学会,19-39頁.
中野常男 [2001]「オランダ東インド会社と企業統治―最初期の株式会社にみる会社機関の態様と機能―」『国民経済雑誌』第183巻第2号,神戸大学経済経営学会,13-32頁.
中村瑞穂 [1998]「企業倫理と日本企業」『明大商学論集』第80巻第3・4号,明治大学商学研究所,169-181頁.
日本貿易振興機構 [2007]「大西洋経済統合の枠組み」『ユーロトレンド』7月号,Report 4,日本貿易振興機構,1-7頁.

日本貿易振興機構［2003a］「EU拡大と各国の取り組み（その1）」『ユーロトレンド2003.3』日本貿易振興機構, 2-48頁.
日本貿易振興機構［2003b］「EU拡大と各国の取り組み（その2）」『ユーロトレンド2003.5』日本貿易振興機構, 2-30頁.
日本貿易振興機構［2001a］「中東欧進出企業にみるビジネス環境の現状と今後の展望」『ユーロトレンド2001.11』日本貿易振興機構, 64-69頁.
日本貿易振興機構［2001b］「民営化と新産業の振興で構造改革を推進」『ユーロトレンド2001.9』日本貿易振興機構, 89-96頁.
日本貿易振興機構［2001c］「EU加盟準備状況と予想されるビジネス環境の変化」『ユーロトレンド2001.9』日本貿易振興機構, 57-88頁.

〔は行〕

平田光弘［2008b］「欧州統合と欧州株式会社—EU企業の競争力強化に向けた基盤作り—」『経営力創成』第4号, 東洋大学経営力創成研究センター, 49-63頁.
平田光弘［2007a］「日本のコーポレート・ガバナンスを考える」『星城大学経営学部研究紀要』第3号, 星城大学経営学部, 5-26頁.
平田光弘［2007b］「不祥事企業の経営再生—三井物産と雪印乳業のケースから—」『星城大学経営学部研究紀要』第4号, 星城大学経営学部, 3-35頁.
平田光弘［2006］「コーポレート・ガバナンスの周辺概念」『コーポレート・ガバナンスとCSR』中央経済社, 15-35頁.
平田光弘［2003］「日本における取締役会改革」『経営論集』第58号, 東洋大学, 159-178頁.
二神恭一［1976］「経営的共同決定の現実的展開」『経営学論集』第46巻, 日本経営学会, 57-72頁.

〔ま行〕

牧野勝都［1998］「コーポレート・ガバナンス構造の再構築—アメリカにおける動向を中心として—」『経營學論集』第68巻, 日本経営学会, 180-186頁.
正井章筰［2009］「EUにおけるコーポレート・ガバナンスをめぐる議論—ヨーロッパ・コーポレート・ガバナンス・フォーラムの声明を中心として—」『比較法学』第43巻第1号, 早稲田大学, 1-46頁.
正井章筰［2006］「EUのコーポレート・ガバナンス—最近の動向—」『早稲田法学』第81巻第4号, 早稲田大学法学会, 131-197頁.
松下優［1998］「多様なコーポレート・ガバナンス論議の謎—国際比較の視点から—」『経營學論集』第68巻, 日本経営学会, 187-193頁.
松田和久［2004］「欧州連合における欧州会社（SE）の設立」『千葉商大論叢』42号3巻,

千葉商科大学,171-189頁.
松行康夫 [1998]「生命論パラダイムとしての自己組織化理論の新展開」『経営論集』東洋大学,123-133頁.
万仲脩一 [2006]「欧州連合 (EU) の成立と発展」『大阪産業大学経営論集』第8巻第1号,大阪産業大学学会,103-115頁

〔や行〕

吉森賢 [2007b]「企業統治と経営成果の関係性―日本・アメリカ・ドイツの比較による視点―」『放送大学研究年報』第25号,放送大学,42-47頁.
吉森賢 [2000]「ドイツとフランスにおける二層型取締役会―企業統治の視座―」『横浜経営研究』第21巻1・2号,横浜国立大学,53-84頁.
吉森賢 [1999]「フランスにおける企業間関係と企業統治の有効性」『横浜経営研究』横浜国立大学,14-40頁.

3 外語文献

Aline Conchon [2011] "Board-level Employee Representation in Europe：Challenging Commonplace Prejudices" *The Sustainable Company：a New Approach to Corporate Governance*, ETUI, pp. 91-111.
Arcelor [2005] *Annual Report*, Arcelor.
ArcelorMittal [2007] *Annual Report*, ArcelorMittal.
ArcelorMittal [2007] *Merger Agreement*, ArcelorMittal.
Arjan Vlegenthher・Laura Horn [2007] "The Role of EU in the (Trans) formation of Corporate Governance Regulation in Central Eastern Europe - The Case of the Czech Republic" *Competition & Change*, Vol. 11 No. 2, pp. 137-154.
Arturo Bris・Christos Cabolis [2002] "Corporate Governance Convergence by Contract：Evidence from Cross-Border Mergers" *Yale ICF Working Paper*, No. 02 -32, Yale International Center for France.
Aslaug Björgvinsdóttir [2004] "Icelandic Company Law" Scandinavian Studies in Law, Vol. 50, *Stockholm Institute for Scandianvian Law*, pp. 45-66.
Austrian Working Group for Corporate Governance [2007] *Austrian Code of Corporate Governance (amended 2007)*, Austrian Working Group for Corporate Governance.
Aventis [2003] *Annual Report 2003*, Aventis.
Banca d' Italia [2008] *New Regulation on Banks' Organisation and Corporate Governance*, Banca d' Italia.
Bratislava Stock Exchange [2002] *Corporate Governance Code (Based on the OECD*

Principles), Bratislava Stock Exchange.
CalPERS [2001] *Global Proxy Voting Guidelines*, California Public Employees' Retirement System.
CalPERS [1999] *Global Corporate Governance Principles*, California Public Employees' Retirement System.
CalPERS [1998a] "CalPERS And Hermes Team to Form Corporate Governance Alliance" *Corporate Governance News 1998*, California Public Employees' Retirement System.
CalPERS [1998b] *Corporate Governance Core Principles & Guidelines : The United States*, California Public Employees' Retirement System.
CalPERS [1997a] *United Kingdom Market Principles*, California Public Employees' Retirement System.
CalPERS [1997b] *France Market Principles*, California Public Employees' Retirement System.
CalPERS [1997c] *Germany Market Principles*, California Public Employees' Retirement System.
CEPS [2003] *Corporate Governance Reform in the EU*, CEPS Working Party.
CEPS [1995] *Corporate Governance in Europe*, CEPS Working Party.
Christos Cabolis・Arturo Bris [2004] "Corporate Governance Convergence Through CrossBorder Mergers : The Case of Aventis" *ECGI Working Paper Series in Law －Finance Working Paper*, No.56/2004, European Corporate Governance Institute.
Comisión Nacional del Mercado de Valores [2006] *Unified Good Governance Code*, Comisión Nacional del Mercado de Valores.
Commision of the European Communities [1975] *Green Paper on Employee Participation and Company Structure in the European Communities*, Commission of the European Communities.
Comissão do Mercado de Valores Mobiliários [2007] *Proposal on the Corporate Governance Code*, Comisión Nacional del Mercado de Valores.
Corporate Governance Committee [2008] *Draft 2009 Belgian Code on Corporate Governance*, Corporate Governance Committee
Corporate Governance Committee [2007] *The Dutch Corporate Governance code*, Corporate Governance Committee.
Corporate Governance Committee of the Budapest Stock Exchange [2008] *Corporate Governance Recommendations of BSE*, The Budapest Stock Exchang.
Corporate Governance Research Foundation for Pensionfunds [2004] *SCGOP Handbook of Corporate Governance 2004*, Corporate Governance Research Foundation for

Pensionfunds.
Cyprus Stock Exchange [2006] *Cyprus Corporate Governance Code (2nd edition, March 2006)*, Cyprus Stock Exchange.
Czech Securities Commission [2004] *Corporate Governance Code Based on the OECD Principles*, Czech Securities Commission.
Czech Securities Commission [2001] *Revised Corporate Governance Code Based on the OECD Principles*, Czech Securities Commission.
Danish Venture Capital and Private Equity Association [2008] *Active Ownership and Transparency in Private Equity funds : Guidelines for responsible Ownership and Good Corporate Governance*, Danish Venture Capital and Private Equity Association.
ECGF [2011a] *Statement of the European Corporate Governance Forum on Related Party Transactions for Listed Companies*, European Corporate Governance Forum.
ECGF [2011b] *Statement of the European Corporate Governance Forum on Significant Transactions for Listed Companies*, European Corporate Governance Forum.
ECGF [2010] *Statement from the European Corporate Governance Forum on Empty Voting and Transparency of Shareholder Positions*, European Corporate Governance Forum.
ECGF [2009a] *Statement from the European Corporate Governance Forum on Cross-Border Issues of Corporate Governance Codes*, European Corporate Governance Forum.
ECGF [2009b] *Statement from the European Corporate Governance Forum on Director Remuneration*, European Corporate Governance Forum.
ECGF [2008] *European Corporate Governance Forum : Work Programme 2008-2011*, European Corporate Governance Forum.
ECGF [2007] *Statement from the European Corporate Governance Forum on the Question of Proportionality Between Capital and Control and Paper from the Forum's Working Group*, European Corporate Governance Forum.
ECGF [2006a] *Statement from the European Corporate Governance Forum on Risk Management and Internal Control*, European Corporate Governance Forum.
ECGF [2006b] *Statement from the European Corporate Governance Forum on the Principle of "Comply-or-Explain"*, European Corporate Governance Forum.
Elcoteq [2010] *2010 Corporate Governance and Rislk Management*, Elcoteq SE.
Elcoteq [2009] *2008 Annual Report and Corporate Governance Responsibility report*, Elcoteq SE.
European Bank for Recommendation and Development [2008] *Policy Brief on*

Corporate Governance of Banks in Asia, European Bank for Recommendation and Development.

European Commission [2010a] *Green Paper : Corporate Governance in Financial institutions and Remuneration policies*, European Commission.

European Commission [2010b] *Report from the Commission to the European Parliament and the Council on the Application of Council Regulation 2157/2001 of 8 October 2001 on the Statute for a European Company (SE)*, European Commission.

European Commission [2010c] *Green Paper : The EU Corporate Governance Framework*, European Commission.

European Commission [2008] *Accompanying the Proposal for a Council Regulation on the Statute for a European Private Company*, European Commission.

European Commission [2007a] *Impact Assessment on the Proportionality Between Capital and Control in Listed Companies*, European Commission.

European Commission [2007b] *Report on the Proportionality Principle in the European Union*, European Commission.

European Commission [2007c] *Proportionality Between Ownership and Control in EU Listed Companies : Comparative Legal Study Exhibit A*, European Commission.

European Commission [2007d] *Proportionality Between Ownership and Control in EU Listed Companies : Comparative Legal Study Exhibit B*, European Commission.

European Commission [2007e] *Proportionality Between Ownership and Control in EU Listed Companies : Comparative Legal Study Exhibit C*, European Commission.

European Commission [2007f] *Report on the Proportionality Principle in the European Union*, European Commission.

European Commission [2007g] *Impact Assessment on the Proportionality Between Capital and Control in Listed Companies*, European Commission.

European Commission [2005] *Call for Applications for the Establishment of the Advisory Committee on Corporate Governance and Company Law*, European Commission.

European Commission [2003] *Communication from the Commission to the Council and the European Parliament – Modernising Company Law and Enhancing Corporate Governance in the European Union – A Plan to Move Forward*, European Commission

European Commission [2002a] *Comparative Study of Corporate Governance code Relevant to the European Union and Its Member States*, European Commission.

European Commission [2002b] *Regular Report on the Czech Republic's Progress*

Towards Accession, European Commission.

European Commission [2001a] *Council Regulation (EC) No. 2157/2001 of 8 October 2001 on the Statute for a European Company (SE)*, Official Journal of the European Communities.

European Commission [2001b] *2001/86/EC of 8 October 2001 supplementing the Statute for a European Company with regard to the Involvement of Employees*, Official Journal of the European Communities.

European Commission [2001c] *Regular Report on the Czech Republic's Progress Towards Accession*, European Commission.

European Commission [2000] *Regular Report on the Czech Republic's Progress Towards Accession*, European Commission.

European Commission [1999] *Regular Report on the Czech Republic's Progress Towards Accession*, European Commission.

European Commission [1998] *Regular Report on the Czech Republic's Progress Towards Accession*, European Commission.

European Commission [1978] *Third Council Directive 78/855/EEC of 9 October 1978 based on Article 54 [3] [g] of the Treaty Concerning mergers of public limited liability companies*, Official Journal of European Communities.

Euroshareholders [2002] *Corporate Governance Guidelines 2002*, European Shareholders Group, Euroshareholders.

Euroshareholders [2000] *Corporate Governance Guidelines 2000*, European Shareholders Group, Euroshareholders.

Erst & Young Société d'Avocatsd [2009] *Study on the Operation and the Impacts of the Statute for a European Company [Final Report]*, European Commission.

EVCA [2005] EVCA *Corporate Governance Guidelines*, European Private Equity and Venture Capital Association, EVCA.

FRC [2010] *The UK Corporate Governance Code*, Financial Reporting Council.

FRC [2008] *The Combined Code on Corporate Governance*, Financial Reporting Council.

FRC [2006] *The Combined Code on Corporate Governance*, Financial Reporting Council.

FRC [2003] *The Combined Code on Corporate Governance*, Financial Reporting Council.

FRC [2000] *The Combined Code on Corporate Governance*, Financial Reporting Council.

FRC [1999] *Internal Control : Guidance for Directors on the Combined Code (Turnbull*

Report*)*, Institute of Chartered Accountants in England and Wales.
FSA [2008] *Implementation of the 8 th Company Law Directive Feedback on CP 07／24 and final rules*, Financial Services Authority.
GCGF [2008 a] *The EU Approach to Corporate Governance*, Global Corporate Governance Forum.
GCGF [2008 b] *EU Corporate Governance Standards*, Global Corporate Governance Forum.
Guido Ferrarini [2006] "One Share − One Vote : A European Rule" *ECGI Working Paper Series in Law*, No. 58／2006, European Corporate Governance Institute, pp. 1 − 27.
Hampel Report [1997] *Committee on Corporate Governance*, Gee and Co. Ltd.
Hellenic Federation of Enterprises [2007] *Review of the Hellenic Observatory of Corporate Governance*, Issue 1, June 2007.
Hermes [2001] *Hermes Corporate Governance Activities*, Hermes Pensions Management Limited.
Hermes [1998] *Hermes and CalPERS Create Global Corporate Governance Alliance*, Hermes Pensions Management Limited.
Horst Eidenmueller and Jan Lasak [2011] "The Czech Societas Europaea Puzzle" *Law Working Paper*, No. 183, ECGI, pp. 1 − 14.
IAG [2010] *Merger Project*, International Consolidated Airlines Group S.A.
IBERIA L.A.E.S.A [2009] *Relevant Fact*, IBERIA L.A.E.S.A.
ICGN [2006] *ICGN Remuneration Guidelines*, International Corporate Governance Network.
ICGN [2005] *Statement on Global Corporate Governance Principles*, International Corporate Governance Network.
ICGN [1999] *ICGN Statement on Global Corporate Governance Principles*, International Corporate Governance Network.
ICGN [1998] *ICGN Global Share Voting Principles*, International Corporate Governance Network.
Jan Cremers [2011] "Questions Related to the Review of the SE Directive − Basic Considerations for the Social Partners' Consultation" *SEEurope Summary Report*, ETUI, pp. 1 − 17.
Jesper Lau Hansen [2007] "A Scandinavian Approach to Corporate Governance" *Scandinavian Studies in Law*, Vol. 50, Stockholm Institute for Scandinavian Law, pp. 125 − 142.
John Armour・Simon Deakin・Prabirjit Sarkar・Mathias Siems・Ajit Singh [2008]

"Shareholder Protection and Stock Market Development : An Empirical Test of the Legal Origins Hypothesis" *ECGI Working Paper Series in Law*, Law Working Paper No. 108/2008, European Corporate Governance Institute, pp. 1-48.

Karoly Blaton [2008] "Enterprise Strategies in Hungary in the Period of Join the European Union" *Competitiveness Review : An International Business Journal*, No. 18 ISS. 1/2, pp. 9-19.

Klaus J. Hopt [2010a] "European Company Law Action Revisited : An Introduction" *ECGI Working Paper Series in Law*, Law Working Paper No. 140/2010, European Corporate Governance Institute.

Klaus J. Hopt [2010b] "Corparative Company Law" *The Oxford Handbook of Comparative Law*, Oxford University Press, pp. 1161-1191.

Klaus J. Hopt [2009] "The Board of nonprofit Organization : Some Corporate Governance Thoughts from Europe" *ECGI Working Paper Series in Law*, ECGI Law Working Paper No. 125/2009, European Corporate Governance Institute.

Klaus J. Hopt [2005a] "European Company Law and Corporate Governance : Where Does the action Plan of the European Commission Lead ? " *ECGI Working Paper Series in Law*, Law Working Paper No. 52/2005, European Corporate Governance Institute.

Klaus J. Hopt [2005b] "Modern Company and Capital Market Problems : Improving European Corporate Governance After Enron" *ECGI Working Paper Series in Law*, Law Working Paper No. 05/2002, European Corporate Governance Institute.

Klaus J. Hopt・Patrick C. Leyens [2005] "Board Models in Europe - Recent Developments of Internal Corporate Governance Structures in Germany, the United Kingdom, France, and Italy" *ECGI Working Paper Series in Law*, Law Working Paper No. 18/2004, European Corporate Governance Institute.

Komité for god Selskabsledelse [2008] *Recommendations for Corporate Governance of August 15*, 2005, Section VI Revised by February 6, Komitéen for god selskabsledelse.

L'Association Française de la Gestion Financière [2008] *AFG- Recommandations sur le gouvernement d'entreprise - Version 2008*, AFG.

Lex Mundi. Ltd [2007] *The European Company Across Europe - The World's Leading Association of Independent Law Firms -*, Lex Mundi. Ltd.

Lorenzo Sasso [2007] "Societas Europaea : Between Harmonization and Regulatory Competition" *European Company Law*, Vol. 4, Wolters Kluwer, pp. 158-167.

Luca Enriques [2005] "Company Law Harmonization Reconsidered : What Role for the EC" *ECGI Working Paper Series in Law*, Law Working Paper No. 53/2005,

ECGF, pp. 1 – 27.

Malta Financial Services Authority [2006] *Principles of Good Corporate Governance : Revised Code for Issuers of Listed Securities*, Malta Financial Services Authority.

Marina Martynova・Luc Renneboog [2008] "Spillover of Corporate Governance Standards in Cross – Border Mergers and Acquisitions" *ECGI Working Paper Series in Finance*, Working Paper No. 197／2008, European Corporate Governance Institute.

Mark J. Roe [2006] "Legal Origin, Politics, And Modern Stock Markets" *Harvard Law Review*, Vol. 120, pp. 460 – 527.

Melinda Kelemen [2012] *News on European Companies (SE)*, 1 March 2012, ETUI.

Michael Gold・Amdreas Nikolopoulos・Norbert Kluge [2008] *European Company Statute*, Peater Lang.

Michael Stollt, Elwin Wolters [2011] *Worker Involvement in the European Company (SE)*, ETUI.

Mike Burkart・Samuel Lee [2007] "The One Share – One Vote Debate : A Theoretical Perspective" *ECGI Working Paper Series in Finance*, Finance Working Paper No. 176 / 2007, European Corporate Governance Institute.

Mittal Steel [2005] *Annual Report*, Mittal Steel.

National Stock Exchange of Lithuania [2003] *Corporate Governance Code for the Companies Listed on the National Stock Exchange of Lithuania*, National Stock Exchange of Lithuania.

OECD [2004] *OECD Principles of Corporate Governance*, Organisation for Economic Co – operation and Development.

OECD [2003] *OECD White Paper of Corporate Governance in Asia*, Organisation for Economic Co – operation and Development.

OECD [1999] *OECD Principles of Corporate Governance*, Organisation for Economic Co – operation and Development.

Porche [2010] *Corporate Governance Repport 2009/ 2010*, Porshe.

Renee Adams・Daniel Ferreira [2007] "One Share, One Vote : The Empirical Evidence" *ECGI Working Paper Series in Finance*, Finance Working Paper No. 177 / 2007, European Corporate Governance Institute.

Riga Stock Exchange [2005] *Principles of Corporate Governance and Recommendations on their Implementation*, Riga Stock Exchange.

RiskMetrics Groupe [2009] *Study on Monitoring and Enforcement Practice in Corporate Governance in the Member States*, European Commision.

Sanofi – Aventis [2004] *Annual Report 2003*, Sanofi – Aventis.

Sanofi-Synthelabo [2003] *Annual Report 2003*, Sanofi-Synthelabo.
Securities Market Association [2008] *Finnish Corporate Governance Code 2008*, Securities Market Association.
The Bulgarian Stock Exchange [2007] *Bulgarian National Code for Corporate Governance*, The Bulgarian Stock Exchange.
The Committee on the Financial Aspects of Corporate Governance and Gee and Co. Ltd. [1992] *Cadbury Report (The Financial Aspects of Corporate Governance)*, The Committee on the Financial Aspects of Corporate Governance and Gee and Co. Ltd.
The Copenhagen Stock Exchange Committee on Corporate Governance [2003] *Report on Corporate Governance, in Denmark*, The Copenhagen Stock Exchange Committee on Corporate Governance.
The Government Commission on the German Corporate Governance Code [2008] *German Corporate Governance Code as amended on 6 June 2008*, The Government Commission on the German Corporate Governance Code.
The High Level Group of Company Law Experts [2002] *A Modern Regulatory Framework for Company Law in Europe*, The High Level Group of Company Law Experts.
The Luxembourg Stock Exchange [2006] *The Ten Principles of Corporate Governance of the Luxembourg Stock Exchange*, The Luxembourg Stock Exchange.
The Swedish Corporate Governance Board [2008] *Swedish Code of Corporate Governance*, The Swedish Corporate Governance Board.
Theodor Baums [2007] "European Company beyond the 2003 Action Plan", *ECGI Working Paper Series in Law*, Law Working Paper No.81/2007, European Corporate Governance Institute.
Thomson Reuters [2010] *Mergers & Acqisition Review*, Thomson Reuters.
Walter Doralt・Alexander Hellgardt・Klaus J. Hopt・Patrick C. Leyens・Markus Roth・Reinhard Zimmermann [2008] "Auditor's Liability and its Impact on the European Financial Markets" *Cambridge Law Journal*, Vol. 67 No. 1, pp. 62-68.
Walter Kovenbach [1990] "EEC Company Law Harmonization and Worker Participation", *Journal of International law*, Volume 11, Uniersity of Pensylvania, pp. 764-782.
Warsaw Stock Exchange [2007] *Code of Best Practice for WSE Listed Companies*, Warsaw Stock Exchange.
William C. Fredrick [1998] "Moving to CSR 4" *Business and Society*, vol. 137 No. 1, Sage Publications, pp. 40-59.

索　引

〔A～Z〕

ASEAN …………………………………56
CEO ……………………………………91
ECGF ………… 序4, 16, 59, 68, 81, 139, 148
ecoDa …………………………………61, 131
ECU ……………………………………47
EEA ……………………………………序10
EEC ……………………………………序3, 19
EFTA……………………………………序10
EU ………………………………………序3, 23
Euratom ……………………… 序3, 序11
European Communities …… 序6, 序12, 6
European Community ……………………序12
GCGF ……………………………………81, 124
MOU ……………………………………90, 103
OECD ……………………………………32
SE ……………………………………序3, 26, 47, 48

〔あ行〕

アクションプラン……………序4, 60, 81, 82
アドバイザリーグループ…………… 16, 79
アフリカ連合……………………………56
ECGFワーキングプログラム
　2008－2011 ……………………………83
EU拡大 …………………………………27
EU型コーポレート・ガバナンスの体系
　……………………………………… 182
EUにおけるコーポレート・ガバナンス
　の枠組み …………………………… 180
EU法 ……………………………………序11

イギリス型……………………………… 158
意思決定構造……………………………11
一層型企業経営機構………48, 137, 158
ウインター報告書…………………序4, 82
SE法 ………………26, 43, 51, 53, 87, 113
エンプティ SE ………………………… 164
欧州委員会………………………………序11
欧州私会社……………………………16, 184
OECDコーポレート・ガバナンス原則
　………………………………………32, 127
OECD地域白書…………………………81
オール労働法……………………………10
オランダ東インド会社………………… 116

〔か行〕

会社法指令………………………………97
会社法制度の調和期…………………… 4
会社法制度の統一期…………………… 4
会社法制度の統合期…………………… 6
隠された所有権…………………………66
革新型…………………………………… 107
株式会社の誕生…………………………99
株式持ち合い……………………………34, 35
株主……………………………………18, 66, 140
株主総会…………………………………48, 66
空議決権行使……………………………66
機関投資家……………………………6, 67
危機管理…………………………………97
企業競争力の強化……………………26, 110
企業経営機構………………47, 103, 104, 136
企業独自原則…………………………… 127, 128

企業の社会的責任…………………97, 115
企業不祥事への対処………………26, 110
キャドバリー報告書……………… 46, 81
旧社会主義国……………序8, 27, 29, 160
吸収合併……………………………… 103
吸収合併型…………………………… 107
協同型企業制度改革………………… 132
業務執行取締役……………………… 69
グルネル協定………………………… 10
クロスボーダーM&A ……………… 89
経営参加方式……………………… 26, 49
経営者…………………………… 114, 126
経営者支配状態……………………… 116
経営組織法…………………………… 10
公認会計士…………………………… 128
国営企業の民営化……………23, 27, 30, 33
国際会計基準規則…………………… 51
国際財務報告基準…………………… 51
国内法化……………………………… 50
国境のない自由…………………序3, 序13
国境を越えた合併……………… 102, 106
コペンハーゲン基準………………… 31
コーポレート・ガバナンス
　……………………… 3, 26, 83, 149, 182
コーポレート・ガバナンス原則……79, 123
コーポレート・ガバナンス・コード
　………………………………26, 69, 74
コーポレート・ガバナンス・コード
　の二重適用………………………… 65
コーポレート・ガバナンスの6分類… 160
コーポレート・ガバナンス報告書
　……………………………… 65, 69, 143

〔さ行〕

サブプライムローン問題……………… 106
シェルフSE ………………… 38, 162, 166
シェルフSEの転売
市場のグローバル化……………… 99, 137
持続可能な発展……………………… 97
実効法人税率………………………… 166
資本主義………………………… 23, 30
社会主義………………………… 29, 32
社会に信頼される企業………………… 97
従業員の経営参加……………… 9, 26, 48
遵守か説明かの原則…… 46, 64, 74, 81, 142
証券取引所……………………… 26, 64
情報開示・透明性………… 26, 50, 167
情報・協議方式……………………… 49
情報提供・協議方式………………26, 164
新経営組織法………………………… 11
新設合併……………………………… 103
スカンジナビア型…………………… 160
ストックオプション………………… 68
世界標準コーポレート・ガバナンス原則
　（世界標準原則）……………………32
ソフト・ロー………………… 16, 26, 180

〔た行〕

第1義的利害関係者………………… 114
第2義的利害関係者………………… 114
地域統合……………………序3, 序11, 56
調和…………………………………序12
直接投資………………………………23
通貨統合………………………………59
通商の自由化…………………………59
定款自治………………………………48

ドイツ型……………………………… 160
統一…………………………………序12
統合…………………………………序12
統合規範………………………………32
東西冷戦体制…………………………23
独立社外取締役……………………… 105
トップマネジメント…………………66
取締役会……………………… 137, 139
取締役会会長…………………… 72, 91
取締役会内委員会……………… 91, 104

〔な行〕

内部統制…………………………66, 97
南海の泡沫事件……………………… 167
二層型企業経営機構……………48, 158
ノーマルSE ………………………… 164

〔は行〕

ハイブリッド型……………………… 107
バウチャー………………………34, 40
汎ヨーロッパ主義……………………28
東ヨーロッパの概念…………………29
非業務執行取締役………………69, 143
比例性原則……………………………13
部門独立型…………………………… 107

フランス型…………………………… 160
フランス商法典……………………… 160
プロイセン株式法…………………… 160
報酬委員会……………………………72
補完性の原則…………………………13
本拠地の移転………………………… 113

〔ま行〕

マーストリヒト条約…………………13
マイクロSE ………………………… 164
未確認SE …………………………… 164
南ヨーロッパ型……………………… 138
物言う株主…………………………… 116
モンタン部門…………………………10

〔や行〕

役員報酬………………………………68
ユーロ圏……………………………序10
ヨーロッパの概念……………………28

〔ら行〕

利害関係者…………………… 114, 183
理事会………………………………序11
リスボン条約……………………序11, 13
ルクセンブルクの妥協……………… 9

著者紹介

明山　健師（あきやま　つよし）
1985年5月　東京都町田市に生まれる
2010年3月　神奈川大学大学院経営学研究科博士前期課程修了
2013年3月　神奈川大学大学院経営学研究科博士後期課程修了
2013年3月　博士（経営学）
現　在　神奈川大学国際経営研究所客員研究員，嘉悦大学経営経済学部非常勤講師，近畿大学九州短期大学通信教育部非常勤講師，町田福祉保育専門学校非常勤講師
専　攻　経営学，コーポレート・ガバナンス論，経営組織論

著者との契約により検印省略

平成25年8月25日　初版発行

**EUにおける
コーポレート・ガバナンス
－欧州株式会社制度の体系化と企業の実践－**

著　者　明　山　健　師
発行者　大　坪　嘉　春
印刷所　税経印刷株式会社
製本所　牧製本印刷株式会社

発行所　〒161-0033 東京都新宿区下落合2丁目5番13号　株式会社 税務経理協会
振替 00190-2-187408
FAX (03)3565-3391
電話 (03)3953-3301（編集部）
　　 (03)3953-3325（営業部）
URL http://www.zeikei.co.jp/
乱丁・落丁の場合は，お取替えいたします。

© 明山健師 2013　　　　　　　　　　　　　Printed in Japan

本書を無断で複写複製（コピー）することは，著作権法上の例外を除き，禁じられています。
本書をコピーされる場合は，事前に日本複製権センター（JRRC）の許諾を受けてください。
JRRC〈http://www.jrrc.or.jp　eメール：info@jrrc.or.jp　電話：03-3401-2382〉

ISBN978-4-419-06008-4　C3034